1975
2015

SCÉNOGRAPHES

EN FRANCE

DIVERSITÉ & MUTATIONS

Ouvrage collectif sous la direction de
Luc Boucris et Marcel Freydefont

avec Jean Chollet, Véronique Lemaire
et Mahtab Mazlouman

ACTES SUD

프랑스 시노그라퍼
1975 - 2015
공연·영화·전시 공간을 창조하는 사람들

초판 인쇄 2017. 1. 31
초판 발행 2017. 2. 7

지은이 뤼크 부크리스, 마르셀 프레드퐁, 마타브 마즈루만, 베로니크 르메르, 장 솔레
옮긴이 권현정
펴낸이 지미정
편집 문혜영 ㅣ **디자인** 한윤아 ㅣ **영업** 권순민, 박장희

펴낸곳 미술문화 ㅣ **주소** 경기도 고양시 일산 동구 중앙로 1275번길 38-10, 1504호
전화 02) 335-2964 ㅣ **팩스** 031) 901-2965 ㅣ **홈페이지** www.misulmun.co.kr
등록번호 제 2012-000142호 ㅣ **등록일** 1994. 3. 30
인쇄 동화인쇄

이 도서의 국립중앙도서관 출판시도서목록(CIP)은 서지정보유통지원시스템
홈페이지(http://seoji.nl.go.kr)와 국가자료공동목록시스템(http://nl.go.kr/kolisnet)
에서 이용하실 수 있습니다.(CIP제어번호: CIP2017001874)

ISBN 979-11-85954-24-0(03680)
값 25,000원

프랑스 시노그라퍼

공연·영화·전시 공간을 창조하는 사람들

1975 - 2015

뤼크 부크리스, 마르셀 프레드퐁, 마타브 마즈루만,
베로니크 르메르, 장 솔레 지음 · 권현정 옮김

술과학

6   서문 **작품 세계 / 미학 풍경**

20   **개척자들** 1975-1985

앙드레 아카르 22   질 아이오 26   르네 알리오 30   미셸 라파엘리 34

38   **드높이 날다** 1985-1995

질론 브룅 40   장폴 샹바 44   알랭 샹봉 48   프랑수아즈 다른 52
제라르 디디에 56   기클로드 프랑수아 60   장 아스 64   야니스 코코스 68
미셸 로네 72   장기 르카 76   클로드 르메르 80   크리스틴 마레 84
필리프 마리오주 88   클로에 오볼렌스키 92   아고스티노 파스 96
리샤르 페두지 100   로베르토 플라테 104   니키 리에티 108   다니엘 로지에 110
장마르크 스텔레 114   장피에르 베르지에 118

122   **뿌리내리다** 1995-2005

피에르 알베르 124   스테판 브론슈베그 128   에마뉘엘 클로뤼스 132
이브 콜레 136   알렉상드르 드 다르델 140   프랑수아 들라로지에르 144
앙투안 퐁텐 148   드니 프뤼쇼 152   자크 가벨 156   디디에 구리 160
다니엘 잔토 164   에릭 뤼프 168   뤼디 사분기 172   레몽 사르티 176
니콜라 시르 180   에릭 수아예 184   질 타세 188   샹탈 토마 192
로랑스 빌르로 196   피에르앙드레 베츠 200

204 **새롭게 다시 출발하다 2005-2015**

클레르 바르덴 / 아드리앵 몽도 206

오렐리앙 보리 210 다미앵 카유페레 214

마르크 레네 218 크리스토프 우브라르 222

로르 피샤 226 필리프 케느 230

에마뉘엘 루아 234 로리안 시메미 238

오렐리 토마 242 앙투안 바쇠르 246

250 **1975-2015년에 활약한 프랑스 시노그라퍼 약력**

279 저자 약력

280 역주

286 역자후기

290 참고문헌

293 인명색인

304 Photo Credit

작품 세계 / 미학 풍경

시노그라퍼 57명의 다양한 예술성을 같은 형식으로 소개한 책이다. 전문인이 아니라도 시노그라퍼의 작품 세계를 이해하기 쉽게 엮었다. 57명을 임의적으로 선택한 것처럼 보일 수 있으나 그렇지 않다. 1975년 이후 프랑스 시노그라피의 양상과 의의를 총체적으로 볼 수 있고, 변화를 거듭한 시노그라피 미학 풍경을 충분히 엿볼 수 있기 때문이다.

　1960년대 말부터 근대 · 현대적 의미로 시노그라피 용어를 프랑스에서 사용하기 시작했고, 참고 문헌으로 제시했듯 관련 서적이 늘어났다. 그렇지만 클로드 르메르, 클로에 오볼렌스키, 프랑수아즈 다른, 다니엘 로지에, 크리스틴 마레처럼 그림자처럼 눈에 띄지 않는 배우, 자신의 관점을 유창하게 토로하지 않는 시노그라퍼, 그 자체에 대한 책은 부족하다. 그런데 이들 여류 예술인들이 시노그라퍼를 꿈꾸었을 당시, 의상은 여자의 역할로 치부되고 시노그라피 영역으로 생각지 않았던 상황을 고려한다면, 가볍게 지나칠 일이 아니다. 공연하기 좋은 공간, 연극 · 오페라 · 무용에 적합한 공간, 그림이나 조형예술 전시 공간을 구상하고 창조한 이들의 역할을 알리는 것이 꼭 필요하다고 느꼈다. 필요하다? 아니 그 이상으로 유익하고 새로운 그 무엇을 안겨 주리라 생각했다.

　시노그라퍼는 거리극과 서커스에 이르기까지 공연 종류를 막론하고 다양한 무대, 넓은 의미로 연극 무대에서 활동한다. 그렇지만 무대가 활동 영역의 전부는 아니다. 건축가와 극장을 구상하기도 하고, 공연과 함께 사라질 장소, 일시적 또는 영구적으로 사용될 장소 등 다양한 공연 장소를 모색하며 작업한다. 영화 무대감독으로 일하는 시노그라퍼도 있다. 파리 퐁피두센터와 라빌레트 그랜드홀 Grande Halle de la Villette · 과학관Cité des sciences이 생긴 이후, 전시회장은 시노그라퍼의 중요한 작업 공간이다. 연극 · 오페라 · 영화는 물론, 설치예술에서 전시회에 이르기까지 영역을 넓혀가는 시노그라퍼도 있다. 요즘은 도시공간 조성 기획에 참여하는 시노그라퍼가 늘고 있는 추세다. 다방면에서 활동하는가 하면, 한 분야를 선택해서 고유의 특색 있는 예술 활동을 하기도 한다. 이태리식 무대에서 거리 극 무대, 창고에서 역사적 건물에 이르기까지 다루는 공간이 다양하며, 새롭게 창조하기도 한다. 이처럼 일하는 영역과 특징이 다양하기 때문에, 공통분모가 없다면 작업 양상이 분산되어 제대로 파악하기 어렵다. 시노그라퍼의 구상, 작품에 대한 사고, 연출, 연기가 모두 끈끈하게 융합된 연극이라는 공통분모가 필요한 이유다.

시노그라피는 본래 연극 용어다. 따라서 연극 무대에서 활동한 시노그라퍼를 우선적으로 다루고자 했다. 요즘에는 시노그라퍼라고 하지만, 20세기 초에는 '무대 장식가'로 불렸다. '무대 장식'이라는 표현은 지금도 사용하지만, 무대 장식 대신 '무대 장치'라는 용어가 1950년대 생겼다. 오늘날 시노그라퍼는 연출가를 도와 무대 장치를 만들고, 경우에 따라 무대 의상도 디자인한다. 의상 디자인도 무대 세트처럼 시노그라피 영역이다. 의상을 구성하는 요소 하나하나에 시공간이 담겨 있기 때문이다. 특히 연극에서 중요 역할을 담당한 시노그라퍼를 시기적으로 분리하고, 쟁점이 무엇이었는지 살펴볼 필요가 있다. 시노그라피를 조명하는 것은, 각 시노그라퍼의 작업 개념과 구체적 실제를 바탕으로, 1975년부터 2015년 사이 연극(무대예술)이 어떻게 변했는지 주요 윤곽을 면밀히 살피는 것을 의미한다.

1975년 『20세기 무대 혁명Les Révolutions scéniques au XXème siècle』을 출판

한 드니 바블레는 무대 개혁의 흐름을 종합적으로 설명하며 '시노그라퍼' 용어 상용화에 앞장선다. 당시 이름이 알려진 무대미술 종사자들은 시노그라퍼 명칭을 자신의 관점에서 받아들인다. 1975년 앙드레 아카르는 53세였다. 최연소자로 소개한 앙투안 바쇠르는 1978년생이고, 에마뉘엘 루아는 1975년, 오렐리 토마는 1974년에 태어났다. 당시 중요한 몇몇 사건을 상기해보자. 1974년에 부프뒤노르 극장Théâtre des Bouffes du Nord 개관 작품으로, 피터 브룩이 「아테네의 티몬Timon d'Athènes」(셰익스피어 작)을 선보였고, 유서 깊은 명랑오페라극장La Gaîté-Lyrique 에서 파트리스 셰로가 연출한 「언쟁La Dispute」(피에르 드 마리보 작)이 공연되었다. 1975년 건축가 발렌틴 파브르, 장 페로테, 미셸 라파엘리가 재정비한 샤이오 국립극장Théâtre national de Chaillot이 다시 문을 열었고, 아리안 므누슈킨의 태양극단Théâtre du Soleil이 「황금시대L'Âge d'or」를 공연했으며 클라우스 미카엘 그뤼버가 「파우스트 살페트리에르Faust Salpêtrière」를 연출했다. 짧게 언급했어도, 1975년에 매우 중요한 변화가 있었음을 알 수 있다. 예로 든 작품 모두 새로운 시노그라퍼를 시도한 작품으로 손꼽힌다. 화재로 문을 닫았던 부프뒤노르 극장에서 피터 브룩의 공연이 시작되고, 샤이오 국립극장에서 건축적 해결책을 모색하는 새로운 접근법을 선보인다. 「언쟁」, 「황금시대」는 시노그라퍼와 극작법의 연관성을 매우 독특하게 보여준 작품이고, 「파우스트 살페트리에르」는 장소와 완벽한 일체감을 보여준 작품이다. 다양한 실험이 넘쳐난 1975년부터, 시노그라퍼 분야가 활발해지고 새로운 국면으로 접어든다. 이러한 역동적 변화 속에서 활동한 프랑스 시노그라퍼의 작업 세계가 이 책에 담겨 있다.

공간 문화

현대 무대를 혁신적으로 개혁한 요세프 스보보다는 시노그라퍼라는 용어를 사용해야 하는 이유를 다음과 같이 설명한다. "우리 주위를 잠깐 둘러보면, 연극 연출을 도와주는 무대미술가의 행위가 다양하게 불렸음을 알 수 있다. 독일인과 우리(시노그라피 영역에서 활발하게 활동한 체코인들)는 '무대 장식Ausstattung'이라 했고, 앵글로색슨 족은 '무대 디자인stage-design'이라 했다. 프랑스인은 '데코레이션 décoration'이라 했다. 다양하게 불렸지만 공통점이 있다. 간략하게 말하면, 무대미술가의 행위가 연출의 '틀'이나 만들어주는 단순한 일로 치부된 점이다. 연출에 협조했음에도 불구하고, 작품을 공동 창조한 가능성은 아예 배제해버린다. 그런데 이태리 연극의 역사와 공연 사례를 자세히 살펴보면, 세바스티아노 세를리오, 안드레아 팔라디오, 주세페 갈리 비비에나처럼 무대 담당자들이 공연의 공동 창조자였다. 이들 없이 어떻게 넘치는 표현력으로 의미전달을 할 수 있었을까? 이들이 일으킨 기적 없이, 이태리 연극은 번영을 누리지 못했을 것이다. 바로 이런 이유로, 나는 시노그라피라는 표현을 사용하기 시작했다. 좀 더 포괄적이고 정확하며 많은 의미를 함축하는 용어라고 생각한다."[1] 한편, '건축'에서 해결책을 찾아야 한다고 말한 자크 코포처럼, 베르톨트 브레히트는 '무대 건축가'라는 용어를 제안했다.

코포와 브레히트, 스보보다는 무대미술을 장식적인 것으로 치부하는 것에 반대하고, 시노그라피의 예술적 가치와 미학적 조건, 역할의 중요성을 주장한다. 시노그라퍼는 공간을 건축한다. 일반 건물을 짓는 것이 아니라, 기클로드 프랑수아가 덧붙이듯, '시선이 머무를' 공간을 만든다. 시노그라퍼에 새로운 의미를 부여했지만, 용어 사용에 있어서는 여전히 찬반이 엇갈린다. 예를 들면 질 아이오나 알랭 샹봉은 시노그라퍼 용어가 모호하고 함축하는 의미가 지나치다고 생각한다. 예술가라고 자처하지만, 그렇다고 해서 '작품'이라 불릴 만한 것을 무대에 창조한다고 생각하지 않기 때문이다. 그런데 연극에서 활동하는 화가(티티나 마셀리, 안토니오 레칼카티, 루초 판티, 에두아르도 아로요, 앙리 쿠에코)는 많지만, 이 책에서 세 명

---

1 *Josef Svoboda scénographe*, éd. Union des théâtres de l'Europe, Florence, 1992.

(질 아이오, 로베르토 플라테, 장폴 샹바)으로 한정한 이유가 있다. 화가와 마찬가지로 시노그라퍼 역시 예술가임을 강조하기 위해서다. 그림을 병행하거나, 리샤르 페두지처럼 화폭을 선택하듯 무대를 선택한 시노그라퍼도 많이 있음을 강조하기 위해서다. 이들이 만든 다양한 창작물에는 다니엘 로지에의 표현처럼, 독특한 작품으로 탄생하게 하는 '나만의 방'이 저마다 있다.

시노그라퍼/시노그라피 용어를 둘러싼 논쟁은 결국 무엇을 작품이라 할 수 있는지에 대한 질문, 무엇을 예술이라 하며 예술가의 위상은 무엇인지에 대해 흥미롭게 계속된 질문이다. 의견이 엇갈리지만, 작업의 핵심이 이미지가 아닌 '공간'이라는 사실에는 이견이 없다. 개인별로 차이가 있겠지만, 공간을 다룬다는 점에서 전통 무대 장식가 및 조형예술가와 차별화된다. 공간은 진정한 표현매체며, 시간과 함께 결과물을 성공적으로 이끌어내는 결정적 역할을 한다. 기클로드 프랑수아, 레몽 사르티, 니키 리에티, 장기 르카는 장소의 존재감과 특성을 살리고, 의미를 부여해야 한다고 주장한다. 모두 연극에서 공간 문화를 이끌어간 주역들이다.

창조된 공간은 공연에서 완성되므로, 시노그라퍼 모두 배우와 관객의 역할에 중요성을 부여한다. 기클로드 프랑수아가 말한 '은밀한 공모'는 어떻게 생기는 것일까? 배우와 관객 사이의 은밀한 공모는 텍스트에서 비롯된다. 문학 텍스트이건 악보이건, 이미 출판된 글이건, 실현될 계획 상태 또는 단순한 의도이건, 여러 요소가 엮여 있는 텍스트에 의해 배우와 관객의 공모가 일어난다. 그렇기 때문에 모든 시노그라퍼는 독자이며 사려 깊은 청중이다. 세바스티아노 세를리오가 적절하게 표현했듯 "눈을 만족시키고, 풍성한 생각거리를 안겨주고자" 늘 귀 기울인다.

주변에 머무르면서 동시에 중심에 있는 시노그라퍼, 이들의 작업은 무대 행위와 가까우면서 멀다. 리허설에 앞서 일하고, 리허설에 참여하는 시노그라퍼는 공모자다. 제작팀과 작업하며 연출가를 수용하고, 조명 디자이너와 교류하며 일한다(에릭 수아예, 이브 콜레처럼 조명 디자인을 겸하는 시노그라퍼는 드물다). 기술적 · 예술적 · 경제적 측면을 끊임없이 고려하는 시노그라퍼는 배우가 움직일 무대와 아틀리에를 연결하는 중개자다. 의상과 무대 세트를 해석하는 제작자, 화가, 조각가, 파티나 수공예가, 소품 담당자, 무대 의상가, 분장사, 가발 담당자 등 수많은 실무자와 무대, 그 사이의 중개자다. 지나가는 말로 슬며시 제안을 하거나 건축 도면을 그리고, 간략하게 스케치를 하거나 평면 모형도 또는 정확한 입체 모형을 만들면서 색상·천·재료의 견본품을 보여주기도 하고, 도판을 참조하며 자신의 생각을 제안한다. 의견을 내놓는 방식은 가지각색이지만, 궁극적 목적은 적절한 세계, 정확한 장소, 작품을 발전시킬 건널목, 일종의 '임시 거처'를 창조하는 것이다.

긴장

1975년에서 2015년 사이에 활동한 시노그라퍼를 살펴보면, 네 세대로 나뉜다. 1세대는 1970년대 왕성하게 활동한, 새로운 길을 만든 '개척자들'이다. 2세대는 연출가와 시노그라퍼의 긴밀한 협업이 활발해진 1981년 이후, 다채로운 연극 공연을 이끈 주역들로, 시노그라피 발전에 공헌한 '드높이 날아오른' 세대라 할 수 있다. 3세대는 예술 영역이 복잡해지고, 분산·재구성됨에 따라 제작팀 안에 새로운 관계가 형성된 시기로, 시노그라피가 깊이 '뿌리내리는' 데 기여한 이들이다. 마지막으로 1970년대 태어난 세대가 등장한다. 이 책에서 살펴본 파노라마가 계속 펼쳐지리라 기대하며, 새로운 상황에서 '다시 새롭게 출발'하는 세대로 마무리한다.

1975년 이후 가장 의미 있는 현상은 예술의 연극화, 연극의 예술화다. 시노그라퍼 용어의 당위성이 1970년대 받아들여졌지만, 장 주르되이, 장피에르 뱅상, 베르나르 소벨 같은 연출가는 시노그라퍼보다 화가와 작업하길 선호했다. 50년 전부터 점점 심화된 연극과 예술의 긴장관계가 계속될 것을 예고하는 제스처였다. 현대 예술의 눈에 띄는 변화는 예술의 연극화다. 이러한 변화를 문제 삼은 미국인 비평가 마이클 프리드는 1960년대부터 미니멀 아트에 뒤이어, 예술 오브제가 연극화되는 것을 강하게 비판했고, 1967년에 "오늘날 연극은 예술 행위가 아니다"

라고 주장했다.[2] 그런데 예술이 연극화되는 양상은 설치예술, 퍼포먼스, 관계 예술 같은 새로운 형태에서 효과적으로 나타났기 때문에 프리드의 주장은 비판받았다. 의견 충돌로 인한 긴장관계는 2005년 얀 파브르가 아비뇽 축제 객원 예술가로 초청되면서 고조되었다. 개막작으로, 파브르의 「눈물의 역사 L'Histoire des larmes」가 상징적 장소인 아비뇽 교황청 안뜰에서 공연되었는데, 연극이라기보다는 시각·조형예술에 가까웠기 때문에 내용이나 형식적 측면을 둘러싸고 잊지 못할 논쟁이 벌어졌다. 연극과 제반 예술 사이의 긴장관계는 연극 개념에 대한 질문이다. 시각예술과 극예술, 그 사이에 있는 연극의 의미에 대한 질문이다. 연극은 문화의 산물인 만큼, 문화 '유산의 갈등' 속에서 어떻게 연극을 정의해야 할지, 이에 대한 심도 있는 질문이다.[3]

이러한 상황에서, 시노그라퍼를 조형예술가로 간주하며(잘못된 견해라고 생각하지만), 전통적인 공연 양식에서 벗어나는 듯한 시도를 가장 중요하게 평가하려는 경향이 나타난다. 예를 들면, 한스티이스 레만은 포스트드라마 연극(1999)을 제시하며 '시노그라피 연극'을 '시각적 드라마투르기'로 정의한다.[4] 작가를 두 부류로 나눈 브뤼노 타켈스는 방 안에서 홀로 작업하는 극작가가 있다면, 무대를 하얀 종이로 여기고 글을 써가는 무대 극작가(2005-2009)가 있다고 주장하고, 리허설 과정에서 작품을 완성하는 로메오 카스텔루치, 프랑수아 탕기, 로버트 윌슨, 하이너 괴벤스, 크리스토프 마탈러를 예로 든다.[5]

그러나 타켈스와 레만의 제안을 그대로 받아들이기 어렵다. 우선, 그리스 시

---

2   "Art and Objecthood", in *Artforum*.

3   Carole Talon-Hugon, *Avignon 2005: le conflit des héritages*, Paris: Du théâtre, 2006.

4   *Le Théâtre postdramatique*, trans. Philippe-Henri Ledru, L'Arche éditeur, 2002.

5   collection "Ecrivains de plateau", Les Solitaires intempestifs.

대부터 오늘날까지 연극은 항상 무대로 표현된 예술이었다. 연극을 문학의 한 분야로 동일시할 정도로 희곡을 우선시하고 상연을 고려하지 않은 희곡이 간혹 있었지만, 연극은 시청각을 결합한 무대예술이라는 점은 변하지 않는다. 한편, 괴벨스와 마탈러는 함께 작업하는 시노그라퍼가 있음을 간과할 수 없다. 괴벨스는 클라우스 그륀베르크, 마탈러는 아나 비브로크와 일한다. 카스텔루치와 탕기, 윌슨이 조수의 도움을 받아 직접 공간을 만드는 연출가라면, 이들 세계의 '시각적 드라마투르기'는 글에서 출발하는 드라마투르기에서 벗어나지 않으며, 언어가 스며들어 있다. 침묵할 때조차, 한마디도 하지 않는다 해도 거기에는 언어가 있다. 드라마투르기의 목적은 예외 없이 이야기를 구성하는 것이기 때문이다. 그렇다면 시노그라퍼의 역할은 무엇일까? 시노그라퍼는 이야기가 펼쳐질 장소를 형태로 표현한다. 글로 쓰지 않고, 데생을 하며 모형을 만든다. 이야기의 짜임을 구상하지 않고, 이야기가 펼쳐질 주위 환경을 만들고, 분위기를 만들고, 옷을 입히듯 이야기를 포장한다. 연출가·극작가의 역할을 충분히 소화할 수 있지만(야니스 코코스, 다니엘 잔토, 질롱 브룅, 필리프 케느, 다미앵 카유페레), 시노그라퍼는 극작가도 연출가도 아니다. 스테판 브론슈베그처럼 시노그라퍼를 겸하는 연출가도 있지만, 역할의 혼선은 없다. 프랑수아 탕기를 선택하지 않은 이유는, 논쟁의 여지가 있지만, 역할 구분이 명확하지 않기 때문이다. 탕기는 1982년 「동 쥐앙*Dom Juan*」을 발표한 후, 문학과 점점 거리를 두고 글이 아닌 무대를 우선적 재료로 작품을 만들며(「염소의 노래*Chant du bouc*」, 1991), 시노그라퍼보다는 구성 극작가의 대가처럼 등장한다. 새로운 유형을 제안하기 위해 레만과 타켈스가 주장한 것과는 달리, 연극 공연의 전통적 형태는 사라지지 않았음을 이들이 언급한 사례에서도 찾아볼 수 있다. 그러나 탕기의 작업에서는 극작가·시노그라퍼·연출가의 경계선이 극히 모호하다…. 매우 이례적인 경우다.

서양 근대 극예술은 자연주의와 상징주의에서 꽃핀다. 수록된 작품에서 확인할 수 있듯, 상반된 미학인 자연주의와 상징주의 사이에서 어느 한쪽으로 기우는 현상은 아직도 현재 진행형이다. 다양한 방식으로 나타나지만, 비우기/채우기,

제거하기/열거 · 중복하기, 추상/구상, 강조된 인위성/사실성, 그 사이의 긴장관계로 특히 나타난다. 이렇게 오가는 양상을 1983년 베르나르 도르는 다음과 같이 명확하게 설명했다. "연극 무대는 항상 양극단 사이에서 흔들린다. 한쪽은 배우의 연기와 텍스트에 우선성을 부여하는 듯, 비어 있는 무대다. 다른 한쪽은 가구와 온갖 소품으로 채워진, 가장 구체적이고 어두운 현실의 한 장면을 충실히 반영하는 무대, 작품에 따라 다양한 장소로 변신하는 무대다."[6] 근대 예술을 태동시킨 양극단 사이에서 작업하는 시노그라퍼의 접근 방식을 이 책에서 확인할 수 있다. 한편에서는 '특정 장소의 성격', 즉 이야기가 전개될 장소의 정체성을 드러내고자 전념하고, 다른 한편에서는 공간의 '비어 있음'을 추구한다.

앙드레 아카르, 미셸 라파엘리, 미셸 로네가 제안한 '연기용 기계machine à jouer', 장피에르 베르지에, 스테판 브론슈베그가 제안한 '머릿속 풍경' 같은 유형을 드넓은 세상, 즉 우주를 무대에 암시하는 방법으로 계속 사용한다면, 고정되지 않고 탄력적으로 변하는 공간, '고무의 기하학'처럼 새로 떠오른 유형이 있다(디디에 구리, 오렐리앙 보리). 그 밖에 나타나는 현상은 미학과 표현 기법의 조화다. 겉으로 보아서는 표현하려는 미학과 상반되지만, 미학과 기법의 상호 울림이 있다. 융합을 가능하게 하는 공통 문법이 있을 거라고 가정할 수 있기 때문에 차후 그 구성법을 묘사하고자 한다. 공통 문법은 있지만 무대 어휘, 즉 무대에 나타난 표현은 매우 풍부하고 다양하다. 시노그라퍼는 풍부한 어휘로 고유의 공간 문화를 만든다. 시가 곁들어진 공간 문화, '구상/은유/환유'라는 삼각 기법으로 표현되는 공간 수사학을 장소의 형태를 바탕으로 창조한다. 작품 설명에서 언급하고 있지만, 어떤 장소 유형인지 심층적으로 분석하는 일이 과제로 남아 있다.

---

6   파트리스 셰로가 연출한 「서쪽 부두Quai Ouest」(베르나르마리 콜테스 작, 리샤르 페두지 무대)에 관한 글이다. 1983년 『르 몽드Le Monde』에 실린 글에서 발췌함.

관객과의 관계

공간 문화 활성화에 따라 공연을 수용하는 관객의 역할을 재검토하기에 이른다. 1975년부터 2015년 사이에 나타난 근본적 변화는 관객과 관계를 만드는 방식이다. 장 빌라르의 의견을 빌리면, 연출가의 첫 번째 대화 상대자인 시노그라퍼는 첫 번째 관객이어야 한다. 첫 번째 관객으로서 다른 관객과 관계를 맺기 위해 모두 수긍하는 사실이 있다. 전부 드러내는 방식을 피할 것, 비가시성으로 보이게 할 수 있다는 점, 무대 밖의 공간으로 관객의 시선을 유도하며, 제시된 어떤 장소, 그 세트의 뒷면을 자유롭게 상상하게 하는 등 다양한 방식으로 관객과 시각적 대화를 해야 하는 사실로, 이에 대한 각 시노그라퍼의 의견이 이 책에 수록되어 있다. 시노그라피로 초점을 맞춰 작품을 소개하고 있기 때문에, 요세프 스보보다가 언급한 '물을 공유하는 선'의 중요성이 잘 드러난다. 물을 공유하듯, 나뉘지만 함께 하는 선을 수천 가지 방법으로 그리며 무대와 객석, 제안된 것과 상상, 그 사이에 틀을 만든다. 두 세계를 이어주는 동시에 구별하는 틀, 그 안의 미묘한 법칙을 찾는 것이 시노그라피의 주요 쟁점이다.

이러한 기본적이고 바뀌지 않는 사항을 바탕으로 공동체의 구성원이면서 개별적 존재인 관객과 다양한 방식으로 관계를 맺는다. 잘 알려진 것처럼, 주어진 무대 특징과 형태에 따라 공연과 관객의 관계가 변하기 때문에 공연 장소와 건축 특성은 매우 중요하다. 시노그라퍼 스스로 공연 장소와 건축을 구상하지 않을 경우, 이 두 요소를 고려해서 공간을 만든다. 공간을 만든다는 것은 기하학을 펼치는 일이고, 관점(잘 알려진 롤랑 바르트의 표현, '사물을 바라본 지점')을 보여주는 일이다. 특성과 분위기를 만드는 일이기도 하다. 모든 장소는 하나의 존재이기 때문이다. 결과적으로, 관객이라 불리는 공동체를 하나로 모으는 방법은 헤아릴 수 없을 정도로 다양하고 복잡해졌다. 이러한 상황에서 시노그라피는 그 어느 때보다도 절실히 요구된 일체감을 조성하기 위해 노력하는 예술로 자리매김한다.

연극 풍경과 문화의 변화

눈에 띄는 변화를 언급해 보자. 먼저 제반 환경의 변화다. 이 책에 실리거나 언급된 시노그라퍼의 수는 전체 시노그라퍼의 10분의 1에 불과하다. 그만큼 제작팀과 활동 무대, 소규모 극단이 많고, 드니 프뤼쇼, 다니엘 로지에가 아끼는 대중극이 각 지역으로 퍼졌음을 의미한다. 이러한 변화로 주요 공공기관에서는 볼 수 없는 연극 풍경이 펼쳐진다. 국립극장 같은 공공기관이 여전히 왕성한 활동을 하고 있지만, 더 이상 중심의 축이 아니다. 실내외 공연 장소가 다양해지고, 프랑스 전역에서 장르를 막론하고 작품에 에너지를 담아 크고 작은 온갖 종류의 공연이 펼쳐진다. 또 다른 변화는 직업의 평등화다. 1975년 이후 중요 역할을 담당한 교육기관의 정원을 살펴보면 알 수 있듯, 여성 시노그라퍼의 활동이 늘어났다.

조사에 의하면, 시노그라피 교육기관은 크게 두 부류로 나뉜다. 전문적으로 시노그라피를 교육하고 학위를 수여하는 학교가 있는가 하면, 시노그라피 입문을 가르치고, 인문·예술을 교육하면서, 연극·공연예술·예술·건축·디자인·응용미술 학위를 수여하는 학교가 있다.[7] 교육 방향에 있어서도 차이점이 있다. 연극과 영화, 공연을 전제로 시노그라피를 교육하거나, 건축·실내건축·공간디자인·응용예술·시각커뮤니케이션·조형예술·시각예술 분야의 시노그라피를 교육한다. 프랑스에는 특성과 정관이 다른 시노그라퍼 특수교육기관 여섯 곳이 있다. 학업 과정은 평균적으로 3-4년이고, 전문 영역(연극 2곳, 장식·응용예술 3곳, 건축 1곳)이 다음과 같이 다르다.

---

[7]   *Qu'est-ce que la scénographie? Pratiques et enseignement*(vol. II), revue *Études théâtrales*, n°54-55, 2013.

- 리옹 국립고등연극예술·기술학교École nationale supérieure des arts et techniques du théâtre(ENSATT)
- 스트라스부르 국립극장-고등연극예술학교École supérieure d'art dramatique du Théâtre national de Strasbourg(ESAD-TNS)
- 파리 국립고등장식예술학교École nationale supérieure des arts décoratifs(ENSAD)
- 스트라스부르 고등장식예술학교École supérieure des arts décoratifs de Strasbourg(ESAD)
- 파리 고등예술·기술학교École supérieure des arts et techniques(ESAT)
- 낭트 국립고등건축학교École nationale supérieure d'architecture de Nantes(ENSA Nantes)

여섯 기관 모두, 연극 교육을 중심으로 시노그라퍼를 양성한다.

관객에서 독자로

관객이 어떻게 보고 들을지 시노그라퍼가 관심을 갖고 주의를 기울이는 것처럼, 이 책을 읽을 독자를 위해 몇 가지 설명을 하고 싶다. 시노그라퍼 스스로 또는 우리가 판단하기에 상징적인 작품 세 편을 묘사하는 방식으로, 각 시노그라퍼의 작품 세계를 소개했다. 시노그라퍼에게 이미지보다는 공간이 중요하다고 강조해놓고, 정작 이미지로 작업 과정을 설명한 점에는 모순이 있어 후회로 남는다. 이러한 모순성을 거부하는 시노그라퍼도 있었다(니키 리에티는 이미지를 수록하는 것을 원하지 않았다). 이미지로는 불충분하다는 것을 부정할 수 없기 때문에, 작품을 단순히 보여주는 이미지가 아니라 한 가문의 문장을 선택하듯 상징적 이미지를 선택하고자 심혈을 기울였다.

상징적 이미지를 묘사하기에 앞서, 각 시노그라퍼의 약력과 미학 성향을 간략하게 설명했고, 시노그라피에 대한 각자의 관점을 도입부에 실었다. 핵심은 도판에 있다. 도판으로 보여주고자 한 것은 공연의 결과적 산물이 아니다. 다양한 작업 방식(데생, 모형)이나, 구상 단계(초벌 그림, 실물 장치처럼 리허설 전 단계)를 거쳐 작품이 창조되는 과정을 보여주고자 했다. 물론 조명과 연기로 완성된 공연의 최종 이미지도 배제하지 않았다.

시노그라퍼 57명을 선택하는 일은 쉽지 않았다. 부족한 부분을 보완하고자, 다양한 영역에서 활동하고 있는, 경험이 풍부하거나 장래가 촉망되는 시노그라퍼 164명의 약력을 간략하게 설명했다. 이 책에 실리지 않은 시노그라퍼가 많지만, 프랑스를 대표하리라 생각하는 221명을 소개했고, 독서의 방향을 각자 정할 수 있게 인명 색인을 첨가했다. 언급하지 못한 시노그라퍼가 많다. 부디 너그럽게 용서해 주길 바라며, 모든 시노그라퍼와 관객, 독자에게 이 책을 바친다.

뤼크 부크리스, 마르셀 프레드퐁(책임 집필자)

추신

개정판 작업에서 5명이 추가되었다. 모든 것이 빠르게 변하는 상황에서, 다음과 같은 포괄적 질문을 할 수 있다. 시노그라피, 그러니까 연극에서 새롭게 나타난 변화는 무엇일까? 사실, 변화는 많다! 특히 디지털이 차지하는 비중이 점점 커지고 있을 뿐만 아니라 이제는 성숙기에 접어들었기 때문에 어떤 상황인지 분석할 필요가 있다.

오래전부터 디지털의 역할은 중요했다. 증권 거래처 용어를 빌리자면, 디지털은 후선 업무를 보는 백오피스 자리를 차지하고 있었다. 조명과 음향, 드물게는 기계 장치가 이제는 디지털화되어 자동으로 작동되며(물론 수동으로도 작동 가능하다), 더욱 정교하고 복잡해졌다. 무대 세트와 공간을 구상할 때 컴퓨터의 역할을 무시할 수 없다는 점은 관객도 잘 알고 있다. 그렇지만, 그 어떤 것도 33분의 1의 척도로 제작한 입체 모형의 효율성을 대체할 수 없다. 필요에 따라 디지털을 첨가하는 것이지, 디지털이 수작업을 대체하지는 않는다.

디지털 이미지로 무대 영상에도 다양한 가능성이 열렸다. 연극과 영화가 백년지기 이상으로 동고동락하는 가운데, 디지털을 처음에는 단순한 유행처럼 불가피하게, 때로는 모호하지만 극적 필요성에 따라 사용했다. 그런데 지금은 무대 영상으로 공간의 설계를 변형하고 배우·무용수의 연기와 글쓰기를 변형하는 방법에 관심이 모아지고 있다. 간단히 말하자면 건축 공간과 투사된 장소, 실제 존재와 가상 존재, 그 사이에 나타나는 상호작용 가능성을 다각적으로 모색한다. 두 세계 사이의 새로운 관계 창조는 상호작용에 달려 있다. 의견 교환이나 대사를 디지털로 대체할 수 없기에 상호작용 연구는 앞으로 가장 기대되는 측면이다. 필수적인 무대의 물질성을 십분 활용하는 특수 소프트웨어가 개발되고 있어 자유자재로 움직이는 연기의 동반자, 색다르게 반응하는 동반자로 무대 공간이 변형될 수 있다. 그렇다고 해서 대사를 던지고 의견을 교환하는 대화의 장으로서의 무대가 사라질리 없다.

2015년 6월.

체코 프라하에서 연극건축·시노그라피국제박람회Prague Quadrennial가 1967년 처음 열린다. 전 세계 관련 분야 전문가들이 4년마다 문화 예술을 교류하는 역동적 분위기 속에서 프랑스 연극시노그라퍼·기술자협회Association française des scénographes et techniciens de théâtre(1969-1996)가 등장하고, 그 후속으로 1996년 시노그라퍼연합회Union des scénographes(UDS)가 결성된다. 특정 주의나 학설에 얽매이지 않고 다양한 경향에 관심을 두며, 작가·예술가·시노그라퍼의 위상을 향상시키고자 만든 단체다. 여러 분야에서 다양하게 활동하고 있는 시노그라퍼를 통합하고자, 다른 협회와 연합하며 일한다. 특히 영화무대감독협회Association des chefs décorateurs de cinéma, 2008년에 창설된 전시영역시노그라퍼협회Association des scénographes d'exposition와 협업한다. 시노그라퍼 역할 범위를 명시한 일반 규범과 전문 영역별 규범이 있다.

LES

앙드레 아카르 ANDRÉ ACQUART
질 아이오 GILLES AILLAUD
르네 알리오 RENÉ ALLIO
미셸 라파엘리 MICHEL RAFFAELLI

개척자들

1975 - 1985

DÉFRICHEURS

앙드레 아카르 ANDRÉ ACQUART

1922, Vincennes
시노그라퍼
의상 디자이너

"반백년 이상 희곡이나 오페라를 무대에 올리면서,
내가 보탬을 줄 수 있다는 사실에 지금도 기쁘고, 예전과 같은
열정을 느낀다. 작품을 읽으면서, 때로는 본능적으로, 빠르게
스케치를 하거나 좀 더 구체적으로 초안을 만들기도 하고,
그림을 그리기도 한다. 이 과정에서 어떻게 공간을 구상할지
개념을 잡는다. 배우의 연기와 동선도 고려하며 무대를
구상한다. 스스로 정한 기본 원칙에서 벗어나지 않고자 노력
한다. 이미 시도한 것을 다시 활용하는 것에 만족하지 않고,
소중하게 생각하는 연극의 장인정신을 갈고닦으면서
새로운 경향에 항상 귀 기울인다."

앙드레 아카르는 가족이 망명을 떠나게
되어, 우여곡절 끝에 1930년 알제리에
갔다. 몇 년 후, 알제 에콜데보자르École
des beaux-arts에서 그림과 조각을 배우
고 이를 계기로 대학 연극에서 활동했다.
1955년 프랑스로 돌아와서, 로제 블랭,
로제 플랑숑, 장 빌라르, 장클로드 팔, 루
이 에를로, 로랑 테르지에프 등 연극·오
페라에서 맹활약한 연출가와 작업했다.
350편이 넘는 공연에서 시노그라퍼로
활동했고 의상 디자인에도 관여했다. 작
품과 드라마투르기^{역주1} 사이에 타당한
논리를 만들고자 형태와 재료를 세밀하
게 모색하고 무대와 의상을 구상한다. 앙
드레 아카르는 현대 시노그라피 발전에
크게 기여했다.

옹딘 Ondine
작가 장 지로두
음악·대본 Daniel Lesur
연출 Jean-Claude Fall
시노그라피 André Acquart

샹젤리제 극장(Théâtre des Champs-
Élysées), Paris, 1982
photo © André Acquart

환상적이며 낭만적 색채가 강한 3막 희곡으로 분위기가 자주 바뀐다. 이러한 특징을 구불구불한 곡선과 같은 추상적 형태로 표현한다. 조명에 따라 다르게 반사되는 무대는 다양한 색깔로 변한다. 반짝거리는 검은색 PVC 파이프로 숲 속의 나무를, 무색의 파이프로 늪을 표현한다. 양쪽에 놓인 거울이자 판지로 조명에 따라 반사되는 무대를 비추면서 음악과 조화로운 화려한 이미지를 보여준다면, 수수하고 단순한 의상으로 등장인물이 처한 상황을 표현한다.

미친 광대 모자 Il berretto a sonagli; Le Bonnet de fou
작가 루이지 피란델로
연출 Laurent Terzieff
시노그라피 André Acquart

몬테카를로 예술의 봄 축제,
아틀리에 극장(Théâtre de l'Atelier), Paris, 1997
photo © André Acquart

20세기 초 시칠리아의 작은 마을을 배경으로, 낡아빠진 사회 규범과 위선을
다룬 작품이다. 무대는 중산층 거실이다. 무대 앞, 양옆으로 벽이 있다. 닫힌
벽이 양쪽으로 열리면서 공연이 시작되고, 마지막 장면에서 문이 닫히듯 상징
적으로 두 벽이 다시 닫힌다. 무대 안쪽에는 투명한 유리창이 있다. 유리창 너
머로 보이는 복도로 등장인물이 등퇴장한다. 앞으로 기울어진 커다란 창에 높
게 솟은 이웃집 벽이 비친다. 기울어진 창과 벽으로 마을에 군림하는 위협적
분위기를 강조한다. 불필요한 묘사를 없애고, 거실이라는 사실적 공간을 비틀
어 시간성을 초월한다면, 1920년대 의상과 가구로 시대 배경을 드러낸다.

버릇을 고친 젊은 후작 Le Petit Maître corrigé

작가 피에르 드 마리보
연출 Frédéric Tokarz
시노그라피 André Acquart

실비아몽포르 극장(Théâtre Silvia-Montfort),
아틀리에 극장(Théâtre de l'Atelier), Paris, 1997
photo ⓒ archives Nicolas Treatt

기하학 형태의 무대로 사랑놀이가 전개되는 희극적 상황을 표현한다. 사건 전개에 필요한 빈 공간을 만들고, 등장인물이 나타나거나 몸을 숨길 수 있는 장소를 만든다. 미로 같은 느낌을 주는 다양한 출구로, 희곡에서 풍자하는 마음의 행보와 결혼이 진전되는 상황을 은유적으로 표현한다. 무대 앞 양쪽 공간이 동시에 또는 번갈아 사용되는데, 한쪽에는 일상용 가구가, 다른 한쪽에는 목제 원형 구조물이 놓인다. 작품의 의미가 원형의 상징성에서 우러나오는 듯하다.

질 아이오 GILLES AILLAUD

1928–2005, Paris
화가
시노그라퍼
작가

"나는 우선 화가이고, 시노그라피에 집착하지 않는다.
무대미술을 전혀 배우지 않았으며, 내겐 어떤 원칙도 없다.
더구나 시노그라퍼라는 용어보다 시각 책임자라는 표현이 더
좋다. 연극할 때 문제점은, 제작팀의 요구에 맞추느라 시간을
지나치게 낭비하는 점이다. 완성된 그림은 걸어놓고 보지만,
무대미술은 완성되면 배우가 연기하면서 밟고 다니지 않는가.
따라서 무대미술은 화가보다는 건축가의 작업에 가깝다.
누군가 머물 장소, 거쳐 가는 장소를 창조하기 때문이다."

* Théâtre aujourd'hui(CNDP, Paris, 1993)에
실린 인터뷰 내용을 발췌함.

건축가 에밀 아이오의 아들로 태어난 질 아이오는 화가의 길을 걷는다. 에두아르도 아로요와 안토니오 레칼카티와 공동 작품을 내면서 서술적 구상 회화 흐름에 적극 참여했다. 이들의 대표작으로 〈삶과 죽음에 이르게 하기 또는 마르셀 뒤샹의 비극적 최후Vivre et laisser mourir ou La Fin tragique de Marcel Duchamp〉(1965)가 있다. 1972년, 장 주르데이의 제안으로 「도시의 정글 속에서Dans la jungle des villes」(장피에르 뱅상·장 주르데이·앙드레 엥겔 공동 연출) 첫 무대를 만들었다. 이때, 의상 디자이너 크리스틴 로랑과 파트리스 코슈티에를 만났다. 화가 친구들(에두아르도 아로요, 프란체스코 마셀리)과 연출가 겸 드라마투르그로 활동한 연극인들(특히 클라우스 미카엘 그뤼버, 장 주르데이, 장프랑수아 페레, 베르나르 소벨)을 만나면서 자신의 전문 분야가 아닌 연극에서 활동했다. 비판적 사고를 유도하는 브레히트 방식의 시노그라피와 거리를 두고, 감동의 여운을 주는 예술 작품을 만들고자 다양한 관점으로 볼 수 있는 무대를 구상하고, 관객이 자신의 관점으로 바라보는 연극, 이른바 '시선극'을 모색한다. 시노그라피와 그림의 연장선으로 또 다른 창작, 희곡 「로베스피에르의 가면Le Masque de Robespierre」(장 주르데이 연출, 1996)을 남겼다.

햄릿 Hamlet
작가 윌리엄 셰익스피어
연출 Klaus Michael Grüber
시노그라피 Gilles Aillaud

샤우뷔네 극장(Schaubühne), Berlin, 1982

《드라마투르기/시노그라피》 전시(퐁피두
센터, 1992) 출품작으로, 10년 전 무대를
재현한 모형.
제작: Frédéric Schlotterbeck
photo ⓒ Yves Guillotin

데생으로 자신의 생각을 전하기보다는 리허설에 빠짐없이 참여하면
서 연출가와 의견을 나눈 질 아이오는 무대 세트나 장소를 인위적으
로 만들지 말고, 명백하게 '이미 존재하는' 샤우뷔네 극장을 그대로 사
용하자고 제안한다. 샤우뷔네 극장 무대의 반원형 콘크리트 벽과 구멍
뚫린 통로, 방화용 금속 커튼을 숨기지 않고 드러내고, 다른 용도로 사
용한다. 승강 무대 바닥 결에 맞춰 베네치아 모자이크 문양을 그려 넣
는다. 무대 천장에 놓인 격자무늬 선반을 별이 반짝이는 검은 하늘처
럼 이용한다. 분명 존재하지만 있을 법하지 않은 장소, 구체적 현실이
면서 정신적 공간, 내부이자 외부의 공간으로 햄릿이 주관적으로 경험
하는 세계를 효과적으로 표현한다.

궁궐 안, '화려하지만 고독이 느껴지는 장소'[역주2]는 티투스와 베레니스, 두 인물 사이에 비극이 일어나는 닫힌 공간이다. 연출가 그뤼버가 실고 있던 아파트에서 영감을 받아 무대를 구상한다. 아파트 계단이 놓인 장소를 변형해서 벽돌로 덮힌 둥근 천장을 만들고, 로마 판테온 내부와 흡사한 원형 창문을 천장에 낸다. 큼직한 아파트 창문에서 문을 떠올리고, 문짝 대신 밖이 비치는 커튼을 단다. 바람에 의해 하늘거리며 문/커튼이 열리고 닫힌다. 이렇게 장소를 변형하는 작업 외에도 단순하면서 기묘한 오브제를 조명으로 강조하는 것을 좋아해서, 무대 안쪽에 '돌심장' 같은 것을 놓는다. 그리스 바닷가에서 갖고 온 알 모양의 조약돌을 모방해서 만든 것이다. 메를로 퐁티의 제자였던 질 아이오의 작품에서 관객은 지각에 따라 달라지는 의미의 차이를 느끼며, '보이는 것의 이중성', '보는 행위의 수수께끼'에 부딪힌다.

베레니스 Bérénice
작가 장 라신
연출 Klaus Michael Grüber
시노그라피 Gilles Aillaud

코메디 프랑세즈(Comédie-Française), 1984
입체 모형
© collections Comédie-Française / photo: Patrick Lorett

아르미니우스 전

Die Hermannsschlacht; La Bataille
d'Arminius

작가 하인리히 폰 클라이스트
연출 Jean Jourdheuil
시노그라피 Gilles Aillaud
조명 Hervé Audibert

낭테르아망디에 극장(Théâtre Nan-
terre-Amandiers), 1995
photo ⓒ Brigitte Enguérand / Divergence

독일 역사의 첫 번째 영웅 헤르만(고대 로마 실존 인물 아르미니우스)은
게르만의 지파인 케루스키족의 족장으로, 로마군을 전멸하고 지휘관
바루스를 처형하는 명예를 다른 이에게 넘긴다. 작품의 배경인 울창
한 토이토부르거 숲처럼 복잡하게 뒤얽힌 이야기다. "어떻게 숲을 무
대에 표현할 수 있을까"라고 질문한 아피아에 다소 짓궂게 답하듯,
숲 속 동식물을 사람의 형상으로 표현한다. 〈숲Forêt〉, 〈숲 속의 빈터
Clairière〉같은 알베르토 자코메티의 조각에서 영감을 받아 밤과 낮에
따라 달라지는 숲의 모습을 만든다. 그런데 실제 숲과 비슷하게 보이
는 것은 함정이다. '그대로 보지 마세요'라는 신호다. 대초원에 사자
가 숨어 있듯 그럴 듯하게 보이는 외관 이면에 감춰진 의미를 찾아야
한다. 나무 기둥은 조명기구로 덮여 있고, 연출은 고의적으로 시대 배
경을 섞는다.

르네 알리오 RENÉ ALLIO

1924, Marseille – 1995, Paris
화가
영화감독
연출가
작가
시노그라퍼
의상 디자이너

"가장 아름다운 문화의 전당은 거리다.
영화가 시간의 흐름으로 공간을 만든다면, 연극은 공간으로
시간의 흐름을 보여준다. 시노그라피는 공간 속 오브제를
다루면서 시간을 시각화한다. (…) 따라서 돌, 모래, 끊어진 줄
한 가닥, 나무 한 토막으로 이미 지나간 시간, 그 시간과 함께
사라져버린 세상을 표현할 수 있다. 시간뿐만 아니라
의미를 만든다."

르네 알리오는 예술성이 높은 연극과 전위극을 지향한다. 연출가 앙드레 레바, 장 마리 세로, 로제 플랑숑, 윌리엄 개스킬과 작품을 만들었다. 1963년부터 영화로 관심을 돌리고 12편 가량을 제작했다. 시노그라퍼로서 도시공간 조성 및 건축 연구소에서 작업하기도 하고, 프랑스 국립자연사박물관 대大진화관 프로젝트에 건축가 폴 체메토프와 참여했다. 파리에서 열린 세계연극축제^{역주3}에 초대된 브레히트의 베를리너 앙상블Berliner Ensemble 공연을 보고, 당시 많은 사람들처럼 큰 충격을 받았다. 그 후, '연기용 기계' 개념을 무대에 도입하고 다양하게 시도한다. 즉 모방보다 기호를 창출하는 기능성 장치를 만들고 공연장에 설치된 기계를 그대로 드러낸다. 나아가 '작품의 모든 의미를 통제'하지 않으며 불필요한 것을 없애는 방식으로 아름다움의 힘을 재발견한다.

헨리 4세 Henri IV
작가 윌리엄 셰익스피어
연출 Roger Planchon
시노그라피 René Allio

국립민중극장(Théâtre national populaire),
Villeurbanne, 1957
© Dép. des arts du spectacle BNF /
ADAGP, Paris 2013 / DR

영국이 형성되는 과정에서 나타난 갈등을 그린 역사극이다. 셰익스피어의 다른 역사극과는 달리, 왕위 찬탈자가 승리하는 작품으로 무엇을 정당한 권력이라 할 수 있는지 질문한다. 연출 의도에 따라 움직임이 많고 장면 전환이 빠르기 때문에 무대에 불필요한 요소를 없앤다. 커다란 지도, 확대/축소 비율이 다른 오브제는 역사를 이야기하는 기호다. 인간의 심리와 감정이 뒤섞인 역사가 아니라 등장인물들 사이에 나타난 힘의 관계, 폭력으로 얼룩진 역사를 표현하는 기호다. 힘의 관계에 따라 등장인물의 행보와 특성이 다르다. 이러한 차이를 크기가 다른 오브제로 표현한다.

타르튀프 Tartuffe
작가 몰리에르
연출 Roger Planchon
시노그라피 René Allio

국립민중극장(Théâtre national popu-
laire), Villeurbanne, 1967
photo © Collection Pic / ADAGP,
Paris 2013 / Dép. des arts du spectacle
BNF

공연사에 길이 기억될 작품이다. 17세기 바로크 음악으로 막이 오르고, 무대에 빛이 들어오자 천장에서 십자가가 내려온다. 무대에 그림 한 점이 놓여 있고, 이 그림 속 작은 문이 실제로 열리면서 페르넬 부인의 하녀 플리포트가 등장한다. 이렇게 시작하는 첫 장면이 끝나면 그림은 천장으로 올라간다. 이때 오르공 집의 화려한 내부, 나무 바닥에 새겨진 문양이 반짝거리고 신비주의 그림 여러 점이 걸려 있는 거실이 비로소 드러난다. 화려한 공간이지만 격렬한 인간관계와 역사의 흐름에서 가족을 보호하지 못하는 '고립된 사적 공간'이다. 각 막이 끝날 때마다 관객과 마주보고 있는 벽이 무대 위로 올라가면서 공간은 점점 확장되지만, 가족을 보호하는 힘은 오히려 약해진다. 고통과 환희가 동시에 느껴지는 그림은 종교적 색채가 과도하고 애매모호하다. 오르공이 동성애자인지 애매하듯 그림의 의미도, 오르공의 실체도 숨겨져 있다.

1889년 동물학 갤러리Galerie de zoologie가 문을 열었다. 크기별로 나열하면서 체계적이고 총체적으로 동물의 모습을 보여주고자 했는데, 시간이 지남에 따라 훼손된 부분이 많았다. 1994년 개보수를 하면서 명칭이 바뀌고 진화를 테마로 한 전시가 기획된다. 6000제곱미터에 이르는 전시관 중앙 홀에 동물 표본 3000개를 설치하여 흥미진진한 볼거리를 선사한다(총 7000마리). 관객은 전시된 동물을 보면서 다양한 장소를 상상하고 가상의 세계로 빠져든다. 거대한 역동적 흐름을 표현한 시노그라피, 그 안에서 관객은 자신이 어디에 있는지 자문한다. 이해하고 싶지만 대답하기 벅찬 질문 속에서 연약한 자신의 모습을 발견한다.

대 진화관
La Grande Galerie de l'évolution
상설 전시

건축 Paul Chemetov, Borja Huidobro
시노그라피 René Allio

국립자연사박물관(Muséum national d'histoire naturelle), Paris
photo © Marion Lyonnais

미셸 라파엘리 MICHEL RAFFAELLI

1929, Marseille
화가
연출가
의상 디자이너
작곡가
음악가
시노그라퍼

"어떤 작품을 공연하든, 연출이 선택하는 방향에 따라
공간이 구성된다. 드라마나 영화의 주요 장면을 간략하게 그린
스토리보드처럼, 크로키를 차례로 그려 연출 의도에 다가간다.
직접적으로 묘사하기보다는 무언가를 암시하는 '조형 기호'를
만드는 것이 중요하다. 무대미술로 이야기의 흐름을
이끌어가는 노력과 군더더기를 없애며 형태를 단순화하는
과정이 필요하다. 나는 화가이자 음악가이고 시노그라퍼다.
나의 예술을 풍요롭게 하는 그림과 음악, 시노그라피는 상호보
완관계이기 때문에 이를 활용해서 무대 공간을 구상한다."

미술과 음악을 공부한 미셸 라파엘리는 1957년 마르세유 오페라극장에서 첫 번째 무대를 구상했다. 무대미술로 주목을 받아 독일 연극·오페라 무대, 잘츠부르크와 베를린 축제에서 시노그라퍼로 활동했다. 프랑스에서는 아르망 가티, 조르주 라벨리, 장마리 세로, 앙투안 비테즈 등 여러 연출가와 작업했다. 미셸 라파엘리의 무대는 상징적이거나 추상적 색채, 비평적 사실주의 색채가 강하다. 1972년 샤이오 국립극장 기계 설비를 재정비하는 책임을 맡은 이후, 건축 분야에서 계속 활동했다. 화가로서 예술적 가치가 높은 그림을 그리며, 자신의 고향인 코르시아 문화가 물씬 느껴지는 음악극을 작곡하고 연주한다.

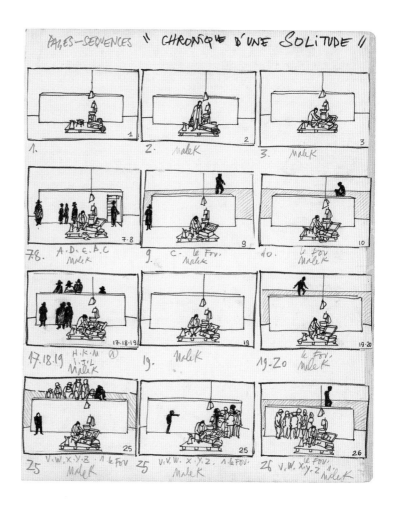

어느 고독한 자의 이야기
Chronique d'une solitude
작가 타하르 벤젤룬
연출·시노그라피 Michel Raffaelli

아비뇽 축제(Festival d'Avignon), 1976
© Michel Raffaelli

모로코 작가 타하르 벤젤룬의 희곡으로, 사회 정신의학에 관한 자신의 논문에서 소재를 따온다. 말렉은 북아프리카에서 온 이주 노동자로, 그가 겪는 현실적인 상황을 작가는 시적으로 아름답게 그린다. 연출과 시노그라피, 장면 전환에 사용되는 음악 모두 미셸 라파엘리가 맡는다. 구체적 묘사가 없는 추상 무대로, 출입구가 있는 나무 벽이 있다. 벽 뒤에는 계단이 놓여 있다. 계단을 한 단씩 이어주는 부분은 밧줄로 처리한다. 밧줄은 공연 중 악기로 사용한다. 나무 벽 위로 말렉의 과거 속 인물이 하나둘 등장하고, 말렉의 현재는 무대 앞에 놓인 연단을 중심으로 펼쳐진다. 무대 안쪽 배경막 사이클로라마에 시시각각 변하는 하늘의 모습이 비치고, 독특한 여행을 하면서 주인공이 체험하는 기후와 시간의 변화가 나타난다.

모리스 오하나의 유일한 오페라다. 조르주 라벨리 연출로 1988년 오페라 가르니에궁에서 공연된다. 15세기 스페인 작가 페르난도 데 로하스가 쓴 동일 제목의 희비극에서 영감을 받아, 복잡한 줄거리는 걸러내고 신화와 역사적 사실을 섞어 만든 작품이다. 총 11개의 장면으로 장소 변화가 다양하다. 정치·종교적 통일을 위해 페르난도 국왕과 이사벨 여왕의 연합군이 이슬람 왕국 그레나다를 정복하고, 콜럼버스가 세비아에서 항해를 성공적으로 시작하여 신대륙을 발견하고 돌아오는 과정을 담고 있다. 따라서 공간 구성으로 장면을 부드럽게 연결하는 것이 관건이었다. 고정장치에 장소 변화에 따른 이동식 무대를 곁들이고, 음악에 맞춰 다양하게 변화 가능한 커튼을 사용한다.

라 셀레스틴 La Célestine
오페라 모리스 오하나
연출 Jorge Lavelli
시노그라피 Michel Raffaelli

오페라 가르니에궁(Opéra Garnier),
Paris, 1988
© Michel Raffaelli

에메 세제르의 희곡으로 1991년 부르키나파소인 이드리사 우에드라오고의 연출로 공연된 이후, 코메디 프랑세즈의 레퍼토리로 선정된다. 아이티 공화국이 식민주의에서 해방되는 양상과 민주주의를 다룬 작품이다. 무엇보다도 작가가 던지는 보편적 진리를 전달하려는 연출 방향에 맞춰, 무대는 역사적 재현이나 이국적 풍경에서 벗어나 간결함과 비움을 지향한다. 열린 공간에 좁지만 변형 가능한 연단 두 개를 놓고, 그 위에 계단으로 연결된 또 하나의 좁은 무대를 설치한다. 궁전의 내부이자 외부, 연기의 받침대이자 상징적 공간이다. 무대를 같은 계열색으로 처리한다면, 의상은 섬세하고 다양한 색으로 디자인한다.

크리스토프 왕의 비극
La Tragédie du roi Christophe
작가 에메 세제르
연출 Idrissa Ouedraogo
시노그라피·의상 Michel Raffaelli

코메디 프랑세즈(Comédie-Française),
Paris, 1991
© Michel Raffaelli

질론 브룅 GILONE BRUN
장폴 샹바 JEAN-PAUL CHAMBAS
알랭 샹봉 ALAIN CHAMBON
프랑수아즈 다른 FRANÇOISE DARNE
제라르 디디에 GÉRARD DIDIER
기클로드 프랑수아 GUY-CLAUDE FRANÇOIS
장 아스 JEAN HAAS
야니스 코코스 YANNIS KOKKOS
미셸 로네 MICHEL LAUNAY
장기 르카 JEAN-GUY LECAT
클로드 르메르 CLAUDE LEMAIRE

크리스틴 마레 CHRISTINE MAREST
필리프 마리오주 PHILIPPE MARIOGE
클로에 오볼렌스키 CHLOÉ OBOLENSKY
아고스티노 파스 AGOSTINO PACE
리샤르 페두지 RICHARD PEDUZZI
로베르토 플라테 ROBERTO PLATÉ
니키 리에티 NICKY RIETI
다니엘 로지에 DANIÈLE ROZIER
장마르크 스텔레 JEAN-MARC STEHLÉ
장피에르 베르지에 JEAN-PIERRE VERGIER

메기 Silures
원작 「늙은 선원의 명언 *Le Dit du vieux marin*」(새뮤얼 테일러 콜리지의 시)

연출 Jean-Yves Ruf
시노그라피 Laure Pichat

투르 지방연극센터(CDR de Tours),
2006
photo © Laure Pichat

술집과 공업 단지가 혼합된 공간이다. 기계 장비가 설치된 공간, 증류주 제조소, 양어장이 즉흥적으로 술집으로 변한다. 물이 가득 들어 있는 사각통 여러 개가 무대에 일렬로 배열되어 있고, 그 사이로 배우가 지나 간다. 통 위에 연기에 필요한 가구를 놓고, 스탠드바, 곳 또는 잠수대로 이용한다. 사각 물통을 배열하여 공간을 채우고, 동시에 비어 있음을 만든다.[역주22] 전체적으로 보았을 때 물이 있는 표면 하나하나가 연결되어 드넓은 바다가 연상된다. 기계 장치로 파도를 일으켜 마치 동물이 출현해 소용돌이치는 듯한 착각을 준다. 물결은 바다처럼 세차게 일렁이다 죽은 듯 잠잠해진다.

장이 생각하는 수난
Passion selon Jean
작가 안토니오 타란티노
연출 Jean-Yves Ruf
시노그라피 Laure Pichat

비디로잔 극장(Théâtre Vidy-Laus-anne), 2008
photo ⓒ Laure Pichat

텍스트에 집중할 수 있는 감각적 공간이 필요한 작품이다. 스스로 예수라고 생각하는 정신 분열증 환자 무아뤄와 간호사 장의 하루가 시작된다.[역주23] 관객 앞 대기실에 두 사람만 있다. 막다른 골목 같은 복도다. 복도가 관객을 정면으로 바라보고 있어서, 주인공의 연약한 상태가 그대로 노출된다. 광기를 직접적으로 보여주지 않지만, 말로 표출되고 상상 속에서 펼쳐진다. 대기실이라는 구체적 공간을 무아뤄가 느끼는 불안한 상태에 따라 재해석한다. 음향과 조명으로 등장인물이 느끼는 내적 상태가 표출되고, 갑작스럽게 신비로운 공간으로 바뀐다. 대기실 의자가 교회 의자로, 대기실 벽은 성당 벽으로 변하고, 예수의 십자가가 창문을 관통한다.

다양하게 변형 가능한 기하학적 공간을 구상한다. 등장인물 사이에 복잡하게 얽혀 있는 이해관계와 술책을 우선적으로 고려한 무대다. 조명에 따라 불투명해졌다 투명해질 수 있는 사슬을 커튼처럼 늘어트려 등퇴장이 수월하고, 등장인물이 노출되지 않은 채 무대에서 일어나는 일을 들을 수 있으며, 배회하다가 갑자기 나타나거나 사라질 수 있다. 레일 위에서 움직이는 커튼에 따라 정사각형 공간에서 곡선으로 기하학적 형태가 변한다. 유연하고 가벼운 커튼 줄 사이로 과거를 상기시키는 전통 건축물, 고정되어 있어 무거운 느낌을 주는 궁궐이 보인다. 줄과 벽으로 유연함과 거대함이 대립하는 무대, 대립으로 탁월한 재료 선택이 돋보이는 무대다.

아그리피나 Agrippina
작곡 게오르크 프리드리히 헨델
연출 Jean-Yves Ruf
시노그라피 Laure Pichat

디종 오페라극장(Opéra de Dijon), 2011
photo ⓒ Laure Pichat

필리프 케느 PHILIPPE QUESNE

1970, Paris
연출가
작가
시노그라퍼

"연출은 무대 위에 글을 쓰는 작업이라고 생각한다.
진실/거짓, 사실성/인위성, 실상/환영의 모호함을 깨지 않고,
작품을 창조하기까지 배우와 자연스럽게 실험할 수 있는
장소가 연기 공간이다. 내면 상태에 몰입하는 심리 연기
방식에서 배우가 벗어날 수 있도록, 공연의 특성과 느낌을
공간으로 표현하고자 노력한다. 반복되는 소재(자동차, 대형 유리창,
인공 자연, 자연 소재…)로 작품을 만든다. 반복되는 요소를 조합해
기호를 만들고, 조합으로 새로운 상황을 끌어내고,
새로운 표현을 찾아내며 무대를 창조한다."

에콜에스티엔을 졸업하고 파리 국립고 등장식예술학교에서 조형예술을 전공한 후, 필리프 케느는 10여 년간 연출가 로베르 캉타렐라와 플로랑스 지오르제티 곁에서 활동했고, 전시회에서도 일했다. 2003년 비바리움 스튜디오 *Vivarium Studio*를 창단하고, 첫 작품 「날개의 욕망 *La Démangeaison des ailes*」(날고자 하는 욕구와 이어지는 추락)을 선보였다. 2004년, 「경험 *Des expériences*」시리즈와 미래의 위험에 직면하여 얼빠진 모습을 그린 「자연에 의하면 *D'après nature*」(2006)을 만들었다. 2008년에 상상에 대한 오마주로 「세르주 효과 *L'Effet de Serge*」와 「우수에 잠긴 용 *La Mélancolie des dragons*」을, 2010년에 위태로운 미래를 생생하게 담은 「빅뱅 *Big Bang*」을 공연했다. 필리프 케느는 연극 무대를 연구실이자 탐험의 공간, 인간이라는 동물을 관찰하는 사육장 비바리움이라고 생각한다.

우수에 잠긴 용
La Mélancolie des dragons
구상·연출·시노그라피·조명 Philippe
Quesne

빈 축제(Wiener Festwochen),
Autriche,
아비뇽 축제-셀레스틴회 수도원
(cloître des Célestins), 2008
photo Martin Argyroglo
© Philippe Quesne / Vivarium
Studio

필리프 케느의 연극은 이미 만들어진 것을 보여주기보다는, 진행하면서 만들어지는 작품으로, 기존 연극의 전개 과정(테마, 구조, 특성 등)과는 사뭇 다르다. 눈이 내린 전원 풍경을 근사하게 묘사한 연극적 이미지 앞으로 배우들이 등장하고, 한가운데 놓인 고장 난 소형차 안으로 들어선다. 빽빽이 모여 있는 인간 공동체 모습이다. '다음에 무슨 일이 일어날까' 기다리게 하면서 공연이 진행된다. 무대에 그려진 장소는 지상에 사실상 존재하지 않는 곳으로, 현실과 비현실이 동시에 출현한 공간이다. 무대에서 일어난 행위로 생각지 않았던 장소를 암시한다. 필요에 따라 무대 세트가 만들어지고 해체된다. 진행 과정에서 책·냄비·나뭇가지 같은 가장 흔한 오브제가 시적 재료로 바뀐다. 일상과 평범함이 시로 변한다. 상이한 요소들이 혼합되고 조합된 공간, 그 결과 의미와 난센스가 창출되는 공간이다.

조형예술과 음악, 공연 중에 진행한 실험을 섞어 만든 퍼포먼스다. 관객이 어떻게 작품에 참여할 수 있을까? 연기가 무엇이고 연기가 아닌 것은 무엇일까? 등장인물을 어떻게 정의할까에 대한 일련의 질문을 던지는 작품이다. 다듬어지지 않아 초라해 보이는 칙칙한 공간, 차가운 느낌을 주는 공간이다. 공연 중에 또 다른 공연이 삽입된 형식으로, "이것은 연극이 아니다"를 부조리하게 보여준다. 공간과 배우의 관계 및 사물을 다루는 배우에 의해 무대의 허구적 차원이 해체된다. 무대는 다양한 실험을 하는 작업실이자 무대 위에 글쓰기를 실험하는 장소로 변한다.

세르주 효과 L'Effet de Serge
구상·연출·시노그라피·조명 Philippe Quesne

유리 동물원(La Ménagerie de verre), Paris, 2008
photo Martin Argyroglo
© Philippe Quesne / Vivarium Studio

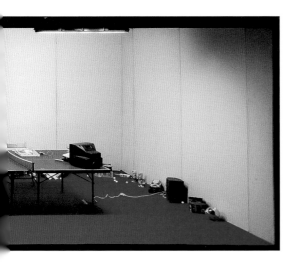

빅뱅 Big Bang
구상·연출·시노그라피·조명 Philippe Quesne

헤벨 암 우퍼 극장(Hebbel am Ufer), Berlin, 2010
photo Martin Argyroglo
ⓒ Philippe Quesne / Vivarium Studio

빅뱅은 공연의 출발점이자 모티프로, 태초의 시작이자 이를 뒷받침하는 과학 이론이며, 만화에 나오는 단순한 의성어라고 필리프 케느는 생각한다. 따라서 거대함과 하찮음을 동시에 다룰 수 있는 이상적 용어라고 생각한다. 거대함과 하찮음이 뒤섞인 공연 현장에서 배우가 여러 상황을 경험하고, 사물을 옮기고, 쳐다보고, 그림을 그린다…. 이러한 예술 공동체 앞에 있는 관객은 자신의 능력을 벗어나는 연구 대상의 작은 세계, 인간 사육장 비바리움을 관찰한다. 수수께끼처럼 보이는 이미지에 따라 관객은 각자 어떤 이야기인지 생각하고, '어떤' 세상이 무대에 출현하는지 창조 과정을 지켜본다. 공기를 넣으면 배 모양으로 변하는 튜브처럼, 평범하고 다루기 쉬운 일용품으로 연극적 이미지를 만들고, 일상의 평범함을 넘어선 경이로움을 맛보게 한다.

에마뉘엘 루아 EMMANUELLE ROY

1975, Aix-en-Provence
시노그라퍼

"배우처럼 시노그라퍼도 해석한다.
연출가의 의도를 모르는 상태에서 작품을 처음 들을 때,
꿈꾸던 장소가 자유롭게 떠오른다. 시적 이미지와 아이디어가
대기 상태에 머물다가, 연출가의 관점과 비교·종합되면서
작업 방향이 잡힌다. 이때, 보이지 않는 등장인물이 나타난다.
배우를 동반하며 배우의 요구에 답변하거나 배우에 과감히
맞서는 인물, 바로 시노그라피다. 상황에 따라 탄력적으로
대처하는 인물로, 장면에 따라 배우의 연기를 맞이하고,
연기를 완성시키고, 풍부한 표현을 도와주며 의미를 부여한다.
실패한 경우에는 휴지 상태, 대기 상태에 놓인다.
유동적 등장인물 시노그라피는 상반된 양상을 잘 드러낸다.
채움으로 비움에 가까이 가고, 밝고 어두운 부분이 함께
너울거리며, 닫힘에서 열린 공간이 나타나고, 가시적 세계에
비가시적 세계가 담긴다…. 관객이 단 하나의 일방적 의미가
아니라, 자신의 답변을 찾아내는 공간이다."

1999년 파리 국립고등장식예술학교에서 학위를 받은 에마뉘엘 루아는 변형 가능한 무대를 선호하고, 유연한 시노그라피를 추구한다. 2008년부터 연출가 폴린 뷔로와 다양한 작품을 만들었다. 예를 들면 존 마스든 소설을 각색한 「감옥에서 온 편지Letter from the Inside」와 피에르 부르디외, 마리 다리외세크, 비르지니 데팡트, 마르그리트 뒤라스, 카트린 밀레, 버지니아 울프의 글을 섞어 여성의 정체성을 공동 집필한 「모델Modèles」(2011)

이 있다. 2012년에는 트리스탕 가르시아의 소설을 각색한 「인간의 최대 장점La Meilleure Part des hommes」, 2013년에는 리허설을 하면서 폴린 뷔로가 글을 써 간 「인어공주Sirènes」를 공연했다. 2011년부터 라디스라스 숄라가 연출한 「외로운 서부L'Ouest solitaire」(마틴 맥도나 작), 「아버지Le père」(플로리앙 젤레르 작, 로베르 이르슈 출연, 2012), 「권력의 카드Les Cartes du Pouvoir」(보 윌리몬의 희곡 각색, 2014)에서 무대를 맡았다. 장로맹 베

스페리니 연출작에서 시노그라퍼로 활동하며, 이자벨 아불케르의 오페라 「부드러운 여인과 푸른 수염Douce et Barbe-Bleue」(샤를 페로 작, 크리스티앙 에므리 각색 2011), 주세페 베르디의 「라 트라비아타La Traviata」(2012), 「바다의 여인La Dame de la mer」(헨리크 입센 희곡 각색, 2013)을 올렸다. 영화 무대미술 분야에서도 활동하고 있다.

로베르토 주코 Roberto Zucco
작가 베르나르마리 콜테스
연출 Pauline Bureau
극단 천사를 위한 위스키
조명 Jean-Luc Chanonat

태풍극장(Théâtre de la Tempête),
Paris, 2010
모형 © Emmanuelle Roy

낮은 곳에서 위만 계속 쳐다보다가, 아래가 훤히 내려다보이는 높은 곳으로 올라가기 위해 살인자가 되는 한 남자의 여정을 15개의 정거장으로 그린 희곡이다. 로베르토 주코가 위로 향하는 움직임을 대도시 공터로 설정한다. 사람들이 만나고 감정이 뒤얽히고 해소되는 장소다. 형태는 다르지만 같은 재질로 연기 영역 세 곳을 만든다. 천장이 있는 바퀴 달린 무대(경찰서, 부엌, 역의 일부분), 경사대(전철, 선로), 그리고 한쪽에 작은 전화 부스를 만든다. 장면에 따라 장소가 변하면서 억압적인 상태에서 해방되는 과정, 주코의 방황을 표현한다. 도시 속 공터라는 열린 장소, 공공의 장소로 완전히 변한 태풍극장 홀 안에, 이름 없는 아무개로 힘없이 갇혀 있는 느낌이다. 깜깜한 어둠 속 가로등의 희미한 불빛처럼, 지저분한 아스팔트를 비추며 어슴푸레한 네온사인 사이로 나타난 부엌 전구로 주코를 추락하게 한 구원의 별을 표현한다.

아버지 Le Père
작가 플로리앙 젤레르
연출 Ladislas Chollat
조명 Alban Sauvé

에베르토 극장(Théâtre Hébertot),
Paris, 2012
photo © Emmanuelle Roy

주인공 앙드레가 방향 감각과 기억을 서서히 잃어가는 과정을 공간 비우기로 시각화한다. 머릿속에서 장소가 계속 변하듯 무대는 한 장소에 머물지 않는다. 시공간이 모호한 작가의 글쓰기 방식에 따라 무대 장치가 15번 바뀐다. 사건은 앙드레 집에서 일어나는가? 아니면 딸의 집에서? 처음부터 양로원에서 벌어지는 이야기인가? 지금 이곳이 구체적으로 어디인지, 현실인지 아니면 앙드레의 기억 속 장면인지, 관객도 앙드레처럼 분간하기 어렵게 만든다. 벽이 옆으로 이동해 무대 정면이 좁아지고, 위로 사라져 깊숙한 공간이 환하게 드러난다. 높은 천장과 마루, 밖으로 향한 커다란 창 등 매력적인 오스만 양식의 아파트는 점차적으로 작품이 시작하기 전에 있었을 법한 초라한 공공건물 내부로 바뀐다. 반복적으로 등장하는 오브제를 조금씩 변형해서 불안함을 강조한다. 그림이 걸린 위치가 바뀌고, '나뭇잎이 떨어지듯' 앙드레의 기억이 사라지는 것처럼, 그림은 없어지고 액자만 남는다.

권력의 카드
Les Cartes du pouvoir
원작「패러것 노스 *Farragut North*」(보 윌
리몬)

연출 Ladislas Chollat
조명 Alban Sauvé

에베르토 극장(Théâtre Hébertot),
Paris, 2014
photo ⓒ Emmanuelle Roy

음모를 꾸미며 권력을 향해 질주하는 현대 미국 사회를 다룬다. 아이오와에서 이틀간 일어나는 이야기로, 10번의 시퀀스가 내부와 외부에서 펼쳐진다. 한 번의 숏으로 하나의 장면을 보여주는 '플랑-세캉스 plan-séquence' 방식을 효과적으로 활용한 영화처럼, 무대 요소의 조합으로 다양한 장면을 계속 교차하며 관객을 아이오와 도심 속으로 이동시킨다. 정면의 커다란 창틀이나 바닥 레일 위에서 움직이는 장치에 의해, 아무것도 없는 넓은 공간이 건물 내부로 바뀐다. 무대 안쪽에 밖이 훤히 내다보이는 창도 앞으로 나오거나 뒤로 갈 수 있는데, 비디오 영상 화면이나 조명 받침대로 번갈아 사용한다. 관객은 사생활을 몰래 엿보는 것 같다. 투명하거나 반투명한 재질로, 채움과 비움으로, 앞뒤 장면을 겹치는 효과로, 도시의 정글을 암시하고 주인공들이 끊임없이 감시받으며 현행범으로 체포될 수 있는 상황을 강조한다.

로리안 시메미 LAURIANNE SCIMEMI

1979, Rome
시노그라퍼
의상 디자이너

"조형예술가의 시선으로, 때로는 화가의 시선으로
공간에 접근한다. 공간에서 진동하는 색깔로 상상과 현실이
나누는 대화를 창조한다. 기억 속에 간직하고 싶은
실존하는 장소, 그 장소에서부터 허구의 공간을 끌어낸다.
그러면 무대 세트는 말과 몸을 위한 감각적 재료로 변한다.
추상적이면서 구체적으로, 이미지로 설명하지 않으면서
사실에 최대한 가까이 접근한다면, 자신만의 방법으로
배우 각자 적응할 수 있는 공간, 정수만 남고 걸러진 또는
소박하게 환영을 자아내는 진정한 장소가 될 것이다."

어린 시절부터 영원한 도시 로마에 매료된 로리안 시메미는 예술 집안에서 자라면서 프랑스와 이탈리아 문화를 동시에 누렸다. 극장에서 「오이디푸스 왕 Œdipe roi」을 처음 보고, 시노그라퍼·무대 디자이너가 되리라 결심했다. 조형예술 학사를 받은 후, 스트라스부르 고등연극예술 학교에서 관련 분야를 공부하고 2004년에 학위를 받았다. 의상 디자이너 오르텐시아 드 프란체스코 곁에서 여러 해 동안 조수로 일하면서, 색상의 고유성을 존중하는 법과 디테일의 중요성을 배웠다. 이탈리아와 프랑스를 오가며 연극·영화계에서 활동했다. 토니 세르빌로, 조르조 바르베리오 코르세티, 마르코 리시, 밈모 팔라디노와 협업하며, 기피에르 쿨로, 브리지트 자크바주만 연출작, 2009년부터는 장 벨로리니 연출작에서 시노그라피 또는 의상을 담당했다.

얼어붙은 말 Paroles gelées
원작 『제4권 *Quart Livre*』(프랑수아 라블레)

연출 Jean Bellorini
시노그라피 Jean Bellorini, Laurianne Scimemi
의상 Laurianne Scimemi

툴루즈 국립극장(TNT), 2012
(몰리에르상 - 공공극장 부문 연출가상 수상, 2014)

photo © Polo Garat

진실을 밝혀줄 신탁을 듣고자 신성한 술병을 찾아 상상의 고장을 여행하는 이야기다. 하나의 무대 세트로 다양한 장소를 표현하고자 했다. 물에 띄운 배 모양의 오브제로 바다를 표현하는 장면에서부터 시작한다. 바닥에 깔린 양탄자에 물을 뿌리고, 도랑에서 노는 아이들처럼 배우들이 즉흥적으로 연기한 리허설 과정에서 구체적으로 형태가 잡힌다. 배우의 움직임으로, 공간은 미친 듯 돌아가는 기계처럼 세월이 흘러 녹슨 선체 모양, 태풍, 좌초된 배, 모임의 장소인 테이블로 잇달아 변한다. 태풍은 살수용 호스와 파란색으로 칠한 환풍기로 표현한다. 늘어진 샹들리에가 물에 비치고, 무대 뒷면을 메우고 있는 녹슨 황토색 판지도 덩달아 물에 비치면서 작품을 시적 차원으로 끌어올린다.

파도 Les Vagues
작가 버지니아 울프
각색 Marion Stoufflet, Guillaume Vincent
연출 Guillaume Vincent
시노그라피 Laurianne Scimemi

브르타뉴 국립극장(TNB), Rennes, 2004
photo ⓒ Élisabeth Carecchio

재건축될 창고에서 공연한 이후, 폐허가 된 교회에서 공인한 작품이나. 두 장소에서 받은 명상하면 좋을 것 같은 느낌과 종교적 색채를 살리는 방향을 모색한다. 등장인물 6명이 어린 시절부터 죽음에 이르기까지 내면을 성찰하고 삶을 깨닫는 과정을 그리고 있어, 작품의 초점을 효과적으로 표현할 수 있다고 생각했기 때문이다. 계단식 객석을 만들고, 장소에 담긴 혼을 끌어내는 설치예술가이자 사진가 조르주 루스에서 영감을 받아 작품이 공연되는 장소, '지금 여기'를 재조명하고 강조한다. 벽 상부를 둘러싸고 있는 쇠시리를 군청색으로 돋보이게 하고 비상구에 페인트칠을 다시 하며, 백묵 그림으로 공간에 감흥을 일으킨다. 가구 위치가 바뀔 때마다 바닥에 자국이 남고, 등장인물 모두 죽음을 맞이할 때 가구의 뼈대만 남는다.

LA REINE CLEMENTINE ACTE II

BOULOTTE ACTE 2

푸른 수염 Barbe-bleue
오페라 자크 오펜바흐
연출 Jean Bellorini, Marie Ballet
시노그라피 Nicolas Diaz
의상 Laurianne Scimemi

브장송 음악극장(Théâtre musical de Be-
sançon),
프리부르 오페라극장(Opéra de Fribourg),
2010
크로키 © Laurianne Scimemi

유쾌하고 재미있는 희가극이다. 의도적으로 풍자된 등장인물이 나
온다. 여왕은 엉뚱하고, 잔인한 남편은 호색가며, 불로트는 농부 아
낙네로 다소 부자연스럽다. 의상으로 등장인물의 특성을 표현해야
했다. 연출가 및 브장송 의상실과 생산적인 의견을 교환한 로리안 시
메미는 자유로운 상상력으로 키치 패션에 가까운, 색상이 화려한 의
상을 디자인한다. 배우의 개성과 신체적 특징을 고려해서 등장인물의
의상을 만들며, 세심한 주의를 기울여 디테일한 부분을 간과하지 않
는다. 소품을 적절히 곁들여 배우가 등장인물 속으로 자연스럽게 스
며들도록 돕는다.

오렐리 토마 AURÉLIE THOMAS

1974, 파리 근교
시노그라퍼
의상 디자이너

"시노그라피의 의미는 배우가 부여한다고 생각한다.
배우가 적응을 못하면 시노그라피를 창조한 의미가 없다.
한 작가의 세계로 깊숙이 들어가서, 그 작가가 남긴 발자취를
더듬으며 뒤따라가는 과정이 가장 매력적이라고 생각한다.
작가의 시성에 마음을 열고 귀 기울이며 자유롭게 상상한 다음,
장면에 따라 필요한 무대 요소를 모아, 이야기의 동반자를
만들고 한 편의 이야기를 전한다."

파리 국립고등장식예술학교에서 연수를 받은 오렐리 토마는 스트라스부르 고등 연극예술학교에 입학했다. 1999년에 학위를 받고, 그 다음 해 동창생인 기욤 들라보가 창단한 X 여기ᵡ ⁱᶜⁱ극단에 들어가서 이미지로 표현하는 방법을 갈고닦았다. 시노그라피와 의상이 독자성을 잃지 않으면서 섬세하게 서로 어울리는 방법을 모색했다. 2004년 뷔상 민중극장에서 크리스토프 로크와 유익한 협업을 시작했다. 2008년부터 로크가 대표로 있는 생드니 제라르 필립 극장에서 의상 디자이너 겸 시노그라퍼로 활동한다. 오페라나 음악극으로 작업 영역을 넓힌다.

Sc 5 Acte 1 LORaine.

파리에서 일어난 학살
The Massacre at Paris
작가 크리스토퍼 말로우
연출 Guillaume Delaveau
시노그라피 Aurélie Thomas

툴루즈 국립극장(Théâtre national de Toulouse), 2007
© Aurélie Thomas

도시의 여러 곳에서 일어나는 이야기를 하나의 세트로 표현하고자 했다. 전체가 한눈에 들어오면서 다양한 연기 구도가 가능한 공간을 생각하다가, 도서관으로 정한다. 피로 얼룩진 생바르텔르미의 밤과 대조되는 상징적 장소다. 일렬로 배열된 책상, 일시적으로 켜졌다 꺼지는 불로 어두운 분위기를 강조하여, 파리를 배회하는 살인자들을 자연스럽게 유인한다. 학살 장면이 무대 안쪽 여러 곳에서 일어날 때 부분적으로 연기 공간을 한정하지만, 전체적으로 엘리자베스 시대 극장처럼 열린 무대다. 여러 이미지를 콜라주한 배경막처럼, 당시 시대를 반영한 배경물 옆에 현대적 재료와 가구로 연기 영역을 만든다.

신의 거미 L'Araignée de l'Éternel
클로드 누가로(Claude Nougaro) 글 각색

연출 Christophe Rauck
시노그라피 Aurélie Thomas

파리 시티극장(Théâtre de la Ville), Paris,
2008
© Aurélie Thomas

작가 · 작곡가 · 시인 · 연주자인 클로드 누가로의 풍요롭고 다채로운 세계로 안내하기 위해 매우 절제된 시노그라피를 구상한다. 마치 글을 기다리는 백지처럼 새하얀 장막 세 개가 공연 흐름에 따라 펄럭이고, 꼬이듯 감기다 다시 퍼지면서 장면을 연결한다. 움직이지 않을 때는 스크린으로 사용한다. 주로 한 장면을 매듭짓고 다음 장면으로 리드미컬하게 전환하는 방법으로 사용한다. 영화 테크닉에 가까운 몽타주 형식을 효과적으로 사용한 음악극이다.

포페아의 대관식
L'incoronazione di Poppea
작곡 클라우디오 몬테베르디
연출 Christophe Rauck
시노그라피 Aurélie Thomas

제라르 필립 극장(Théâtre Gé-
rard-Philippe), Saint-Denis, 2009
© Aurélie Thomas

바로크와 이태리식 기계 장치에 대한 오마주 시노그라피다. 음악과 노래가 작품의 감동을 매우 잘 살리고 있기 때문에 시각·조형 장치로 방해할 수 없었다. 따라서 무대 요소를 최소한으로 축소하고, 서술적이거나 구체적이지 않은 상징적 오브제를 선택한다. 예를 들면 지구본으로 권력을 상징하고, 욕조로 세네카의 무덤을 암시한다. 왕좌 위에 캐노피를 만들고 웨딩 레이스로 장식하여 포페아의 정원을 암시한다. 환영을 일으키는 본래 기능보다 장면 전환용으로 사용한 기계 장치로, 공연의 리듬과 흐름을 뒷받침하고 등장인물의 모습을 드러내거나 감춘다. 노래와 음악에 맞춰 그려진 배경 화폭, 음악에 따라 바뀌는 배경 화폭으로 시청각의 조화가 돋보인다.

앙투안 바쇠르 ANTOINE VASSEUR

1978, Amiens
시노그라퍼

"시노그라피를 무대 세트라고 간략하게 정의할 수 없다.
시노그라피는 모태다. 에너지를 품고 있지 않다면
시노그라피라 할 수 없다. 이미지 표현 방식을 시노그라피라고
생각하는 경향이 있지만, 무엇보다도 공간과 관련 있다.
프로젝트를 시작할 때 아무 생각도 하지 않고 어떤 이미지도
떠올리지 않으려고 철저하게 노력한다. 나의 출발점은
공간이다. 공연 장소, 그 자체에 창조될 공간이 담겨 있다.
그러나 숨어 있는 공간을 끌어낼 에너지가 처음부터 있는 것은
아니다. 따라서 어떻게 공간이 출현하는지 지켜본다.
바느질할 때 치수에 맞춰 옷자락을 접어 감춰야 하듯,
공연장에 맞게 희곡에 필요한 장소를 구상해야 한다.
두 공간이 조합되어 음악처럼 소리가 나고 울리기 시작하면,
그때 비로소 작업을 시작한다."

앙투안 바쇠르는 파리 3대학에서 연극을 공부한 후, 낭트 국립고등건축학교에서 시노그라피를 전공했다. 2002년부터 연출가 뤼도비크 라가르드와 오페라·연극을 올렸는데, 대표 작품으로 올리비에 카디오의 「영원히 내 곁으로 돌아온 사랑하는 사람Retour définitif et durable de lêtre aimé」이 있다. 2009년부터 랭스 코메디 국립연극센터 예술인 그룹에서 활동했다. 다양한 연출가(실비 바이옹, 마르시알 디 폰조 보, 아르튀르 노지시엘, 코시 에푸이, 에밀리 루세, 시몽 들르탕)와 작업하며, 열렸거나 닫힌 작은 공간, 이야기가 펼쳐지는 사실적·정신적 장소를 슬며시 암시하는 공간, 단순한 형태 또는 순수한 기하학적 공간을 창조한다. 등장인물이 들어설 곳임을 잊지 않고 육체성을 강조하며, 이야기 구축에 필요한 내면세계 및 연기·말·이미지로 표현되는 사고 영역을 시각화하는 공간을 만든다.

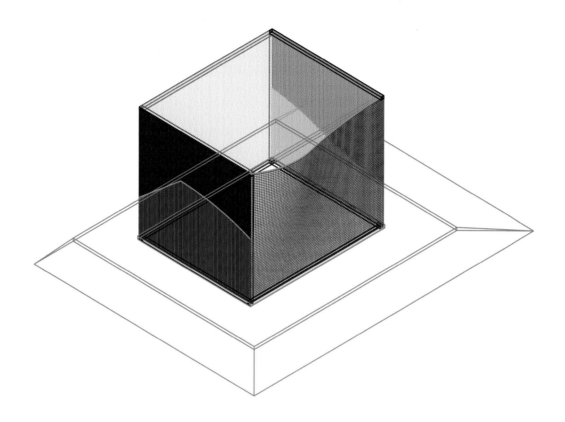

악타이온과 활짝 꽃피는 예술
Actéon et les arts florissants
앙브로네 유럽 바로크 아카데미(11회)
Académie baroque européenne
d'Ambronay

오페라 마르크앙투안 샤르팡티에
연출 Ludovic Lagarde
시노그라피 Antoine Vasseur

Bourg-en-Bresse, 2004
부등각 투영도
왼쪽 측면도 ⓒ Antoine Vasseur

회화·건축·시·음악을 알레고리로 표현한 「활짝 꽃피는 예술*Arts florissants*」(1685)로 시작해서 「악타이온*Actéon*」(1684)으로 이어진다. 사랑스런 왕자 악타이온은 아리스타이오스와 아우토노에의 아들로 가르가피 계곡에서 곰을 뒤쫓는다. 숲 속 공터 개울에서 나체로 멱을 감고 있던 디아나 여신과 요정들은 악타이온의 출현에 매우 놀란다. 무례한 사냥꾼을 보고 화가 난 디아나에 의해 사슴으로 변한 악타이온은 자신이 아끼던 개에 쫓기다 물어 뜯긴다. 등퇴장이 가능한, 단순한 입방체 공간은 비어 있고, 무지갯빛으로 반짝이는 가느다란 사슬 줄 커튼이 드리워져 있다. 중앙에 물이 고여 있고 훤히 비친다. 욕구와 시선의 상호작용을 비추는 거울 같은 공간으로, 발각되는 숲 속의 비밀스런 공터를 은유적으로 표현한다. 정면과 양쪽, 중앙을 연기 영역으로 다양하게 사용한다. 신화적 이야기에 바로크 연극의 매혹적 테마를 끼워 넣고, 태양에서 그림자로, 삶에서 죽음에 이르는 과정을 보여준다.

로열 광장 La Place royale
작가 피에르 코르네유
연출 Émilie Rousset
시노그라피 Antoine Vasseur

랭스 코메디 국립연극센터
(Comédie de Reims), 2011
photo ⓒ Élodie Dauguet

미성년자만 등장하는 희곡으로 줄거리가 간단하다. "사랑의 쇠사슬에서 벗어나길" 원한 알리도르는 사랑하는 앙젤리크를 자신의 친구 클레앙드의 연인으로 만들고자 계략을 꾸민다. 당시 막 조성되어 만남의 장소로 유명했던 로열 광장(지금의 보주 광장)에서 일어나는 이야기다. 영화감독 모리스 피알라에서 영감을 받은 환상적 연출을 원색적 이미지로 살린다. 무대를 비우고 분홍빛 양탄자를 깐다. 서로 다르지만 함께 어울릴 부피감 있는 큼직한 두 오브제, 아무런 꾸밈없는 컨테이너와 기마상을 만든다. 귀족이 거닐던 광장에 많이 세워졌던 기마상으로, 주인을 걷어차 버린 듯한 말이 뒷발로 일어서는 모습이다. 두 오브제 사이 빈 공간에서, 배우가 자유롭게 움직이며 관객에게 효과적으로 텍스트를 전달한다. 현대적 공간과 고대 의상이 강하게 충돌한다.

**보이체크, 당통의 죽음, 레옹스
와 레나** Woyzeck, Dantons Tod,
Leonce und Lena
작가 게오르크 뷔히너
연출 Ludovic Lagarde
시노그라피 Antoine Vasseur

랭스 코메디 국립연극센터(Comédie de
Reims), 2012
photo ⓒ Céline Gaudier

게오르크 뷔히너는 세 편의 희곡을 남겼다. 발표순으로 올리지는 않더
라도, 작품 전체를 공연하려면 각 작품에 따라 공간을 구상해야 할까?
아니면 하나의 공간으로 표현해야 할까? 세 작품 모두 안(방)과 밖(평원,
멀리 보이는 도시, 공원)이 번갈아가며 진행되어서, 변화를 줄 수 있는 하
나의 공간을 설정하는 것이 좋다고 생각한다. 사회·역사 문제를 모두
제기하고 있어 '부르주아적'이라고 생각되는 '내부' 또는 '내면'을 시각
화한다. 세 작품의 시대적 배경은 다르다. 「보이체크」는 19세기, 「당통
의 죽음」은 18세기 프랑스 대혁명 총재 정부 시기에 일어나고, 「레옹스
와 레나」는 20-21세기로 설정된다. 부모가 살던 집에 다른 사람이 살다
가 후손들이 다시 이사 오듯, 한 작가의 정신을 담은 세 작품이 같은 장
소에서 연속적으로 펼쳐진다.

1975-2015년에 활약한 프랑스 시노그라퍼 약력

가메, 파니 FANNY GAMET
1976, Lyon 시노그라퍼

리옹 에콜데보자르에서 공부한 후, 리옹 국립고등 연극예술·기술학교에서 시노그라피 전공(2001). 모교에서 올린 「쇼팔로비치의 순회극단*Le Théâtre ambulant de Chopalovitch*」(리샤르 브뤼넬 연출)에서 관객의 참여와 역할을 질문하는 이동식 무대 구상. 학위논문 「무대 의상, 의상: 특성과 형태가 변하는 오브제*Costumes, vêtements: objets mutants*」에서 나타나듯, "모든 무대적 요소"를 활용하며 작업. 졸업 후 장크리스토프 앙베르, 알렉상드르 아스티에의 제안에 따라 극단 그룹 4와 셰익스피어의 「아테네의 티몬」 올림. 그룹 4와 작품을 만들며 리옹의 다른 극단에서 활동. 시노그라피로 주목을 받은, 소포클레스의 『필로테테스』를 각색한 장피에르 시메옹의 「필록테트*Philoctète*」(크리스티앙 스키아레티 연출, 2009)는 파니 가메의 예술 여정에서 중요한 작품임.

가스틴, 클로디 CLAUDIE GASTINE
1942, Marseille 시노그라퍼

블랑슈 극예술센터 졸업(1961). 1962년 쉬잔 라리크 팀에 합류. 레몽 룰로가 창단한 '연극공동체 Communauté théâtrale'에서 의상과 무대 담당(「작은 우리 마을」(손턴 와일더 작, 1964). 주로 알프레도 아리아스(「영국 고양이의 아픈 사랑*Peines de cœur d'une chatte anglaise*」, 1977), 스타인 빙아(「유령들*Les Revenants*」, 2011) 연출작에서 의상 담당.

개동, 샹탈 CHANTAL GAIDDON
1962, Sallanches 시노그라퍼, 의상 디자이너

에콜데보자르 졸업. 스트라스부르 국립극장-고등 연극 예술학교에서 시노그라피 전공(1989). 수많은 연출가와 협업. 다리오 포의 「상호보조적인 커플 *Couple ouvert à deux battants*」(자크 에샹티용 연출), 몰리에르의 「스가나렐과 강제 결혼*Sganarelle et Le Mariage*

forcé」(자크 라살 연출, 1990-1991)으로 비평가협회로부터 무대미술상 수상. 고등학교 선택과목인 조형예술과 연극을 가르치고 있음.

기냐르, 티에리 THIERRY GUIGNARD
1952, Tours 시노그라퍼

토목공학 전공. 산업기술 연구소에서 일함(1974-1981). 무대 관련 에이전시 세네테크, 마이앙Mayen, 볼륨 49, 티스랑Tisserand에서 활동. 1991년 공연장 설치 전문 티에리 기냐르 에이전시 창립.

기요모, 베르나르 BERNARD GUILLAUMOT
1926, Troyes – 2010 건축가, 시노그라퍼

트루아Troyes 에콜데보자르를 졸업한 후 건축 사무소에서 활동. 연극에 이끌려 연출가 장마리 세로, 특히 기 레토레와 협업 시작. 1960-70년대 사회의 기대치에 따라, 극장 재건축 흐름에 참여하며 완벽한 기술력으로 다변형 극장과 다용도 공간 설계.

네시, 클로드 CLAUDE NESSI
시노그라퍼

파리 국립고등장식예술학교 졸업(1975). 시노그라피 연구·제작 사무실에서 일함. 아코라ACORA 회사 설립에 참여함(1981). 자크 셀레르, 자크 룩셀, 장 프랑수아 프레방과 연극 올림. 롤랑 토포르와 「토스카」, 「크리스토퍼 콜럼버스*Christophe Colomb*」(1984), 「트레지아스의 유방*Les Mamelles de Tirésias*」(1985) 만듦. 무용(「세인트 조르주*Saint Georges*」, 레진 쇼피노 안무, 1993), 현대음악, 전시회에서 활동함. 영화감독 피터 보카노프스키의 「천사*L'Ange*」(1978), 클레르 시몽의 「부부싸움*Scènes de ménage*」(1992)에서 세트 담당. 1988년부터 모교에서 시노그라피를 가르침.

노덤, 팀 TIM NORTHAM
1958, Cambridge 시노그라퍼

영국 모틀리 시어터 디자인Motley Theatre Design 코스 밟음. 영국·네덜란드·이탈리아·프랑스에서 활동. 1998년부터 엘렌 뱅상(셰익스피어의 「십이야」, 니컬러스 라이트의 희곡을 각색한 「런던에 사는 반 고흐Van Gogh à Londres」, 2007), 디디에 롱과 작품을 만듦. 오페라에서도 그레이엄 빅스, 에마뉘엘 바스테(「오르페와 에우리디체Orphée et Eurydice」, 크리스토프 W. 글루크 작곡, 2012)와 작업. 낭트에서 강의하고 있음.

노엘, 자크 JACQUES NOËL
1924, Ivry-sur-Seine - 2011, Paris 시노그라퍼, 의상 디자이너

에콜불 졸업. 1946년부터 400편이 넘는 무대 구상. 대부분 의상도 담당. 고전극에서 전위극, 불르바르극에서 오페라·발레에 이르기까지 여러 장르에서 활동. 마르셀 마르소 마임에 매료되어 함께 작업. 1952년 이오네스코의 「의자들Les Chaises」 초연 무대 만듦. 이오네스코와 오랜 기간 협업함.

뇌뮐레르, 엘리자베스 ELISABETH NEUMULLER
1958, Metz 시노그라퍼, 화가

스트라스부르 국립극장-고등연극예술학교 졸업(1981). 장피에르 뱅상이 연출한 「사랑의 헛수고」(셰익스피어 작, 1980)로 데뷔. 클로드 예르생, 준비에브 드 케르마봉과 작업. 특히 앙드레 엥겔, 니키 리에티 공연에서 의상 담당. 화가로 방향을 돌림(「칵테일 타임Cocktail Time」, 엘제비르 6번지 갤러리, 파리, 2012).

느뵈, 이자벨 ISABELLE NEVEUX
1967, Paris 시노그라퍼

조형예술을 공부한 후 스트라스부르 국립극장-고등연극예술학교에서 시노그라피 전공(1992). 연출가 쥘리 브로셴(「판돈 상자」, 외젠 라비슈 작, 1994), 조르주 라보당(「꿈, 태풍, 셰익스피어 발췌본Songe, Tempête, fragments Shakespeare」, 2004), 모이즈 투레(「비 온 뒤 풍경Paysage après la pluie」, 2005)와 작품을 만듦.

다 코스타, 시달리아 CIDALIA DA COSTA
1954, Aljustrel 시노그라퍼, 의상 디자이너

조형예술을 공부한 후, 감독 마리 그롱세프와 영화를 만듦. 1983년 의상 디자이너가 됨(몰리에르의 「조르주 당댕Georges Dandin」, 질 부용 연출). 170편이 넘는 공연에서 시노그라퍼로 활동. 연출가 자크 니셰, 장루이 브누아, 디디에 브자스, 필리프 아드리앵, 다비드 게리(「화씨 451Fahrenheit 451」, 레이 브래드버리 소설 각색, 2013), 안무가 카트린 디베레스, 베르나르도 몽테와 작품을 만듦.

다르델, 알윈 드 ALWYNE DE DARDEL
1961, Geneva 시노그라퍼, 무대감독

파리 에콜데보자르에서 공부한 후 브뤼셀 고등회화학교Institut supérieur de peinture Van der Kelen-Logelain에서 장식미술 전공. 1982년 낭테르아망디에 무대미술 작업실에서 일하기 시작. 6년 후 무대감독으로 활동. 2002년부터 다비드 레스코 연극·오페라 연출작에서 시노그라퍼로 활동. 주요 작품으로 「폰지 시스템Le Système de Ponzi」(2012), 이고르 스트라빈스키가 작곡한 「난봉꾼의 행각The Rake's Progress」(2011)이 있음.

데이, 미셸 MICHEL DAY
1931, Mainvilliers 건축가, 시노그라퍼

건축가 자격증 취득(1967). 1970년 음성영상매체 및 공연장 기계 설치 전문 시노그라피 에이전시 설립.

뒤몽, 알랭 ALAIN DUMONT
1961, Angers 건축가, 시노그라퍼

건축을 공부한 후(1990), 클레르몽페랑 국립고등건축 학교에서 시노그라피 전공(1995). 극단 무명Anonyme(대표: 리샤르 브뤼넬)에서 올린, 제니스 벨로디스의 「유령에게는 너무 어려Trop jeunes pour des fantômes」(주드 앤더슨 연출) 무대 구상(1994). 주로 공연

장 기계 설치 전문 시노그라퍼로 활동.

뒤슈맹, 카미유 CAMILLE DUCHEMIN

1975, Paris 시노그라퍼

파리 국립고등장식예술학교 졸업(1999). 에마뉘엘 클로뤼스와 디디에 구리의 조수로 활동. 2001년부터 케르딘 라르잠, 아르노 뫼니에, 프레데리크 마라냐니, 질 다오 연출작에서 시노그라퍼로 활동. 주요 작품으로 「비La Pluie」(라시드 부제드라 소설 각색), 아브델카데르 알루라의 「관대한 사람들El Ajouad」(2003), 하워드 바커의 「백설공주 사례Le Cas Blanche-Neige」(2005), 에마뉘엘 달리의 「예전에 더 좋았어C'était mieux avant」(2004)가 있음. 에이전시 무대Scène와 협업하며 전시 분야에서 활동.

뒤콩세유, 프랑수아 FRANÇOIS DUCONSEILLE

1958, Évreux 시노그라퍼, 조형예술가

스트라스부르 국립극장-고등연극예술학교 졸업(1978). 연출가 도미니크 피투아제, 베르나르 블로슈, 다니엘 지라르와 연극 올림. 전시회, TV, 각종 행사장에서 활동. 1990년부터 조형예술가로 활동. 2000년 장크리스토프 라크탱과 ScU2 단체를 만들고, 도시공간 조성 프로젝트 기획. 1994년부터 모교에서 강의함.

드고스, 세실 CÉCILE DEGOS

1974, Paris 시노그라퍼, 실내건축가, 디자이너

파리 국립고등장식예술학교 졸업(1997). 시노그라퍼 리샤르 페두지 조수로 데뷔(욘 포세의 「가을의 꿈Rêve d'automne」, 2010). 데샹-마케이에프 극단과 협업으로 「덤벙대는 사람들Les Étourdis」(2003), 「즐거운 미망인Die Lustige Witwe」(프란츠 레하르 작, 2006) 무대 구상. 전시회(《웨민쥔. 과장된 웃음의 이면Yue Minjun. L'ombre du fou rire》, 카르티에 재단, 2012), 실내건축, 사물 디자인 분야로 영역을 넓혀 활동.

드빌, 롤랑 ROLAND DEVILLE

1936, Strasbourg 시노그라퍼, 무대감독

스트라스부르 국립극장-고등연극예술학교에서 시노그라퍼 아브델카데르 파라의 가르침을 받음(1961-1963). 모교에서 교수 역임(1963-1972). 연출가 피에르 바라(코르네유의 「니코메드Nicomède」, 1963), 앙드레 레바, 앙드레 스테제와 협업으로 작품을 만듦. 피에르 보에르, 필리프 뤼세르(「살해하려는 의지La Force de tuer」, 라스 노렌 작, 2012), 스위스에서 에르베 루아슈몰과 협업. 감독 브리지트 루앙(「우트르메르Outremer」, 1989), 조제 지오바니(「나의 아버지Mon père」, 2000) 영화에서 시노그라피 담당.

드우브, 클레르 CLAIRE DEHOVE

1950, Rouen 조형예술가, 시노그라퍼

조형예술학 교수 자격증을 갖고 있으며 미학으로 박사 학위 받음. 리옹 국립고등연극예술·기술학교 졸업. 모교에서 시노그라피 학과장 역임(1990-2010). 영화·퍼포먼스·도시 게시판·무대설치·조명·음향·음성영상매체·가구·건축·조경 분야에서 활동. 연출가 미셸 디딤과 연극 올림(필리프 미냐나의 「방Chambres」, 1996). 활용 전략 및 가능성을 바탕으로 도시 공공장소 조성을 기획하는 'WOS/가정하는 에이전시Agence des hypothèses' 창립(2002). 주요 활동으로 세네갈에서 '디아팔란테Diapalante'(2011), 보비니Bobigny 지역 공무원 레스토랑에 이용객들의 재량과 아이디어에 따라 다양한 변형이 가능한 만남의 장소, '라코프 뒤동La Coop du Don'[기부협력] 만듦(2011).

들라모트, 뮈리엘 MURIEL DELAMOTTE

1961, Paris 시노그라퍼, 의상 디자이너

파리 국립고등장식예술학교 졸업. 비디오 편집 기술 익힘. 연극·박물관·영화처럼 공간과 연관된 다양한 분야에서 활동하며, 테크놀로지를 이용한

이미지를 섞어 작품을 만듦. 많은 연출가와 협업. 대학 및 특수교육기관에서 강의하고 있음. 2004년부터 파리 고등예술·기술학교, 공간·시노그라피 학과장임.

들라보, 기욤 GUILLAUME DELAVEAU
1976, Saint-Jean-d'Angély 시노그라퍼, 연출가

응용예술을 공부한 후 스트라스부르 국립극장-고등연극예술학교 졸업(1999). 자크 니셰가 연출한 「돌다리와 피부로 나타나는 이미지 *Le Pont de pierres et la Peau d'images*」(다니엘 드니 작, 2000)로 데뷔. 셀리 포트가 연출한 「유콘스틸 *Yukonstyle*」(사라 베르티옴 작, 2013) 무대 구상. 시노그라퍼로 계속 활동하며 연출가로 활동(입센의 「페르귄트」, 2000; 괴테의 「토르콰토 타소 *Torquato Tasso*」, 2013).

라보, 장바티스트 JEAN-BAPTISTE LAVAUD
1972 시노그라퍼

응용미술을 공부한 후 리옹 국립고등연극예술·기술학교에서 시노그라피 전공(1997). 주요 작품으로 피에르 프라디나가 연출한 「지옥이야 *Infernal*」(앙리 르네 르노르망 작, 1998), 도미니크 베리에가 연출한 「쓸모없는 사람들 *Les Hommes de rien*」(외드 라브뤼스 작, 2004), 필리프 자메가 안무한 「춤추는 자화상 *Portraits dansés*」(필리프 자메, 디디에 자크맹, 필리프 드마르 회고 공연, 2011)이 있음.

라브네르, 브뤼노 드 BRUNO DE LAVENÈRE
1975, Pau 시노그라퍼

건축을 공부한 후 리옹 국립고등연극예술·기술학교에서 시노그라피 전공(2000). 레미 발라게가 연출한 「공의 노래 *Le Chant des balles*」(2000)로 데뷔. 2003년부터 장 라코르느리가 연출한 음악극에서 활동(「너를 위해 *Pour toi, Baby!*」; 「브로드웨이 멜로디 *Broadway Melody*」, 2012). 르네 오팡 연출의 뮤지컬 「파르므의

수도원 *La Chartreuse de Parme*」(앙리 소게 작곡, 2012) 무대 구상. 스테판 로슈가 연출한 오페라 「돈 파스콸레 *Don Pasquale*」(도니체티 작곡, 2013) 무대 만듦. 안무가 미셸 켈레메니스, 루신다 차일즈와 작업.

라츠, 크리스티앙 CHRISTIAN RÄTZ
1948, Bron 시노그라퍼

리옹 에콜데보자르, 스트라스부르 고등장식예술학교에서 공부한 후 1968년 스트라스부르 국립극장-고등연극예술학교에 입학함. 1970년 몽벨리아르 Montbéliard에 있는 주민극단 Théâtre des Habitants에서 활동하다가, 다시 스트라스부르로 돌아와 드라피에 극단 Théâtre des Drapiers(대표: 가스통 융)에서 활동. 대표작으로, 페터 한트케의 「자아비판」(1973)이 있음. 프랑스·스위스·포르투갈·독일·노르웨이에서 무용과 오페라, 연극 올림. 연출가 파트리스 코리에, 모슈 레이제르와 수많은 오페라 무대 만듦. 1980년부터 스트라스부르 국립극장-고등연극예술학교에서 강의를 했으며, 시노그라피 분과장 역임(1998-2011).

랑클, 카트린 CATHERINE RANKL
화가, 장식가, 시노그라퍼, 의상 디자이너

스위스 태생. 제네바 에콜데보자르에서 회화를 공부하고 무대 배경을 그림. 1990년 연출가 마티아스 랑고프를 만나며, 특히 셰익스피어의 『리처드 3세』를 각색한 「글로스터 시간 *Gloucester Time*」 올리며 예술적으로 발전함. 랑고프와 여러 작품을 만듦. 피에르 뫼니에, 자크 라살 연출작에서 공간을 구상하거나 배경 그림을 그리며 활동.

로그, 에두아르 ÉDOUARD LAUG
1959, Lille 시노그라퍼

에콜데보자르에서 공부함. 1986년 질다 부르데와 협업을 시작한 후 「놀이의 끝 *Fin de partie*」(1998)에서

「오를란도Orlando」(2007)에 이르기까지 부르데 연출작 대부분에서 시노그라피 담당. 1986년부터 2006년까지 연출가 다니엘 메스기슈, 피에르 라로슈, 이브 르페브르, 조스 베르비스트, 앙투안 부르세이에, 알렉스 메테이에, 자크 코노르, 스테판 일렐, 조제 폴, 파트리스 케르브라(「진실La Vérité」, 플로리앙 젤레르 작, 2011)와 작품을 만듦.

로랑, 크리스틴CHRISTINE LAURENT
1948, Lyon 시노그라퍼, 연출가, 영화감독, 시나리오작가, 구성작가

르네 알리오 영화에서 의상·무대감독으로 데뷔. 연극에서는 장피에르 뱅상이 연출한 「소시민의 결혼」(브레히트 작, 1968)으로 데뷔. 영화에서 다방면으로 활동. 영화배우(「칼빈파 신교도Les Camisards」, 르네 알리오 감독, 알리오·장 주르되이 시나리오, 1972), 시나리오·구성작가(자크 리베트의 「누드 모델La Belle Noiseuse」, 1990), 영화감독(「알리스 콩스탕Alice Constant」, 1976)으로 활동하며 연극 무대 구상(장클로드 비에트가 연출한 「푸른 수염Barba-Azul」, 풍요극장Teatro da Cornucópia, 리스본, 1996).

로로, 나디아NADIA LAURO
1970, Rennes 시노그라퍼, 조형예술가

리옹 국립고등연극예술·기술학교 졸업(1996). 무용·조경·패션·박물관처럼 다양한 분야에서 활동. 안무가 멕 스튜어트(「Crash Landing@Paris」, 1997), 라티파 라비시(「자화상 위장Self Portrait Camouflage」, 2007; 「의식의 역할La Part du rite」, 2012), 알랭 뷔파르와 현대 무용극 올림. 제니퍼 레이시와 다양한 프로젝트를 함께함.

로리뒤퓌, 마티외MATHIEU LORRY-DUPUY
1978, Sarlat 시노그라퍼

파리 국립고등장식예술학교 졸업(2000). 엑상프로

방스 축제 심의위원회 및 다니엘 잔토, 로버트 윌슨의 조교로 활동. 티에리 루아쟁이 연출한 「갈망」(사라 케인 작, 2005)으로 데뷔. 로랑 귀트만과 작업(「굴렁쇠Le Cerceau」, 빅토르 슬라브킨 작, 2009). 2010년부터 자크 뱅세(칼데론의 「삶은 꿈이다」, 2012), 장이브 쿠레즐롱그, 안무가 살리아 사누와 협업. 2004년 국립고등연극 콩세르바투아르CNSAD 졸업 작품을 함께 준비한 올리비에 쿨롱자블롱카와 지속적으로 협업함(막심 고르키의 소설 『어머니』를 각색한 「우리가 사는 세상Chez les nôtres」, 2010).

로숑, 마갈리MAGALIE LOCHON
1971, Aubagne 시노그라퍼

스트라스부르 국립극장-고등연극예술학교 졸업(1996). 연출가 파스칼 아담, 나빌 엘 아잔, 로맹 보냉, 미셸 세르다, 장미셸 쿨롱, 클리드 샤보, 장 드로슈, 모니카 에스피나, 프랑크 망조니, 카트린 마르나, 장크리스토프 뫼리스(극단 나베르의 개Les Chiens de Naverre), 크리스토프 룩셀 등과 프랑스 및 해외에서 공연을 올리며 무대 및 의상 담당. 2005년 공연예술학 전공(DEA). 2000년부터 공연·조형예술학과, 특히 파리 8대학과 아미앵 대학UPJV 예술학부에서 강의함.

로슈티, 비르지니VIRGINIE ROCHETTI
1963 시노그라퍼, 조형예술가, 의상 디자이너

파리 국립고등장식예술학교 졸업. 1991년부터 리샤르 페두지 조수로 활동. 1993년 연출가 자크 르보티에를 만나면서 자신의 예술세계를 발견함. 40여 편의 작품을 자크 르보티에와 만듦. 비디오와 접목해서 다양한 공연 의상과 시노그라피를 구상하고, 퍼포먼스와 전시회에서 활용함. 몇 년 전부터 컴퓨터로 자수 프로그램 개발을 병행하고 있음.

로젤로, 로베르토ROBERTO ROSELLO
시노그라퍼

1982년부터 연출가 자크 로니(「가장 어리석은 날Le Jour le plus con」, 필리프 브뤼노 작), 자크 모클레르(「영원한 남편L'Éternel Mari」, 도스토옙스키 소설 각색)와 공연함. 데뷔 시절부터 의상을 디자인한 경우가 많았음. 주요 작품으로 셰익스피어의 「베니스의 상인」(장 르 풀랭 연출, 1979), 필리프 로랑의 「부작용Effets secondaires」(장조르주 타로 연출, 2007)이 있음.

로즈, 미리암MYRIAM ROSE
1980, Dijon 시노그라퍼, 실내건축가

응용예술을 공부한 후 리옹 국립고등연극예술·기술학교에서 시노그라피 전공(2005). 2006년 베르나르 로티가 연출한 「나폴리 양식의 작은 스위트룸Petite suite napolitaine」(에두아르도 데 필리포·아킬 캄파닐레 작)에서 드니 프뤼쇼를 도와 무대 만듦. 마티외 르보 모랭 연출작에서 활동(다리오 포·프랑카 라메가 공동으로 집필한 「섹스도 조금? 고마워, 당신에게 즐거움을 줄 수 있다면Un peu de sexe? Merci, juste pour vous être agréable」, 2011). 전시회 시노그라퍼로 활동.

로차이트, 이베트YVETT ROTSCHEID
1966, Nieuwerkerk aan den Ijssel, 네덜란드 시노그라퍼

보르도 에콜데보자르를 졸업한 후(1987), 스트라스부르 국립극장-고등연극예술학교에서 시노그라피 전공(1992). 베트남 프로젝트로 빌라 메디치상 수상(1999). 클로드 레지가 연출한 두 작품, 그레고리 모튼의 「파멸과 악마의 끔찍한 목소리Downfall and The Terrible Voice of Satan」(1992-1994), 아르튀르 오네게르의 오라토리오 「화형대의 잔 다르크Jeanne au bûcher」(폴 클로델 대본, 1992)에서 의상 디자이너로 데뷔. 로버트 윌슨이 연출한 「검둥이들Les Nègres」(장 주네 작), 뤼크 봉디가 연출한 「이바노프」(체호프 작, 2014)에서 모이델레 비클과 의상을 만듦. 1997년부터 필리프 외스타슈 연출작에서 의상과 공간을 구상하며, 콜롬비아와 멕시코(1998-2001), 프랑스(2002-2013)에서 15편 가량의 작품을 만듦. 그 밖에 연출가 에디트 스코브, 스타니슬라스 노르데, 장바티스트 사스트르, 안드레아 노비초프, 질론 브룅, 해리 홀츠만과 작품을 만듦. 작곡가 조르주 아페르기스와 작업. 서커스·거리극·퍼포먼스·영화 등 모든 무대예술에 관심을 기울이며 활동하고 있음.

로카, 마리 라MARIE LA ROCCA
1978, Thionville 시노그라퍼

에콜불에서 공부함. 의상 교육을 받은 후 스트라스부르 국립극장-고등연극예술학교에서 시노그라피 전공(2007). 연출가 올리비에 로페즈(「엘도라도Eldorado」, 마리우스 폰 마이엔부르크 작, 2008), 로랑 펠리(「겨울의 장례식Funérailles d'hiver」, 하녹 레빈 작, 2010), 실뱅 모리스(「클레어 달래기Dealing with Clair」, 마틴 크림프 작, 2011)와 공연함. 주로 의상을 디자인함(유진 오닐의 「밤으로의 긴 여로」, 기욤 들라보 연출, 2011).

루, 마리오딜MARIE-ODILE ROUX
1962, Aubenas 시노그라퍼

에콜데보자르에서 공부한 후 클레르몽페랑 국립고등건축학교에서 시노그라피 전공(1991). 에밀 발랑탱, 극단 새로운 코Nouveaux Nez(「서커스Le Cirque」, 2004; 「알파-짐승Alpha-Bête」, 2008), 기욤 마르티네, 극단 데프락토Compagnie Defracto(「폐쇄회로Circuits fermés」, 2011)와 작업. 프랑스 대표 서커스축제인 알바 페스티벌Festival d'Alba 및 전시회에서 활동.

루아, 에밀리ÉMILIE ROY
시노그라퍼

연극과 공간 커뮤니케이션을 공부한 후 리옹 국립고등연극예술·기술학교에서 시노그라피 전공(2004).

에마뉘엘 코르돌리아니와 작품을 만듦(「아름다운 미지의 당신이여여Ô mon bel inconnu」, 레날도 안 작곡, 2011). 세실 프레스, 극단 나가낭다Nagananda(「다섯 살 때 난 자살했지」, 하워드 부텐 작, 2012)와 작업. 오페라 코믹 극장 무대미술 연구실에서 일함.

르노, 아니타ANITA RENAUD
1969, Haguenau 시노그라퍼

조형예술을 공부한 후 스트라스부르 국립극장-고등연극예술학교에서 시노그라피 전공(1996). 소포클레스의 희곡을 각색한, 후고 폰 호프만슈탈의 「엘렉트라」(미셸 세르다 연출, 1998)로 데뷔. 안무가 소피아투 코소코와 작업(솔로 무용극 「그들은 보러 가지 않는다Them no go see」, 2012).

르리슈, 오렐리앙AURÉLIEN LERICHE
시노그라퍼

파리 국립고등장식예술학교 졸업. 릴리 켄다카, 기 클로드 프랑수아, 야니스 코코스 조수로 일함. 공연장과 박물관에서 활동. 2002년 파리 샤틀레 극장에서 공연된 「웨스트 사이드 스토리West Side Story」(클라우디아 스타비스키 연출)에 등장하는 합창단원 450명을 수용하는 시노그라피로 주목 받음. 몇 년 전부터 극단 천사의 위스키La Part des Anges 대표 폴린 뷔로와 협업으로 작품 올림.

르부아, 미셸MICHEL LEBOIS
1939 시노그라퍼, 장식가, 기술 담당자, 음악가, 배우, 곡예사

파리 국립고등장식예술학교 졸업. 신문 · 광고 삽화가로 활동. 1968년 모교 음악축제에서 만난 연출가 제롬 사바리의 초기 작품에서 활동(「상자Les Boîtes」, 1966). 극단 위대한 마술 서커스Grand Magic Circus 공연에 참여함. 대표작으로 「자르탕, 사랑받지 못한 타잔의 동생Zartan, frère mal-aimé de Tarzan」(1970), 「모세에서 마오쩌둥까지De Moïse à Mao」(1973), 자크 오펜바흐의 「호프만의 이야기」(2004)가 있음.

르페브르, 펠릭스FÉLIX LEFEBVRE
1954, Casablanca 기술감독, 시노그라퍼

파리-벨빌Paris-Belleville 건축학교에서 공부. 당시 연극축제Festival du Théâtre de Nancy 등에서 다양한 경험을 쌓음. 라빌레트 그랜드홀(1985-1988), 낭테르아망디에 극장(대표: 파트리스 셰로, 1988-1990), 파리 샤틀레 극장(1992-1997), 엑상프로방스 국제오페라축제 Festival international d'art lyrique d'Aix-en-Provence(예술감독: 스테판 리스네르, 1997-2006)에서 기술감독 역임. 2007년 공연장 시설 전문 및 공연 프로젝트 연구 · 제작을 보조하는 에이전시 칸주Kanju 설립.

리오네, 마리옹MARION LYONNAIS
1975, Alès 건축가, 시노그라퍼

마르세유-뤼미니에서 건축을 공부함. 낭트 국립고등건축학교 졸업(2001). 2002년 에이전시 콩피노 Confino에 입사해서 기획 책임자 및 예술부장으로 활동. 2007년 시노그라피 아틀리에 페이크스토리버드 Fakestorybird 만듦. 그르노블 3대학에서 전시 분야 시노그라피를 연구한 논문으로 박사 학위 받음(지도교수: 뤼크 부크리스).

리오스, 샤를CHARLES RIOS
1955, Lyon 화가, 시노그라퍼

리옹에서 응용예술을 공부하고, 파리 국립고등장식예술학교에서 공부함. 화가 겸 시노그라퍼로 빌뢰르반 국립민중극장에서 데뷔. 특히 파트리스 셰로, 조르주 라보당, 장루이 마르티넬리, 클로드 레지, 로버트 윌슨 연출작에서 활동. 고전 레퍼토리에서 현대작가에 이르기까지 자신의 예술성을 한껏 발휘한 60편이 넘는 무대를 구상함. 특히 신세대극단Théâtre Nouvelle Génération 대표 니노 댕트로나와 작품을 만듦.

리카스트로, 파올라 PAOLA LICASTRO
시노그라퍼

밀라노에 있는 브레라 아카데미 Accademia Brera에서 공부한 후 클레르몽페랑에서 시노그라피 전공(1995). 1995년부터 2002년까지 극단 무명 Compagnie Anonyme 대표 리샤르 브뤼넬과 작업(「카지미르와 카롤린 Casimir et Caroline」, 외된 폰 호르바트 작, 2002). 연출가 소피 란프랑크, 에릭 마세, 아니크 샤를로와 작품을 만듦. 나탈리 루아예가 연출한 「웃고 난 후에 Dans l'après-rire」(소피 란프랑크 작, 2006)[역주24] 시노그라피 담당.

리크트네르, 줄리오 GIULIO LICHTNER
1969, Rome 시노그라퍼

건축을 공부한 후 스트라스부르 국립극장-고등연극예술학교에서 시노그라피 전공(1995). 졸업 작품으로, 아네트 쿠르츠, 장뤼크 타유페르와 협업으로 도스토옙스키의 『죄와 벌』을 각색한 「일어나서 걸어가 Lève-toi et marche」(조엘 주아노 연출, 1995) 발표. 연출가 안톤 쿠즈네초프, 베르나르 레비, 알랭 밀리앙티와 협업. 주요 작품으로 니콜라이 고골의 『뻬쩨르부르그 이야기』를 각색한 「악마의 이야기 Histoires diaboliques」(2013), 폴 클로델의 「교환 L'Échange」(2011)이 있음.

마누리, 장위그 JEAN-HUGUES MANOURY
1956, Angers 시노그라퍼

건축가 자격증 취득. 로코 콤파노네와 무대 설치가로 활동(1976-1980). 1980년 기클로드 프랑수아와 공연장 기계 설치·행사·전시회 전문 에이전시 무대 Scène 창립.

마르졸프, 세르주 SERGE MARZOLFF
1940, Strasbourg 시노그라퍼

예술사를 공부한 후 스트라스부르 국립극장-고등

연극예술학교에서 시노그라피 전공(1968). 연기 수업에서 만난 로베르 지로네스와 졸업 후 극단 재공연 Le Théâtre de la Reprise(「해-체 Dé-composition」, 1969) 및 리옹 국립연극센터(1975-1979)에서 활동. 연출가 제롬 사바리, 자크 베베르, 조제마리아 플로타스와 협업. 모교에서 강의함(1996-2000).

마르케, 자크 르 JACQUES LE MARQUET
1927 시노그라퍼, 작가

극장 기술 보조원으로 활동. 1952년부터 카미유 드 망자가 이끈 국립민중극장에서 활동하고, 2년 후 극장 대표로 임명됨. 조르주 윌슨과 협업(1959-1971). 연출가 레몽 에르망티에, 클로드 레지, 장 메르퀴르, 장폴 루시용과 공연함. 1976년부터 건축가 장 누벨과 작업. 파리 국립고등장식예술학교 시노그라피 분과장 역임(1969-1992).

마르티, 미셸 MICHEL MARTY
1949, Colmar 시노그라퍼

스트라스부르 고등장식예술학교 졸업(1973). 에콜 데보자르 졸업(1974). 파리 8대학에서 조형예술·시노그라피 전공(1978). 여러 에이전시에서 디자이너 겸 기획자로 활동 시작. 1972년 자크 투란이 창립한 전시·공연장 전문 에이전시 세나르쉬 Scénarchie에 입사하여 2002년부터 행정 업무 총괄 관리자로 활동.

마리노, 베네딕트 BÉNÉDICTE MARINO
1973, Goyave 시노그라퍼

낭트 국립고등건축학교 졸업(2001). 과들루프 Guadeloupe와 캐나다, 대도시에서 연출가 미셸 베리셀, 노엘 조비뇨, 드니 마르로, 실뱅 베랑제와 공연함. 주요 작품으로 조제 플리야의 「잠언 Parabole」(2003)과 「우린 세상의 강기슭에 앉아 있었어 Nous étions assis sur le rivage du monde...」(2006, 조연출), 베르나르 라지에의 「난 크레올 개Moi chien créole」(2007)가 있음. 안무가 레나 플루(「물의 먼지Poussières d'eau」, 2007), 조제 베르토갈(「에클로지온Eklozyon」, 2011) 공연에서 시노그라퍼로 활동.

마릴리에, 자크 JACQUES MARILLIER
1924, Marseille – 2002 시노그라퍼, 의상 디자이너

파리 국립고등장식예술학교 졸업(1948). 1950년부터 시노그라퍼로 활동. 클로드 레지가 연출한 「도나 아스 로스티아Doñas Rosita」(페데리코 가르시아 로르카 작, 1952), 「너에게 준 삶La Vie que je t'ai donnée」(루이지 피란델로 작, 1953) 무대 구상. 장 메예르, 피에르 몽디, 장 로랑 코셰 등 연출가 40여 명과 연극 · 오페라 올림. 장식가 · 시노그라퍼 조합 대표직 역임.

마셀리, 티티나 TITINA MASELLI
1924–2005, Rome 이탈리아 화가, 시노그라퍼

1972년 극단 희망Espérance 대표 장 주르되이 · 장 피에르 뱅상의 제안에 따라 연극 무대에서 작업. 화가로서 무대 공간을 재구상하며 무대의 고유성을 왜곡하는 방법을 모색함(「낙천적 비극La Tragédie optimiste」, 프세볼로트 비시네프스키 작, 1972). 연출가와 지속적으로 협업하거나(장 주르되이, 카를로 체키, 베르나르 소벨), 경우에 따라 협업하며(페터 차덱, 클라우스 그뤼버, 브리지트 자크…) 작품을 만듦.

마클레스, 장드니 JEAN-DENIS MACLÈS
1912–2002, Paris 화가, 시노그라퍼, 의상 디자이너, 포스터 도안가

에콜불 졸업. 1941년 코메디 프랑세즈에서 공연된 「팡타지오Fantasio」(알프레드 드 뮈세 작)로 데뷔. 1948년부터 주로 장 아누이의 희곡 공연에 협업. 「종달새L'Alouette」(1953), 「아귀다툼La Foire d'empoigne」(1962) 무대 구상. 르노-바로Renaud-Barrault 극단에서 활동. 수많은 오페라 작품 만듦(프랑시스 풀랑크, 다리우스 미요…)

마티외, 스테파니 STÉPHANIE MATHIEU
1973, Angers 건축가, 시노그라퍼

건축 전공(스트라스부르 ENSAIS, 1996). 리옹 국립고등연극예술 · 기술학교 졸업(1999). 2000년부터 로랑 프레쉬레 연출작에서 활동. 에드워드 본드의 전쟁극 「레드, 블랙 그리고 무지」, 브레히트의 「서푼짜리 오페라」(2011) 무대 구상. 2001년부터 연출가 미셸 라스킨(데아 로아의 「푸른 수염, 여자의 희망」, 토마스 베른하르트의 「대통령」, 2012), 마갈리 샤브루, 올리비에 모랭, 에마뉘엘 도마, 필리프 들레그와 작품을 만듦.

메테카르티에, 오펠리 OPHÉLIE METTAIS-CARTIER
1984, Paris 시노그라퍼

파리 국립고등장식예술학교 졸업(2009). 극단 유랑 Théâtre Nomade에서 모르간 보와 협업(「마지막 결혼La Dernière Noce」, 2010). 세실 뷔아이야가 글을 쓰고 연출한 「냉장고에 있는 재미있는 친구들Les Petits Fous du frigo」 무대 구상. 음악 · 무용 · 전시회 · 행사 · 음성 영상매체에서 활동.

멜, 마리로르 MARIE-LAURE MEHL
1953 건축가, 시노그라퍼

건축가 자격증 취득. 1987년 박물관 전시 기획 아틀리에 만듦. 1992년 아틀리에 명칭을 '멜의 공장 Mehl'Usine'[전설의 요정 멜뤼진을 떠올리게 하는 명칭]으로 정함.

모네, 엘로디 ÉLODIE MONET
1981, Aurillac 시노그라퍼

건축과 응용미술을 공부한 후 리옹 국립고등연극예술 · 기술학교에서 시노그라퍼 전공(2007). 연극 · 오페라 · 무용 · 박물관에서 활동. 그레구아르 이뇰드(「괴상한 주르댕씨L'Extravagant M. Jourdain」, 미하일 불가코프 작, 2007), 클레르 랑가르(「지구인들Les Terriens」

(2011), 쥘리앙 뤼벡, 세실 루사(모차르트의 「마술피리」, 2011)와 작품을 만듦.

모스코조, 로베르토 ROBERTO MOSCOSO

1943, Rome - 2011, Paris 시노그라퍼

1959년 블랑슈 극예술센터에서 학업을 계속하고자 파리로 옮. 1964년 태양극단 창단 멤버로, 시노그라퍼로 활동(막심 고르키의 「소시민」, 1964). 태양극단 이후 장클로드 팡슈나의 캉파뇰 극단Théâtre du Campagnol에서 활동(1975). 카트린 다스테, 메흐맷 루이소이, 모리스 갈랑(「하늘에 계신 우리의 지구Notre Terre qui êtes aux cieux」, 2009)과 작품을 만듦.

몽루, 위베르 HUBERT MONLOUP

1932, Lyon - 1999, Paris 시노그라퍼, 화가, 의상 디자이너

디자인과 회화를 공부함. 1959년 리옹 셀레스탱 극장에서 시노그라퍼로 데뷔. 이곳에서 만난 아르망 가티의 「전기의자 앞에서 대중을 향해 부르는 노래 Chant public devant deux chaises électriques」 무대 구상(국립민중극장, 1966). 300편이 넘는 작품에서 무대와 의상 담당. 다양한 연출가(레몽 룰로, 로제 플랑숑, 자크 로스네르…), 영화감독(자크 드미, 르네 알리오, 아네스 바르다)과 작품을 만듦.

므와얄, 자크 JACQUES MOYAL

1954, El Jadida 시노그라퍼

이고르 일베르가 대표로 있는 시노그라피 연구·제작 사무실에서 활동한 후 1989년 미셸 케르고지앵, 제라르 플뢰리와 건축·기술 에이전시 설립.

미셸, 베르나르 BERNARD MICHEL

1954, Casablanca 조형예술가, 시노그라퍼

파리 국립고등장식예술학교 졸업(1981). 1984년 질 아이오의 조수로 데뷔. 클라우스 그뤼버 연출작에서 2006년까지 에두아르도 아로요, 루초 판티, 앙리

쿠에코와 협업으로 무대 구상. 스테판 브론슈베그와 작품을 만듦(벨라 버르토크의 오페라 「푸른 수염 공작의 성」, 1993). 2001년부터 마리루이즈 비쇼프베르거, 뱅자맹 라자르, 루이즈 모아티와 공연함. 주요 작품으로 토마스 베른하르트의 「목표를 향해Au but; Am Ziel」, 해럴드 핀터의 「가벼운 통증」(2012), 로드리고 가르시아의 「프로메테우스Prometeo」(2002), 에우리피데스의 「이피제니」(2007), 마르그리트 유르스나르의 「어떻게 왕포가 구출되었을까Comment Wang Fo fut sauvé」(2008)가 있음. 2009년 그림전《검은 배경Les Fonds noirs》 개최.

미에슈, 필리프 PHILIPPE MIESCH

1961, Mulhouse 건축가, 시노그라퍼

스트라스부르 국립극장-고등연극예술학교 졸업(1986). 건축가 자격증 취득(1988). 프랑스 및 해외 연극과 오페라, 발레 무대에서 활동. 박물관 전시 기획이나 공연장 기계 설치 및 행사장에서 시노그라퍼로 활동. 장마리 빌레지에, 잔 모로, 장 리에르미에, 악셀 하일에 공연을 올림. 주요 작품으로 로베르 가르니에의 「트로아드La Troade」(1994), 마거릿 에드슨의 「재치」(2000), 몰리에르의 「상상병 환자Le Médecin malgré lui」(2006), 모차르트의 오페라 「피가로의 결혼」(2006), 콜린 히긴스의 시나리오를 각색한 「해럴드와 모드Harold et Maude」(2011), 도니체티가 작곡한 「돈 파스콸레」(2012)가 있음.

바티풀리에, 알랭 ALAIN BATIFOULIER

1943, Le Puy-en-Velay 시노그라퍼, 박물관 전시 기획자, 그래픽 디자이너

1960년대 리옹 에콜데보자르에서 공부함. 1965년 피에르 샤베르가 연출한 「거짓말쟁이Le Menteur」(피에르 코르네유 작)로 데뷔. 연출가 펠릭스 블라스카, 다니엘 메스기슈, 마르셀 마레샬(알렉상드르 뒤마의 「삼총사Les Trois Mousquetaires」, 1985), 장 질리베르, 피에르

프라디나, 필리프 포르(에밀 졸라의 「테레즈 라캥Thérèse Raquin」, 2008)와 공연하며 150편 이상의 작품을 만듦. 140편이 넘는 전시회에서 시노그라퍼로 활동. 새싹 박물관Musée en herbe에서 전시된 《환상적 건축Architectures fantastiques》(1986), 국립시노그라피·의상센터Centre national du costume et de la scénographie에서 전시된 《장식의 뒷면L'Envers du décor》(2012) 공간 구상.

뱅디미앙, 파트리크PATRICK VINDIMIAN
1962, Saint-Étienne 시노그라퍼, 건설자

실내건축 전공. 거리예술단체 일로토피Ilotopie에서 활동(1992-2000). 장소의 성격을 고려하는 시노그라피를 구상하며 관례적 인식에서 벗어나는 건설적 문화 공간 조성을 위해 노력함. 그룹 행상인Colporteurs, 그룹 AOC, 극단 요리Théâtre de Cuisine, 극단 스카파Skappa에서 작업. 마르세유에 있는 독특한 공연장 프랑슈 기차역Gare Franche 객석 설계. 세인트킬다 군도를 소재로, 건축가 크리스토프 베르다게와 마리 페쥐가 만든 전시작 〈킬다Kilda〉 설치(빌뢰르반 현대예술연구소IAC de Villeurbanne, 2012).

베르갱, 장바티스트JEAN-BAPTISTE VERGUIN
1973, Paris 시노그라퍼, 디자이너

에콜불에서 공부한 후 리옹 국립고등연극예술·기술학교에서 시노그라피 전공(1996). 연극·오페라·무용에서 무대미술 보조 또는 시노그라퍼로 활동. 시노그라피의 근원지인 연극 무대에서 작업하며, 2004년부터 전시장 및 패션계에서 활동. 올림피아 공연장에서 열린 패션잡지 《엘 60주년 기념회Elle soixante ans》(2005), 런던에서 열린 《스와로브스키 브랜드 제품Swarovski Elements》(월페이퍼 컬렉션, 2011) 행사장 무대 구상.

베르나르, 이브YVES BERNARD
1942, Rennes 시노그라퍼, 조명 디자이너

파트리스 셰로 연출작에서 기술감독 역임(1967-1984). 1969년부터 파트리스 셰로, 로버트 윌슨, 안드레이 셰르반, 마티아스 랑고프, 페터 슈타인, 베이징의 장이머우 연출작에서 조명 디자이너로 활동. 1972년부터 브뤼노 보에글랭, 필리프 아드리엥, 제라르 데자르트, 뮈리엘 마예트, 마르시알 디 폰조 보, 안로르 리에주아 연출작에서 시노그라퍼로 활동. 크리스티앙 강뉴롱이 연출한 오페라 무대에서 활약. 그래픽 디자이너·사진가 등 다방면으로 활동한 장 폴 구드, 시노그라퍼 미셸 로즈와 혁명 200주년 기념행사에 참여함(1989). 건축가·시노그라퍼 파트리크 부셍과 21세기를 알리는 행사에 참여함.

베르뉴, 아나벨ANNABEL VERGNE
1972, Angoulême 시노그라퍼

파리 국립고등장식예술학교 졸업. 1995년 이후 연출가 장 부왈로, 로맹 보냉, 파트리시아 알리오, 엘레오노르 베베르, 질베르 데보와 협업으로 연극과 무용 올림. 안무가 줄리카 마이어, 브누아 라샹브르, 리쉬페르와 협업. 2006년부터 모교에서 시노그라피를 가르치고 있음.

베르도니, 마리가브리엘MARIE-GABRIELLE VERDONI
1970, Clermont-Ferrand 디자이너, 시노그라퍼

미국에서 공부한 후 국립고등산업디자인학교École nationale supérieure de création industrielle 졸업(1995). 1997년 전시회 시노그라피·디자인 전문 에이전시 두께 측량기구Pied à coulisse 창립.

베르제, 로랑LAURENT P. BERGER
1972 시노그라퍼, 조형예술가

파리 국립고등장식예술학교 졸업(1998). 설치예술 및 다원예술에 참여함. 로버트 윌슨이 연출한 「겨울 이야기Winterreise」(슈베르트 작곡, 2001), 베르디의 오페

라 「아이다Aida」(2002) 무대 구상. 연출가 로베르 캉타렐라와 여러 작품을 만듦. 2007년 아비뇽 축제에 선보인 프레데리크 피스바크 연출 「이프노스의 쪽지 모음Feuillets d'Hypnos」(르네 샤르 작, 아비뇽 교황청 앞마당) 무대 구상.

베르퀴트, 루이 LOUIS BERCUT
1949-1994, Magnac-le-Bourg 시노그라퍼, 의상 디자이너

실내건축 전공. 1985년 장뤼크 부테 연출작에서 무대미술을 시작한 후, 수년간 대략 12편 정도의 작품을 만듦. 연출가 다니엘 메스기슈, 특히 조르주 라벨리와 작업함. 코르네유의 「폴리왹트Polyeucte」(1987)에서 토마스 베른하르트의 「영웅광장Hedenplatz」(1991)에 이르기까지 라벨리 연출작에서 시노그라퍼로 활약. 「영웅광장」으로 몰리에르 무대미술가·시노그라퍼상 받음.

베첼, 니나 NINA WETZEL
1969 시노그라퍼

파리 고등예술·기술학교 졸업(1995). 2007년부터 독일에서 연출가 토마스 오스터마이어와 작품을 만듦. 헤르베르트 아흐테른부쉬의 「Susn」(2009)에서처럼 시노그라피와 의상을 담당하거나, 입센의 「헤다 가블러Hedda Gabler」(2007)와 「유령들」(2013)에서처럼 의상만 디자인하기도 함. 1998년 크리스토프 슐링엔지프의 퍼포먼스 「Chance 2000」 무대 구상.

벨록, 클레르 CLAIRE BELLOC
1952, Bordeaux 시노그라퍼

툴루즈 에콜데보자르에서 미술을 공부함. 리옹 국립고등연극예술·기술학교 졸업(1977). 의상도 디자인하며 시노그라퍼로 활동. 연출가 장피에르 라뤼와 다니엘 드플랑이 함께 쓴 「초록색 파리La Mouche verte」(1981) 무대 구상. 필리프 아드리앵이 연출한 「청춘의 달콤한 새Doux oiseau de jeunesse」(테네시

윌리엄스 희곡 각색, 2005), 자크 네르송이 연출한 「트랙 돌기Tour de piste」(크리스티앙 쥐디셀리 작, 2012), 장미셸 라뷔 연출작에서 시노그라피 담당. 앙투안 로의 「침입자L'Intrus」(크리스토프 리동 연출, 2011)에서 의상을 디자인함.

벨카셈, 살렘 벤 SALEM BEN BELKACEM
1973, Caen 건설자, 시노그라퍼

2007년부터 그룹 억지웃음Groupe Rictus(대표: 다비드 보베)에서 건설자로 활동. 2009년부터 다비드 보베와 공동으로 무대 만듦. 주요 작품으로 세드리크 오랭의 「질Gilles」, 셰익스피어의 「로미오와 줄리엣」(각색, 2012)이 있음.

보드리, 마티아스 MATTHIAS BAUDRY
1978, Strasbourg 시노그라퍼, 의상 디자이너

스트라스부르 고등장식예술학교에서 공부한 후, 스트라스부르 국립극장-고등연극예술학교에서 시노그라피 전공(2002). 시노그라퍼 피에르앙드레 베츠 조수로 활동하며 연극·오페라 무대 만듦. 2003년부터 위삼 아르바슈, 소피 루소, 장 드 광주 연출작에서 본격적으로 활동 시작. 2010년 쥘리 베레스가 글을 쓰고 연출한 「위로가 필요해Notre besoin de consolation」에서 무대 구상.

보르그, 도미니크 DOMINIQUE BORG
1948, Paris 시노그라퍼, 배우, 의상 디자이너

국립 콩세르바투아르에서 배우 수업 받음. 블랑슈 극예술센터 졸업. 1965년 장루이 바로가 연출한 「온종일 숲 속에서Des journées entières dans les arbres」(마르그리트 뒤라스 작) 배우로 데뷔. 드니 롤카가 연출한 셰익스피어의 「로미오와 줄리엣」에서 줄리엣으로 등장하며 의상도 디자인함. 연극·오페라·영화에서 의상 디자이너·시노그라퍼로 활동. 대표작으로 장프랑수아 프레방과 장뤼크 모로가 공동으로 연출한

「아담과 이브의 일기_Le Journal d'Adam et Ève_」(알랭 부브 릴 작, 1994)가 있음.

보르다, 마르그리트 MARGUERITE BORDAT
1974, Boulogne-Billancourt 시노그라퍼

스타일리스트 교육 수료. 리옹 국립고등연극예술·기술학교에서 시노그라피 전공(1997). 1996년 작가 겸 연출가인 조엘 폼므라의 「존재_Présence_」로 데뷔한 후 2005년까지 협업. 베랑제르 방튀소(에디 팔라로의 「무성한 잡초_L'Herbe folle_」, 2009), 2010년부터 뱅자맹 라자르(「라바 로베르_Rabah Robert_」, 2013)와 작품 만듦. 피에르이브 샤팔랭(「압생트_Absinthe_」, 2010), 피에르 뫼니에(「더미_Le Tas_」, 2002), 기욤 가토(입센의 「민중의 적」, 2012) 연출작에서 시노그라퍼로 활동. 에릭 라카스카드, 자크 팔기에르 연출에서 의상 담당. 파리 3대학에서 시노그라피 아틀리에를 지도하고 있음.

보르데, 파스칼 PASCALE BORDET
1959 의상 디자이너

1988년 조르주 윌슨이 연출한 「나는 라파포르가 아니다_Je ne suis pas Rappaport_」(허브 가드너 작)에서부터 의상 디자인 담당. 연출가 스테판 멜데그(「좋았어_C'était bien_」, 제임스 손더스 작, 1992), 파트리스 케르브라, 알랭 삭스, 조르주 베를레르, 레지 상통, 마리옹 비에리와 지속적으로 공연함.

보에르, 장 JEAN BAUER
1946, Vannes 시노그라퍼, 무대감독

스트라스부르 국립극장-고등연극예술학교 졸업(1969). 기 레토레가 연출한 「작업장_Le Chantier_」(샤를 토르주만 작, 1982), 베르나르 블로슈가 연출한 「고독한 서쪽_L'Ouest solitaire_」(마틴 맥도나 작, 2002)에서 시노그라퍼로 활동. 무용에도 관심을 기울이며 카린 사포르타가 안무한 「시멘느의 황소_Les Taureaux de Chimène_」(1989)와 「탐 타이_Tam Taï_」(2013) 무대 구상.

영화 무대감독으로 활동. 다양한 버라이어티 쇼 무대 만듦.

부르데, 질다 GILDAS BOURDET
1947, La Forêt-Fouesnant 화가, 연출가, 시노그라퍼, 작가

르아브르_Le Havre_ 에콜데보자르에서 공부함. 1967년 콩세르바투아르 학생들과 만든 아마추어 극단 회색 타블로_Tableau gris_에서 무대미술가로 데뷔. 1969년 극단 라 살라망드르_La Salamandre_[불도마뱀] 창단 멤버. 1972년 라 살라망드르 극단 예술감독이 되면서 연출과 시노그라피 담당(「몰리에르로 불린 장바티스트 포클랭의 삶_La Vie de Jean-Baptiste Poquelin dit Molière_」, 1972). 시노그라피 에두아르 로그와 협업으로 무대 구상(헨델의 오페라 「오를란도_Orlando_」, 2007).

부르디에, 레미 RÉMI BOURDIER
1950, Riom 시노그라퍼

에콜데보자르에서 공부한 후 스트라스부르 국립극장-고등연극예술학교에서 시노그라피 전공(1973). 다니엘 르뵈글이 연출한 「피서_La Villégiature_」(카를로 골도니 작, 1974), 케파 아무차스테기가 연출한 「톰 페인_Tom Paine_」(폴 포스터 작, 1975)에서 질 랑베르와 공동으로 시노그라피 담당. 연출가 알랭 바이스, 카를로 보소, 에르베 루아슈몰(「삶은 꿈이다」, 칼데론 작, 1979)과 작업. 극단 노란 개_Théâtre des Chiens jaunes_에서 활동(블라디미르 마야콥스키의 희곡을 각색한 「대형 세탁_La Grande Lessive_」, 마르셀 프레드퐁 연출, 1985). 박물관 전시 기획자로 활동. 모교에서 강의함(1973-1975). 1985년부터 클레르몽페랑_Clermont-Ferrand_과 낭트 국립고등건축학교에서 시노그라피를 가르침.

부옹, 오드레 AUDREY VUONG
시노그라퍼

파리 에콜올리비에드세르에서 공부한 후 파리 국립고등장식예술학교에서 시노그라피 전공. 1999년부터 장마르크 스텔레와 협업으로 연극과 오페라 올림(장미셸 리브의 「동물 없는 연극*Théâtre sans animaux*」, 2013). 연출가 조아니 베르, 필리프 칼바리오, 피에르 길루아와 공연함. 대표작으로 패트릭 매케이브의 「푸줏간 소년」(2012), 코피의 「시기적절하지 않는 방문*Une visite inopportune*」(2011), 레미 드 보의 「아델의 황홀*Le Ravissement d'Adèle*」(2008)이 있음.

브릴레, 로랑스 LAURENCE BRULEY
1960, Levallois-Perret 시노그라퍼

스트라스부르 국립극장-고등연극예술학교 졸업 (1983). 안무가 수전 버지 공연으로 데뷔(「경치*Des sites*」, 1984; 「구름이 모여 있는 곳*At a Cloud Gathering*」, 2006). 주로 연극에서 활동. 연출가 필리프 아드리앵 (「카프카의 꿈*Rêves de Kafka*」, 1985), 장폴 벤젤, 실비 몽쟁알강, 슬리만 브네사, 브누아 라비뉴(테네시 윌리엄스의 「장미 문신」, 2012), 극단 집회 2(L'Attroupement2)와 작품을 만듦. 장루이 브누아, 에릭 라카스카르드, 아메드 마다니 연출작에서 의상도 디자인함. 기마 극단 징가로Zingaro의 「칼라카스*Calacas*」에서 시노그라퍼 담당.

브르토, 시릴 CYRILLE BRETAUD
1970, Nantes 시노그라퍼, 건축가

낭트 국립고등건축학교에서 건축을 공부함. 클레르몽페랑 국립고등건축학교ENSA 졸업 (1995). 축제(생나제르 기항지 음악축제*Les Escales de Saint-Nazaire*), 연극(올리비에 파포의 「놀이동산*Folies foraines*」, 2001), 음악극(극단 스케네Skénée의 「미국인들*Les Américains*」, 2009), 무용(소피앙 주이니가 안무한 「의무기간*Tour of Duty*」, 2011), 전시회, 공연장 기계 설치 등 다양한 영역에서 시노그라퍼로 활동.

브와조, 자크 JACQUES VOIZOT
1942 시노그라퍼, 무대감독

파리 에콜데보자르에서 공부함. 파트리스 셰로 곁에서 무대미술을 제작하며 데뷔(1967-1970). 자크 로스네르가 연출한 「성실한 배우*Les Acteurs de bonne foi*」 (마리보 작, 1973) 무대 구상. 장크리스티앙 그린발드, 장 부쇼, 스테판 멜데그, 베아트리스 아즈냉, 장뤼크 모로(「행복*Le Bonheur*」, 에릭 아수 작, 2012)와 공공·사설극장에서 다양한 연극을 올림. 영화 무대미술 담당(「파리의 봄*Un printemps à Paris*」, 자크 브랄 감독 및 시나리오, 2004).

비그넌스, 막스 MAX BIGNENS
1912-2001, Zürich 화가, 시노그라퍼

뮌헨의 조형예술대학HFBK에서 공부함. 1939년 베른Berne에서 무대미술가로 데뷔(랄프 버나츠키의 오페레타 「랑드리네트*Landrinette*」). 조르주 라벨리의 권유로 프랑스에서 연극과 오페라 무대 구상. 주요 작품으로 「자줏빛 섬*L'Île pourpre*」(미하일 불가코프 작, 1973), 「크리메에서의 사랑*L'Amour en Crimée*」(스와보미르 므로제크 작, 1994), 「파우스트*Faust*」(샤를 구노 작곡, 1975), 「펠레아스와 멜리장드*Pelléas et Mélisande*」(클로드 드뷔시 작곡, 1977)가 있음.

비베즈, 카롤린 드 CAROLINE DE VIVAISE
시노그라퍼, 의상 디자이너

문학·철학 학사. 연극과 오페라, 영화에서 의상 디자이너로 활동. 특히 1986년부터 연출가 파트리스 셰로, 시노그라퍼 리샤르 페두지와 협업. 주요 작품으로 베르나르마리 콜테스의 「서쪽 부두」, 레오시 야나체크의 오페라 「죽음의 집*La Maisons des morts*」 (2007), 욘 포세의 「나는 바람이야*I am the Wind*」(2011)가 있음. 앙드레 테시네, 클로드 베리, 제라르 모르디야, 자크 오디아르, 피터 보그다노비치 영화에서 시노그라퍼로 활동.

비에르, 엘리사 ELISSA BIER

1967, Munich 시노그라퍼

시각커뮤니케이션을 공부하고, 스트라스부르 국립극장-고등연극예술학교 졸업(1996). 엘리자베스 샤이우가 연출한 베르나르마리 콜테스의 「서쪽 부두 *Quai Ouest*」(1997)에서 의상 디자이너로 데뷔. 연출가 프랑수아 마랭, 안드레아 노비초프와 지속적으로 공연함. 주요 작품으로 카트린 안의 「바람이 전하는 행복 *Le Bonheur du vent*」(2004), 재레드 다이아몬드의 『총, 균, 쇠』를 각색한 「얼룩말과 아몬드 *Des zèbres et des amandes*」(2012)가 있음.

빌레르메, 샤를로트 CHARLOTTE VILLERMET

1966, Chambéry 시노그라퍼

파리 에콜데보자르와 르텔리에 스타일리스트학교 École de stylisme Letelier에서 공부한 후 스트라스부르 국립극장-고등연극예술학교에서 시노그라피 전공(1989). 클로드 르메르와 니키 리에티 조수로 데뷔. 연출가 카트린 안(「아녜스 *Agnès*」, 1994), 알랭 몰로(「레스 퍼블리카 *Res Publica*」(기용 아송 작, 2012), 디디에 뤼즈(「어느 베레니스 *Une Bérénice*」, 장 라신 희곡 각색, 2011), 나탈리 피용(「서쪽에서 *À l'ouest*」, 2012)과 작품을 만듦.

사주르누아르, 에마뉘엘 EMMANUELLE SAGE-LENOIR

1963, Toulouse 시노그라퍼

에콜데보자르에서 공부한 후 리옹 국립고등연극예술·기술학교에서 시노그라피 전공(1988). 의상 및 무대 구상. 아키텐 Aquitaine, 푸아투샤랑트 Poitou-Charentes, 파리 및 근교에서 40편이 넘는 공연 올림. 파트릭 콜레, 아르망 엘루아, 막심 부로트 등과 작품 만듦. 1994년 이후 앙드레 롱생의 극단 작은 극장 Petit Théâtre(안마리 콜랭의 「표본 *Specimen*」, 2012), 파트릭 에니코의 극단 방앗간 Moulin Théâtre(칼데론의 「세상이라는 위대한 연극」, 1998), 음악극단인 앙상블 Fa7(「평온한 밤샘 *Veillée douce*」, 어린이극, 2012)과 공연함. 전시회에서 시노그라퍼로 활동(다양한 천과 의상을 보고 만지도록 기획한 전시 《관례와 재봉 Us et Couture》).

상송, 이브 YVES SAMSON

1945, Dijon 시노그라퍼

1972년 장마리 세로 연출작에서 소품 담당으로 데뷔. 1975년 연출가 미셀 라파엘리와 협업으로 「오토바이 *La Bécane*」(자크 드 보니·미셀 라파엘리 작) 올림. 연출가 자크 크레메르와 작품 만듦(「플라미날 발레르 *Flaminal Valaire*」, 모리스 르노 작, 1980). 공연장 기계 설치 분야에서 일하며, 연극에서 지속적으로 활동(타리에이 베소스 소설을 각색한 「얼음의 성 *Palais de glace*」, 스테파니 로익 연출, 2010), 장폴 샤베르와 에이전시 세노-그라피 설립(1991-1995).

샤르보, 에릭 ÉRIC CHARBEAU

1961, Bordj Bou Arréridj 건축가, 시노그라퍼

건축가 자격증 취득(1989). 주로 필리프 카사방과 작품을 만듦. 1993년부터 로랑 라파르그와 극단 파란 태양 Le Soleil bleu에서 지속적으로 활동. 주요 작품으로 조르주 페도의 희곡을 각색한 「스무 살 때 페도. 희곡 두 편을 모은 단막극 *Feydeau à vingt ans. Deux pièces en un acte*」, 제임스 조이스의 「몰리 블룸 *Molly Bloom*」(2013)이 있음. 전시회 및 공연장 기계 설치 분야 시노그라퍼로 활동.

샤반, 클레르 CLAIRE CHAVANNE

1960, Grenoble 시노그라퍼

문학을 공부하고 스트라스부르 국립극장-고등연극예술학교에서 시노그라피 전공(1987). 자크 라살이 연출한 「성실한 배우 *Les Acteurs de bonne foi*」(마리보 작, 1987), 「좋은 어머니 *La Bonne Mère*」(골도니 작, 1989)에서 시노그라퍼로 활약. 연출가 클로드 예르생

「아리에트*Harriet*」, 장피에르 사라작 작, 1993), 알랭 베쥐(「연극적 환상*L'Illusion comique*」, 코르네유 작, 2006)와 작품을 만듦. 장클로드 아밀의 오페라 연출작에서 시노그라피 담당(「카풀레티 가문과 몬테키 가문*I Capuleti e Montecchi*」, 벨리니 작곡, 1996). 도시 또는 지역 공간 조성 기획이나 건축으로 활동 영역을 넓히고 있음.

샤베르, 장폴JEAN-PAUL CHABERT
1951, Dijon 시노그라퍼

그르노블에 있는 극단 연극-행위Théâtre-Action에서 데뷔. 배우이자 무대감독 · 기술감독(1975-1985), 조명 디자이너로 다방면에서 활동함. 공연제작수당협회인 코브라Cobra 회장 역임(1985-1989). 1990년 이브 상송과 세노-그라피Scéno-Graphy 에이전시를 만든 후 1999년 JP 샤베르 창립.

샤사르, 장루이JEAN-LOUIS CHASSARD
1948, Neuilly-sur-Seine 건축가, 시노그라퍼

파리 라빌레트 국립고등건축학교에서 자크 보송과 공부함. 베르나르 기요모가 설립한 시노그라피 제작 연구소에서 활동(1979-1989). 1989년 조제트 르투르미와 공연장 기계 설치 전문 에이전시 악트Actes 창립. 모교에서 강의하고 있음.

샤시, 시골렌 드SIGOLÈNE DE CHASSY
1966, Saint-Cloud 시노그라퍼, 화가, 조각가

파리 에콜데보자르에서 조각을 공부한 후 스트라스부르 국립극장-고등연극예술학교에서 시노그라피 전공(1995). 캘리포니아 스탠퍼드대학에서 강의함. 시노그라퍼 니키 리에티의 조수로 연극에 데뷔. 연출가 카트린 안, 콤 드 벨리즈, 서커스 극단 라 스카브뢰즈*La Scabreuse*[위험하고 만만치 않은 것에 도전한다는 의미]와 공연함. 주요 작품으로 「파리의 악어*Le Crocodile de Paris*」(1998), 「태양의 아이들」(막심 고르키 작, 2008), 「아메테*Amédée*」(콤 드 벨리즈 작, 2012)가 있음.

연출가 · 화가 · 조각가로 활동.

샹두티, 소피SOPHIE CHANDOUTIS
1962, Tananarive 시노그라퍼, 무대감독

에콜데보자르에서 공부한 후 클레르몽페랑 국립고등건축학교에서 시노그라피 전공(1989). 영화감독 장클로드 모노, 장크리스토프 발타(「오귀스틴*Augustine*」, 2011), 장파스칼 아튀(「7년*Sept ans*」, 2006), 파멜라 바렐라(「고통 받아*Souffre*」, 2012), 쥘리 로프퀴르발, 자크 바라티에, 프랑수아 오종 영화에서 무대미술 담당. 연극에서 이자벨 크로스(「파시파에*Pasiphaé*」, 미셸 카즈나브 작, 2011), 나데주 프뤼냐르(「더 이상 목마르지 않은 붉은 하늘*Le ciel rouge n'a plus soif*」, 2012)와 작업하며 전시회에서 활동하고 있음.

셰스티에, 클로드CLAUDE CHESTIER
1950, Boulogne-Billancourt 시노그라퍼, 의상 디자이너

조형예술 전공. 조경 설계가로 일하다가 연극 무대에서 활동. 모니크 에르부에, 에릭 비네, 에릭 라카스카드, 아르튀르 노지시엘 등 수많은 연출가와 공연함. 2003년부터 극단 상드린 앙글라드Sandrine Anglade에서 연극 · 오페라 올림. 대표작으로 카를로 고치의 「초록 새」, 세르게이 프로코피예프의 「오렌지 세 개의 사랑*L'Amour des trois oranges*」(2010)이 있음.

쇼보, 말리카MALIKA CHAUVEAU
1971, Paris 시노그라퍼

파리 국립고등장식예술학교 졸업(1999). 장피에르 로스펠데르가 연출한 클로델의 「정오의 나눔」(1999)으로 데뷔. 시노그라퍼 클로에 오볼렌스키의 조수로 일함(헨리 퍼셀의 오페라 「디도와 에네아스」, 2006). 알프레도 아리아스 연출에서 시노그라퍼로 활동(「부에노스아이레스*Buenos Arias*」, 2012).

술리에, 리오넬LIONEL SOULIER
1953, Athis-Mons 시노그라퍼

제네바 예술학교École d'art de Genève 졸업. 1996년 베르나르 기요모가 설립한 시노그라피 연구·제작 사무실에서 활동. 장자크 뒤트레와 전시회 및 공연장 기계 설치 전문 시노그라피 에이전시 아코라ACORA 설립.

스콜벳진, 쥘리JULIE SCOLBETZINE
시노그라퍼

상트페테르부르크 연극원과 파리 국립고등장식예술학교에서 시노그라피 전공(1999). 주로 의상 디자이너로 활동. 루카스 헴레프가 연출한 「타이터스 앤드러니커스Titus Andronicus」(셰익스피어 작, 2003), 「꿈Le Songe」(아우구스트 스트린드베리 작, 2006) 무대 구상. 콩세르바투아르에서 만난 연출가 에마뉘엘 코르돌리아니와 작품 올림. 자오키노 로시니의 「알제리에 있는 이태리 여인」(2005), 레날도 안의 오페레타 「아름다운 미지의 당신이여」(2011) 시노그라피 담당.

스테른베르그, 클레르CLAIRE STERNBERG
1969, Paris 시노그라퍼

연출가 제롬 사바리 조수로 데뷔(몰리에르의 「수전노 L'Avare」, 1999). 연출가 기욤 레베크와 공연. 주요 작품으로 게오르크 카이저의 「병사 타나카Le Soldat Tanaka」(2003), 미셸 비나베르의 「니나는 달라Nina c'est autre chose」(2009)가 있음. 조엘 주아노가 글 쓰고, 안로르 룩셀이 안무한 무용극 「눈부신 소녀L'Inouïte」 (2011) 무대 구상.

실베스트르, 야니크YANNICK SYLVESTRE
1963, Saint-Agnant 시노그라퍼

영화 음향·조명 담당으로 활동한 후 무대감독·기술감독 역임(1975-2001). 아비뇽 고등공연기술학교에서 공부함. 2002년 프랑스 서부, 레 섬l'île de Ré에 공연장 기계 설치 전문 시노그라피 에이전시 무대-예술Art-Scénique 설립. 극장 및 다양한 유형의 공연장

에서 발생하는 기술적 문제를 연구하며 시노그라퍼로 활동.

아로요, 에두아르도EDUARDO ARROYO
1937, Madrid 화가, 시노그라퍼

저널리즘을 공부한 후 1958년 프랑스로 망명. 질아이오, 안토니오 레칼카티와 함께 프랑스 대표 서술적 구상화가임. 1969년부터 시노그라퍼로 활동. 연출가 클라우스 미카엘 그뤼버(아르튀르 아다모프의 「금지 구역Off Limits」), 클로드 레지(「피처럼 붉다 Vermeil comme le sang」, 1974)와 작품 만듦. 독특한 공연 「파우스트 살페트리에르Faust Salpêtrière」에 참여함 (1975). 2009년 제롬 데샹 연출의 「프라 디아볼로Fra Diavolo」(다니엘 오베르 작곡)에서 로랑 페두지와 무대 구상.

아바디, 리즈LISE ABBADIE
1978, Paris 시노그라퍼

문학을 공부한 후 낭트 국립고등건축학교에서 시노그라피를 전공함(2005). 극단 그랑조벨Grange aux belles(「루브나 카디오Lubna Cadiot」, 2011), 나선극단La Spirale, 벚꽃극단(셰익스피어의 「겨울 이야기」, 2013), 인형극 전문 리자딘극단Lisadine, 동화의 세계를 다룬 육체극단Théâtre de Chair에서 다양한 경험을 쌓음. 다원예술단체 '엑스트라 무로스Extra Muros'[벽 너머]의 회원임(「오늘은… 아무것도Aujourd'hui... rien」, 2011).

아베르세체르, 제롬JÉRÔME HABERSETZER
1959, Strasbourg 건축가, 박물관 전시 기획자

건축가 자격증 취득. 1986년부터 주로 박물관에서 활동. 렌에 있는 국립고등건축학교에서 강의.

아브레우, 네리아 데NERIA DE ABREU
1969, Caracas 건축가, 시노그라퍼, 기술감독

베네수엘라에서 건축을 공부함(1994). 클레르몽페

랑 국립고등건축학교 졸업(1997). 카라카스Caracas 및 테레사 카레뇨 극장Teatro Teresa Carreño에서 시노그라피 담당(베르디의 「팔스타프Falstaff」, 2001). 프랑스로 돌아와서 낭트 그라슬랭 오페라극장Opéra Graslin에서 잠시 활동한 후 2003년부터 낭테르아망디에 극장 기술감독 보조로 활동하고 있음.

알리에, 제랄딘GÉRALDINE ALLIER

1959, Maisons-Lafitte 시노그라퍼, 의상 디자이너

파리 국립고등응용미술·공예학교를 졸업하고, 그래픽 삽화가로 활동. 루이 베르퀴트 연출작에서 시노그라퍼로 활동 시작. 연출가 다니엘 메스기슈(「태풍」, 코메디 프랑세즈), 마르크 르방과 다양한 연극·오페라 무대 만듦. 특히 자크 라살 연출작(욘 포세, 몰리에르, 윌리엄 포크너, 외된 폰 호르바트 작품)에서 시노그라피 담당.

앙스케르, 카미유CAMILLE ANSQUER

1982, Brest 건축가, 시노그라퍼

낭트 국립고등건축학교 졸업(2008). 연출가 필리프 칼바리오, 사라 가브리엘메스기슈, 넬리 모르겐스테른과 연극 올림. 주요 작품으로 마리우스 폰 마이엔부르크의 「기생충Parasites」(2009), 안톤 체호프의 희곡을 각색한 「백조의 노래Le Chant du cygne」(2011), 베로니크 올미의 「혼란이 일어나다Chaos debout」(2011)가 있음. 제랄딘 베니슈가 연출한 카바레 뮤지컬에서 무대 구상(「바르베스 카페Barbès Café」, 메지안 아자이슈 작, 2012). 영화 무대 세트 조수로 활동.

앙제니올, 자크JACQUES ANGÉNIOL

1937, Lyon 화가, 무대미술가, 배우

마콩Mâcon과 리옹에 있는 에콜데보자르 졸업. 극단 코튀른Cothurne[고대 그리스 비극 배우가 신은 반장화] 공연에 참여한 후, 극단장 마르셀 마레샬과 계속 공연을 올림. 주요 작품으로 르네 드 오발디아의 「미지

의 장군Le Général inconnu」(1964), 장 보티에의 「바다 대위Capitaine Bada」(1988)가 있음. 여러 장르에서 배우로도 활동하며, 장클로드 드루오, 레옹 리조네, 프랑수아 부르자 연출작에서 무대미술 담당.

언더다운, 윌리엄WILLIAM UNDERDOWN

1936, Toronto, 캐나다 – 2009 시노그라퍼

스트라스부르 국립극장-고등연극예술학교 졸업(1966). 조르주 구베르, 가브리엘 모네와 작품 만듦. 노르망디 캉 코메디 국립연극센터CDN de Comédie de Caen에서 연출가 조 트레아르, 미셸 뒤부아와 작품 만듦(셰익스피어의 「타이터스 앤드러니커스」, 1987). 1983년 공연장 설치 전문 에이전시 아텔ATELS 설립. 지방 공공장소를 활용하는 방향 연구.

에도르프, 피에르 PIERRE HEYDORFF

1952, Carcassonne 시노그라퍼

전기기사 자격증 취득. 스스로 시노그라피를 터득하고 아마추어 연극에서 활동. 1981년부터 장인정신을 살려 여러 연출가와 작업. 주요 작품으로 미셸 비나베르의 「니나는 달라」(미셸 에도르프 연출, 1991), 에메 세제르의 「크리스토프 왕의 비극」(자크 니셰 연출, 1996), 에두아르도 데 필리포의 「희극 예술L'Art de la comédie」(필리프 베를링 연출, 2011)이 있음. 2010년 프랑스 남부 카르카손Carcasonne 근처에 포도나무극장 Théâtre des Vignes 건축.

에로, 알렉상드르ALEXANDRE HEYRAUD

1961, Saint-Étienne 시노그라퍼, 기술감독

생테티엔 에콜데보자르에서 공부한 후 클레르몽페랑 국립고등건축학교에서 시노그라피 전공(1993). 1996년부터 생테티엔 오페라극장 대표 장루이 피숑과 작업(「라 보엠La Bohème」, 쥘 마스네 작곡, 2010). 카를로 봉디, 피에르 메드생, 장크리스토프 마스트, 미레유 라로슈(「푸른 숲La Forêt bleue」, 샤를 페로의 「푸른 수

염」각색, 2007)와 작품을 만듦. 2011년부터 벨기에 리에주 왈로니 로열 오페라극장Opéra royal de Wallonie에서 기술감독 보조로 활동.

우르생, 자크 JACQUES OURSIN
1969 시노그라퍼

파리 국립고등장식예술학교 졸업(1996). 안로르 리에주아, 토마 르 두아레크와 연극 올림. 주요 작품으로 에우리피데스의 「엘렉트라」(각색, 1998), 카린 세르의 「초원의 여왕 마르그리트Marguerite, reine des prés」(2003), 장피에르 아부의 「권력의 술책Le Manège du pouvoir」(2002)이 있음.

위셰, 이자벨 ISABELLE HUCHET
1955, Paris 시노그라퍼, 소설가

블랑슈 극예술센터에서 시노그라피(1978) 및 무대기술 전공(1979). 시노그라퍼 앙드레 아카르의 조수로 데뷔. 보마르셰의 「세비야의 이발사Le Barbier de Séville」, 브레히트의 「주인 푼틸라와 하인 마티」무대 구상. 각종 행사와 공공기관 홍보용 영화에서 활동(1981-1991). 연출가 필리프 페랑 작품으로 다시 무대로 돌아옴(라신의 「페드르Phèdre」, 1998). 베르나르 주르댕 오페라 연출작에서 시노그라피 담당(「베니스에서의 죽음Mort à Venise」, 토마스 만 소설 각색, 2010). 소설가로도 활동(『어느 여인의 고급스런 의상L'Étoffe d'une femme』, 라테스 출판사, 2000).

일베르, 이고르 IGOR HILBERT
1938, Le Caire 시노그라퍼

무대 세트 아틀리에서 일함. 조명감독으로 활동하다가 가브리엘 모네 연출작에서 기술감독 역임. 1969년 공연장 시설 전문 시노그라피 에이전시 베테크 설립.

조네, 베르나르 BERNARD JAUNAY
1940, Tours 시노그라퍼

1965년부터 장치 담당, 무대감독(아미앵Amiens 문화의 집)으로 활동. 느베르 문화의 집Maison de la culture de Nevers, 파리 동부극장Théâtre de l'Est parisien, 실비아몽포르 극장, 파리 공연장 등에서 기술감독 역임. 1975년 행사장 및 공연장 전문 시노그라피 에이전시 창립. 같은 해, 연출가 조르주 윌슨과 셰익스피어의 「오셀로Othello」올림(아비뇽 교황청 앞마당에서 공연됨).

주아예, 잔 JANE JOYET
1976, Albertville 시노그라퍼

마르세유에서 건축을 공부한 후 스트라스부르 국립극장-고등연극예술학교에서 시노그라피 전공(2001). 2001년부터 모교 출신 작가이자 연출가 알리스 랄루아와 작업하며 「남성이 바라보는 여성의 상태D'états de femmes」(2004), 「싸움Bataille」(2012) 올림. 2003년부터 루카스 헴레프(피에르 샤라스의 「형상Figures」, 몰리에르의 「염세주의자」, 2007), 그룹 F71, 리샤르 미투, 라시드 카시, 도리앙 로셀과 작품 만듦.

지로, 베르나르 BERNARD GIRAUD
1946, Saint-Christoly-de-Blaye 시노그라퍼

모형 제작처럼 물질로 무언가를 창조하는 것과 조명으로 공간과 부피를 다루는 것을 좋아함. 1969년 오베르빌리에 코뮌 극장-국립연극센터에서 무대 세트 설치 담당으로 데뷔. 1980년부터 연출가 피에르 메랑(「사막에서 반항하다La Révolte dans le désert」, 자크 테파니 작), 제롬 데샹(「훌륭해C'est magnifique」, 1983), 크리스티앙 덩트(「우주, 교외의 역사Cosmos, histoire de banlieue」, 클로드 투생콜롱 작, 1983)와 작품 만듦. 1986년부터 영화·오페라·전시회·박물관에서 리샤르 페두지와 오랫동안 협업. 1990년부터 전시회 시노그라퍼로 활동. 예를 들면 《몬테카를로 오페라L'Opéra de Monte-Carlo》(오르세 박물관), 《동 쥐앙Dom

Juan》(리슐리외 국립도서관), 《로마의 마에스트로: 도미니크 앵그르에서 에드가 드가까지Maestra di Roma》(빌라 메디치), 《베리 공작의 매우 호화로운 시절Les Très Riches Heures du duc de Berry》(샹티이 성château de Chantilly) 등이 있음. 스스로 조각가이자 시노그라퍼라고 생각하며, 2005년부터 주어진 장소 및 상황을 반영하는 '인 시튜in situ' 방식으로 작품 활동(파리 국제예술관Cité des arts, 파리 7구 구청 정원, 아비뇽 근처 보스크 성château de Bosc, 블레 요새지citadelle de Blaye).

진프리, 노엘NOËLLE GINEFRI
1954, Sant'Andrea di Bozio 시노그라퍼

니스 국립고등장식예술학교 졸업(1977). 1985년 클로드 레지가 연출한 「내부Intérieur」(모리스 메테를링크 작)로 데뷔. 1977년부터 이리나 브룩과 계속 공연함. 주요 작품으로 리처드 칼리노프스키 희곡을 각색한 「달에 사는 짐승Une bête sur la lune」, 버지니아 울프의 『자기만의 방』을 각색한 「셰익스피어즈 시스터Shakespeare's Sister」(2013)가 있음. 다양한 연출가(도미니크 페레, 기피에르 쿨로, 다니엘 제르키, 시몽 아브카리앙)와 협업하며 전시회 시노그라퍼로 활동.

카롱, 아들린ADELINE CARON
1975, Paris 시노그라퍼

파리 국립고등장식예술학교 졸업(1999). 시노그라퍼 디디에 구리의 조수로 데뷔. 2004년부터 뱅자맹 라자르 연출작에서 시노그라퍼로 활동. 주요 작품으로 몰리에르의 「부르주아 귀족Le Bourgeois gentilhomme」, 프랑수아 라블레의 「팡타그뤼엘Pantagruel」(각색, 2013)이 있음. 루이즈 모아티의 오페라 연출작(「비너스와 아도니스Vénus et Adonis」, 존 블로 작곡, 2012), 마르셀 보조네의 연극 연출작(「오르기아Orgia」, 파솔리니 작, 2007)에서 시노그라피 담당.

카르핀스키, 올가OLGA KARPINSKY
1966, Meudon 시노그라퍼

에콜데보자르에서 공부한 후 스트라스부르 국립극장-고등연극예술학교에서 시노그라피 전공(1990). 자크 라살이 연출한 「멜리트Mélite」(코르네유 작, 1990)로 데뷔. 연출가 크리스토프 페르통(「돼지우리」, 파솔리니 작, 1993), 티에리 루아쟁과 공연 올림. 의상 디자이너로 활약. 주요 작품으로 프레데리크 피스바크가 연출한 「영원한 계곡Forever Valley」(마리 르도네 소설 각색, 2000), 다니엘 잔토가 연출한 「아담과 이브」(미하일 불가코프 작, 2007), 자크 뱅세가 연출한 「삶은 꿈이다」(칼데론 작, 2012)가 있음.

카를, 안ANNE CARLES
1956, Vincennes 건축가, 시노그라퍼

리옹 국립고등연극예술·기술학교 졸업(1980). 건축가 자격증 취득(1983). 베르나르 레셴과 필리프 로베르 에이전시Reichen et Robert에서 일한 후(1983-1996) 엘렌 로베르와 전시 전문 에이전시 아르캉센Arc-en-Scène 창설. 시노그라퍼로 활동하며 작품 만듦(「카르멘」, 스타드 드 프랑스Stade de France, 2003).

카바나, 프랑수아FRANÇOIS CABANAT
1950, Villefranche-sur-Cher 시노그라퍼, 조명 디자이너, 건축가, 조형예술가

건축가 자격증 취득. 1973년 극단 레자테뱅Les Athévains 창단 멤버. 안마리 라자리니가 연출한 모든 연극·오페라에서 시노그라피와 조명 담당. 다양한 연출가와 협업. 1995년 아테뱅 예술극장Théâtre Artistic Ahévains 재건축에 참여함. 몇 년 전부터 공연 전문기술자 교육센터 출강. 파리 갤러리 여러 곳에 출품하며 조형예술가로 활동.

카발카, 아고스티노 AGOSTINO CAVALCA
시노그라퍼, 의상 디자이너

1978년 이후 의상 디자이너로 매우 활발하게 활동하고 있음(한스 페터 클루 연출의 「Susn」, 헤르베르트 아흐테른부쉬 작). 1980년부터 파리에서 생활하며 활동. 엘리자베스 샤이우, 크리스티앙 스키아레티, 파트리스 코리에, 모슈 레이제르, 클라우디아 스타비스키, 아델 아킴 등 여러 연출가와 연극·오페라 올림.

카사노바, 프레데리크 FRÉDÉRIC CASANOVA
1974, Saint-Maur-des-Fossés 시노그라퍼

파리 국립고등장식예술학교 졸업(1998). 전시장과 공연장에서 활동. 엘라 파투미, 에릭 라무뢰(「동물의 시선Animal regard」, 2002), 크리스티앙 리조(「망각, 나무를 만지다L'Oublie. Toucher du bois」, 2010)와 협업하며 무용극 올림. 오페라에서도 활동(리하르트 바그너의 「탄호이저Tannhäuser」, 크리스티앙 리조 연출, 2012).

카사방, 필리프 PHILIPPE CASABAN
1960, Salies-de-Béarn 건축가, 시노그라퍼

보르도에서 건축 전공(1989), 1991년부터 에릭 샤르보와 연극·오페라 올림. 질베르 티베르기앵이 각색·연출한 「어느 여자 인생의 24시Vingt-quatre heures de la vie d'une femme」(슈테판 츠바이크 작) 무대 구상. 1993년부터 로랑 라파르그와 작품을 만들며(모차르트의 오페라 「피가로의 결혼」, 2012), 전시장·공연장 기계 설치 분야에서 시노그라퍼로 활동.

카티르, 살라딘 SALLAHDYN KHATIR
시노그라퍼, 조명 디자이너

1994년부터 클로드 레지 연출작에서 기술감독으로 활동. 2005년 초 「다윗의 노래처럼Comme un chant de David」(앙리 매쇼닉 번역·각색)에서 무대 구상. 클로드 레지의 모든 공연, 특히 「목적 없는 남자Homme sans but」(아르네 리그르 작, 2007), 「바다의 서정시Ode maritime」(페르난도 페소아 작, 2009), 「저녁 보트La Barque le soir」(타리에이 베소스 소설 각색, 2012)에 참여함.

카프드나, 엘리즈 ÉLISE CAPDENAT
1967, Paris 시노그라퍼

파리 국립고등장식예술학교 졸업(1993). 건축을 공부한 후 로마 빌라 메디치 프랑스 아카데미 연구생으로 있으면서(1996-1997), 여러 연출가를 만남(올리비에 베송, 클로드 레지…). 특히 1995년 이후 연출가 에릭 디드리와 협업(「볼탄스키/인터뷰Boltanski/interview」, 1995; 「걷는 자의 법칙La Loi du marcheur」, 2010). 2003년부터 안무가 실뱅 프륀넥과 작품을 만듦. 모교에서 강의하고 있음.

카플랑, 제롬 JÉRÔME KAPLAN
1964, Paris 시노그라퍼

블랑슈 극예술센터 졸업(1987). 아리엘 가르시아발데스가 연출한 오페라 3편에서 의상 담당. 안무가 장크리스토프 마요, 파트리크 드 바나, 알렉세이 라트만스키(「잃어버린 환상Les Illusions perdues」, 2011)와 무용극 올림. 연출가 스테판 일렐(「대결L'Affrontement」, 빌 C. 데이비스 희곡 각색, 1996), 니콜라 로르모와 연극 올림. 올리비에 데보르드(「즐거운 미망인」, 프란츠 레하르 작곡, 2002), 샤를로트 네시(「영리한 새끼 암여우La Petite Renarde rusée」, 레오시 야나체크 작곡, 2009) 오페라 연출작에서 의상 담당.

캉부르나크, 클로에 CHLOÉ CAMBOURNAC
1973, Paris 시노그라퍼

파리 국립고등장식예술학교 졸업(1997). 자크 라살이 연출한 「판돈 상자La Cagnotte」(외젠 라비슈 작, 1998)로 데뷔. 연출가 로랑 르클레르와 작품 만듦(「허수아비들Les Épouvantails」, 2011). 영화 무대감독 티에리 프랑수아 곁에서 실내 장식 담당. 행사장에서 시노그라퍼로 활동.

캥츠, 미레유 MIREILLE KINTZ

1972, Strasbourg 건축가, 시노그라퍼

건축 전공. 클레르몽페랑 국립고등건축학교 졸업 (1999). 전시 전문 시노그라피 에이전시(제롬 아베르세체르Jérôme Habsersetzer, 르콩트 누아로Leconte et noirot, 필리프 미에슈Philippe Miesch)와 협업하거나 독자적으로 박물관(《솔렉스 박물관Musée du Solex》, 2012) 및 연극에서 활동. 시노그라퍼 베르나르 빈세크와 무대 구상 (「중국에 있는 샤를로트Charlotte en Chine」, 장크리스토프 바르보 작, 2007).

코바, 미셸 MICHEL COVA

1947, Savenay 시노그라퍼, 건설자

예술·공예 엔지니어(1972). 연극 무대세트 전문 작업실에서 활동. 질 샤바시외가 연출한 「유치한 연인들Les Amants puérils」(페르낭 크롬랭크 작, 1979)에서 장루이 베르탱과 작업. 제롬 데샹과 마샤 마케이에프가 연출한 「기숙생들Pensionnaires」(1999) 무대 구상. 공연장 기계 설치 전문 시노그라피 에이전시(1977년 세네테크Scénétec, 1991년 뒥스Ducks)를 만들고, 시노그라퍼 자크 르 마르케, 건축가 장 누벨과 협업.

코슈티에, 파트리스 PATRICE CAUCHETIER

1944 의상 디자이너

파리 국립고등장식예술학교에서 잠시 공부한 후 국제연극대학에서 전문 교육을 받음. 1970년대 초, 극단 뱅상-주르되이Vincent-Jourdheuil에서 의상 디자이너로 데뷔. 여러 연출가와 협업하며 다양한 작품을 만듦. 대표작으로 알랭 프랑송이 연출한 「바냐 아저씨」(체호프 작, 2011), 장피에르 뱅상이 연출한 「동 쥐앙」(몰리에르 작, 2012)이 있음.

코엔, 브뤼노 BRUNO COHEN

1953, Strasbourg 시노그라퍼, 영화감독, 연출가

에콜 보지라르École Vaugirard에서 음성영상매체 공부. 에콜 마르셀마르소École Marcel Marceau에서 마임 공부. 관객과 공유하는 공간을 만들며 시각 장치와 의사소통망을 융합하는 방법 및 비디오를 활용한 시노그라피를 모색함(「카메라 비르투오사Caméra virtuosa」, 인터랙션 가상극, 1996).

쿠르츠, 아네테 ANNETTE KURZ

1967, Hambourg 시노그라퍼

독일에서 고전을 공부함. 파리 루브르 학교École du Louvre 및 파리 8대학에서 공부한 후, 스트라스부르 국립극장-고등연극예술학교에서 시노그라피 전공 (1995). 아나 비브로크의 조수로 일한 후 독자적으로 활동. 2001년부터 벨기에 연출가 루크 퍼시발과 협업으로 만든 연극과 오페라로 주목받음. 탈리아 함부르크 극장Thalia Theater de Hambourg에서 주로 활동.

쿠에코, 앙리 HENRI CUECO

1929, Uzerche 화가, 데생화가, 시노그라퍼, 작가

1952년 《젊은 화가전》에 출품. 1960년대 추상화가를 비판하며 현실참여적인 구상화가로 활동하다가 연극 무대에서 작업. 연출가 피에르에티엔 에만(「유리 동물원」, 테네시 윌리엄스 작, 1965), 자크 크레메르(「그는 걷는다Il marche」, 크리스티앙 룰리에 작, 1991), 장폴 벤젤(「크라나흐의 소녀La Jeune Fille de Cranach」, 2008)과 작품 만듦.

크리니에르, 나탈리 NATHALIE CRINIÈRE

1966 실내건축가, 디자이너, 시노그라퍼

에콜불에서 실내건축 전공. 파리 국립고등장식예술학교에서 산업디자인 전공. 미국 애틀랜타 조지아 공대Georgia Institute of Technology에서 학업을 계속함. 바르셀로나에 있는 페페 코르테스Pepe Cortes 에이전시에서 1년간 활동. 다양한 에이전시에서 일한 후 파리로 돌아와서 프리랜서로 활동. 2002년 에이전시 NC 설립. 특히 전시 영역 시노그라퍼로 활약하고 있음.

클라피슈, 마리안 MARIANNE KLAPISCH

1969, Paris 건축가, 시노그라퍼

건축가 자격증 취득. 1974년 이후 미티아 클레스와 실내건축가로 활동. 각자의 이름을 따서 전시 전문 시노그라피 에이전시 클라피슈-클레스Klapisch-Claisse 창립.

키리체토포르, 아멜리 AMÉLIE KIRITZÉ-TOPOR

1977, Beaupréau 시노그라퍼

그래픽을 공부한 후 리옹 국립고등연극예술·기술학교에서 시노그라피 전공(2001). 실비 몽쟁알강 연출작에서 극장이 아닌 다른 장소에서 독특한 방식으로 접근(「애도가Thrène」, 파트릭 케르만 작). 뱅상 비토즈가 연출한 오페라 「영리한 새끼 암여우(레오시 야나체크 작곡), 「월요일에 부자가 되실 거예요Lundi, monsieur, vous serez riche」(앙투안 뒤아멜 작곡, 2011) 무대 구상. 2010년 이후 오마르 포라스와 작품을 만듦(윌리엄 오스피나의 「볼리바르Bolivar」, 프랑크 베데킨트의 「깨어나는 봄」, 2011).

타유페르, 장뤼크 JEAN-LUC TAILLEFERT

1964, Yverdon 시노그라퍼

파리에서 연극을 공부하고 스위스 콩세르바투아르 졸업. 스트라스부르 국립극장-고등연극예술학교에서 시노그라피 전공(1995). 1999년 이후 자크 다비드 연출작에서 활동. 주요 작품으로 와이디 무아와드의 「크로마뇽인의 결혼식 날Journée de noces chez les cromagnons」, 필리프 미냐나의 「안마리Anne-Marie」(2012)가 있음. 2001년부터 연출가 뱅자맹 크노빌과 공연함(메테를링크의 「맹인들Les Aveugles」, 도스토옙스키의 소설을 각색한 「죄와 벌」, 2013). 극단 영원한 하루살이 단원임.

테일만, 크리스토프 CHRISTOPHE THEILMANN

1974, Mulhouse 건축가, 시노그라퍼

건축가 자격증 취득(1997). 클레르몽페랑 국립고등건축학교에서 시노그라피 전공(1999). 에이전시 파브르/스펠러Fabre/Speller에서 활동(1999-2001). 프랑수아 들라로지에르 조수로 활동(2002-2005). 건축·시노그라피 관련 회사 설립. 건축가 니콜 콩코르데와 자주 협력하며 활동.

토르주만, 뱅상 VINCENT TORDJMANN

1974, Metz 시노그라퍼, 실내건축가, 디자이너

철학을 공부한 후 파리 국립고등장식예술학교 졸업(1997). 샤를 토르주만이 연출한 「미리암 C의 삶Vie de Myriam C」(프랑수아 봉 작, 1998), 「요약해봅시다!Résumons-nous!」(알렉상드르 비알라트 작, 2012) 무대 구상. 연출가 르네 루아이용, 미셸 디딤, 프랑수아 로댕송과 작품 만듦. 앙브루아즈 토마의 「프랑수아즈 드 리미니Françoise de Rimini」(2011) 연출. 에콜 카몽도Camondo 및 렌 에콜데보자르 디자인과에서 강의함.

트로뫼르, 아나이스 ANAÏS TROMEUR

1983, Angers 시노그라퍼

공연예술과 시각이미지 표현을 공부함. 낭트 국립고등건축학교에서 시노그라피 전공(2008). 다양한 유형의 공연장에서 작업함. 프란츠 크사버 크뢰츠의 「오버외스터라이히Haute-Autriche」(세실 아르튀스 연출, 2012)는 극장에서, 드니 로샤르의 「거리의 초상화Portraits de Rue」(아티스틱그룹 알리스, 2012)는 거리에서, 세르반테스의 『돈키호테』를 각색한 「누구시라구요?Don Qui?」(극단 지조왕Roi Zizo, 2011)는 천막 공연장에서 무대 구상.

트로피게, 상드라 SANDRA TROFFIGUÉ

1973, Le Pouliguen 건축가, 시노그라퍼

건축 전공(1998). 낭트 국립고등건축학교 졸업(2001). 2004년 시노그라퍼 장폴 샤베르 팀에 합류하고 조

수로 활동. 극장 건축과 다목적 공간, 문화센터 건축에 참여함. 2007년 에이전시를 설립하고 건축가 겸 공연·설치·박물관 시노그라퍼로 활동.

트루아빌, 도미니크DOMINIQUE TROISVILLE
1952, Chamalières 건축가, 시노그라퍼

건축가 자격증 취득(1984). 1992년부터 시청각 장비를 전문적으로 다루는 시노그라퍼로 활동. 클레르몽페랑 국립고등건축학교에서 강의함.

파브로, 세실CÉCILE FAVEREAU
1976, Tours 시노그라퍼, 배우

음악·연극·예술사를 공부한 후 낭트 국립고등건축학교 졸업(2005). 극단 영원한 하루살이L'Éternel Éphémère에서 의상과 시노그라피 담당. 낭트 지역 여러 극단 및 마르세유에 있는 극단 군중Cohue(대표: 마리 카마라)에서 활동. 다원예술단체, 엑스트라 무로스 회원임.

파브르, 클로에CHLOÉ FABRE
1974, Marseille 시노그라퍼, 연출가

마르세유–뤼미니Marseille-Luminy 에콜데보자르에서 영상과 음향 전공. 리옹 국립고등연극예술·기술학교 졸업(1998). 1999년 안클레르 불라르, 토마 들라마르, 라다 발리와 에이전시 '움직이는 상점Mobile Boutique'을 만들고, 공연·광고·퍼포먼스에서 활동. 2002년 전자음악-팝 아트 그룹Exchpoptrue 만듦. 2004년부터 쥐디스 드폴과 지속적으로 작품 만듦(「일하지 않는 자는 먹지도 말라Qui ne travaille pas ne mange pas」, 「죽지도 않았는데Même pas morte」, 2010).

파예트, 미셸MICHEL FAYET
1954, Paris 시노그라퍼

연극 무대 기술자·기술감독으로 활동. 특히 렌에서 배우이자 연출가 피에르 드보슈와 작품을 만듦. 1985년 조명 디자이너 필리프 몽벨레와 공연장 기

계 설치 전문 에이전시 샹주망 아 뷔Changement à vue[눈앞에서 펼쳐지는 변화] 창립.

판티, 루초LUCIO FANTI
1945, Bologne 화가, 시노그라퍼

1965년에 파리에 정착하고, 1968년부터《젊은 화가전》에 서술적 구상 작품 출품. 1973년 뱅상-주르되이Vincent-Jourdheuil 극단의 「보이체크」(게오르크 뷔히너 작)로 데뷔. 연출가 베르나르 소벨과 정기적으로 작업. 대표작으로 발자크의 미완성 소설을 각색한 「농부들Les Paysans」(1975), 러시아 작가 유리 올레차 소설을 각색한 「감정의 음모La Conspiration des sentiments」(2011)가 있음.

페두지, 로랑LAURENT PEDUZZI
시노그라퍼

1984년 알베르 델피가 연출한 「역도 선수의 사랑 이야기를 담은 모음집Bréviaire d'amour d'un haltérophile」(페르난도 아라발 작)에서 무대 구상. 질베르트 차이가 연출한 「날아가다S'envoler...」(셀마 라겔뢰프의 『닐스의 신기한 여행』 각색, 2012), 자크 오펜바흐의 「호프만의 이야기」(1986), 카트린 디베레스가 안무한 「펜테실레이아Penthésilées」(2013) 등 연극·오페라·무용에서 시노그라퍼로 활동.

페두지, 에마뉘엘EMMANUEL PEDUZZI
시노그라퍼

연출가 브리지트 자크와 작품 만듦(「엘비르 주베 40livre Jouvet 40」, 1986, 코르네유의 「르 시드Le Cid」, 2005). 1977년부터 1996년까지 의상 디자이너 자크 쉬미트와 110편이 넘는 무대 구상. 대표작으로 알반 베르크의 오페라 「룰루Lulu」(파트리스 셰로 연출, 1979), 「메두사 호의 뗏목Le Radeau de la Méduse」(로제 플랑숑 작·연출, 1996)이 있음. 알랭 밀리앙티, 제롬 사바리, 피에르 라빌, 자크 라살 등 수많은 연출작에서 의상 디자이너로 활약.

페이외르, 파스칼PASCAL PAYEUR

1960 시노그라피, 조형예술가

국립고등응용예술·공예학교 졸업. 연극·영화에서 무대 세트 조수로 일함. 시노그라피 아틀리에를 만들고 박물관을 비롯해 각종 전시회 공간 구성에 참여. 박물관·공공기관에서 활동하고 있음.

페타뱅, 이반YVAN PEYTAVIN

1960, Rodez 건축가, 시노그라퍼

건축가 자격증 취득(1986). 파리 8대학에서 연극학 전공(1987). 극단 팔상블뢰Palsambleu 공동 창단자임 (1983-1985). 1988년 몽펠리에에서, 기계 설치 전문 건축·시노그라피 아틀리에Atelier d'architecture et de scénographie 만듦. 장마르크 페타뱅(AARIA 아틀리에)과 협업으로 공연·행사장·전시회에서 활동. 2002년부터 아비뇽 고등공연기술학교ISTS에서 활동.

포브레, 스테판STÉPHANE PAUVRET

1971, Mulhouse 시노그라퍼, 예술가, 기록영화 제작자

스트라스부르에서 장식예술 공부. 낭트 국립고등건축학교 졸업(2004). 연극과 오페라, 무용에서 활동. 베랑제르 자넬이 연출한 「프라 디아볼로」(다니엘 오베르 작곡, 2012), 엘레오노르 베베르가 연출한 「살 만한 삶을 만들기Rendre une vie vivable...」(2007), 엘라 파투미와 에릭 라무뢰가 안무한 무용극 「망타Manta」(2009), 프랑수아 그리포 연출작에서 시노그라퍼로 활동. 공연 무대에서 도시 및 사회로 영역을 넓혀 기록영화 제작자로 활동(「환상일 뿐Juste une illusion」, 낭트 현대미술진흥재단Frac Nantes, 2008).

포쇠, 그레구아르GRÉGOIRE FAUCHEUX

(1979, Pithiviers) 시노그라퍼

건축을 공부한 후 리옹 국립고등연극예술·기술학교에서 시노그라피 전공(2006). 필리프 아와트가 연출한 「팡타글레이즈Pantagleize」(미셸 드 겔드로드 희곡

각색, 2007)로 데뷔. 안마르그리트 르클레르, 로랑 프로니에, 안무가 에릭 민 쿠옹 카스탱과 공연함. 대표작으로 브레히트의 「세추앙의 착한 여자」(2008), 「Moooooooonstres」(2012), 「카이브츠Kaiju」[일본어로 정체불명의 신비로운 괴물을 의미함](2011)가 있음.

퐁프레드, 아망딘AMANDINE FONFRÈDE

1978, Tours 시노그라퍼

조형예술을 공부한 후 리옹 국립고등연극예술·기술학교에서 시노그라피 전공(2004). 2005년부터 제랄딘 베니슈(「사라, 아가르, 주디스 그리고 다른 사람들Sarah, Agar, Judith et les autres」)와 작업. 2008년부터 필리프 들레그와 작품을 만듦(스터즈 터클의 『일Working』을 각색한 「누군가의 행복Le Bonheur des uns」). 극단 7자매 Compagnie des Sept Sœurs에서 활동.

풀로노, 카롤린CAROLINE FOULONNEAU

1982 시노그라퍼

낭트 국립고등건축학교 졸업(2008). 작가 겸 연출가 나디아 제리엘과 작업. 주요 작품으로 「밤에 사용하는 칼Couteau de nuit」(2008), 「순간의 본능L'Instinct de l'instant」(2011)이 있음. 렌에서 퍼포먼스나 전시회에서 활동하는 졸리 콜렉티프Joli Collectif[하모니가 우수한 단체]와 협업(「슈퍼마켓Supermarché」, 빌라냐 스르브라노비치 작, 2007).

퓌맹, 필리프PHILIPPE PUMAIN

1962, Clermont-Ferrand 건축가, 시노그라퍼, 디자이너

건축가 자격증 취득(1987). 교육·문화 공공건물 건축 및 전시회에서 시노그라퍼로 활동(「하늘의 색깔Les Couleurs du ciel」, 2012; 「자금성La Citéinterdite」, 1996). 1987년 한스 베르너 헨체의 오페라 「영국 고양이The English Cat」(칼스타드 극장Karlstad Teater, 스웨덴)에서 화가 세르주 에사이양과 무대 구상.

프누이야, 크리스티앙 CHRISTIAN FENOUILLAT

1951, Périgueux 화가, 시노그라퍼

건축을 공부한 후 1974년부터 영화·연극·오페라에서 활동. 연극에서 브뤼노 보에글랭, 클라우디아 스타비스키, 크리스토프 페를통과 협업. 주요 작품으로 해럴드 핀터의 「지난 세월Old Times」(1981), 베르나르마리 콜테스의 「로베르토 주코」(1991), 라스 노렌의 「뮌헨-아테네Munich-Athènes」(1993), 페터 한트케의 소설을 각색한 「왼손잡이 여인La Femme gauchère」(2013)이 있음. 파트리스 코리에, 모슈 레이제르와 오페라 올림(외젠 라비슈의 희곡을 각색한 「이탈리아 밀짚모자Le Chapeau de paille d'Italie」, 니노 로타 작곡, 2012).

프라베를링, 나탈리 NATHALIE PRATS-BERLING

1961, Auxerre 시노그라퍼, 화가

사학 전공. 파트리스 코슈티에 조수로 데뷔. 1989년 자크 니셰가 연출한 존 밀링턴 싱의 「서방의 플레이보이」(알랭 상봉 시노그라퍼)에서 의상 담당. 로랑 라파르그, 도미니크 피투아제, 이렌 보노 등 수많은 연출가와 작품을 올림.

프리스크, 제라르 GÉRARD FRISQUE

1940, Montauban 건축가, 시노그라퍼

대학에서 수학 전공. 툴루즈 콩세르바투아르 졸업. 툴루즈 그르니에Grenier 극장, 모리스 사라쟁이 연출한 작품에서 배우 겸 기술 담당자로 데뷔(1963-1966). 로제 플랑숑이 극장장이었던 빌뢰르반 시테 극장Théâtre de la Cité de Villeurbanne 기술감독 역임(1967-1970). 투르쿠엥Tourcoing에 있는 랑브르캥 극장Théâtre du Lambrequin에서 자크 로스네르와 연극을 올림(1971-1974). 1977년 릴Lille에서 자크 보송과 건축·시노그라피 아틀리에 만듦. 파리 라빌레트 국립고등건축학교 졸업(1985). 1995년 제라르 프리스크 건축Architecture Gérard Frisque 유한책임회사 설립.

플레, 클로드 CLAUDE PLET

1953, Saint-Maur-des-Fossés 시노그라퍼

조형예술 전공. 수족관극단 및 태양극단에서 무대미술 보조로 일함. 공공·사설극장에서 도미니크 페리에(마리보의 「노예의 섬L'Île des esclaves」, 1978)와 작업. 1992년부터 레지 상통 연출작에서 시노그라퍼로 활동. 장 아누이의 「투우사의 왈츠La Valse des toréadors」, 이스라엘 호로비츠의 「사랑과 물고기Love and Fish」(2004) 무대 구상. 연출가 피에르 상티니, 디디에 롱, 크리스티앙 콜랭, 미셸 파가도, 토마 르 두아레크(「늦잠Grasse Matinée」, 르네 드 오발디아 작, 2009), 팡시카 벨레즈(「여행, 계속되는 여행Voyage, Voyages」, 로랑 그라프 작, 2012)와 작품을 만듦. 영화와 텔레비전, 전시회에서 활동.

플뢰리, 제라르 GÉRARD FLEURY

1950, Les Essarts-le-Roi 건축가, 시노그라퍼

건축가 자격증 취득. 무용수로 활동(1976-1995). 건축가 겸 시노그라퍼로 이고르 일베르와 그룹 베테크Betecs에서 일함(1976-1997). 건축·기술 에이전시 Architecture et Technique 부대표로 활동(1997-2010). 낭트 국립고등건축학교에서 2005년부터 강의함.

피슈, 도미니크 DOMINIQUE PICHOU

1951, Salon-de-Provence 건축가, 시노그라퍼

건축가 자격증 취득(1978). 국립·지방연극센터, 국립극장에서 데뷔. 생테티엔 코메디극장, 투르쿠엥 국립연극센터CDN de Tourcoing, 보르도아키텐 국립극장TNBA, 마르세유 경매국립극장La Criée, 툴루즈 국립극장TNT에서 활동. 아비뇽, 몽펠리에, 마르세유, 투르, 낭트, 보르도, 리모주, 메츠, 생테티엔, 낭시, 스트라스부르 등 프랑스 여러 지역과 파리(오페라 코믹 극장, 파리 카지노 극장…) 및 해외(로잔, 제네바, 리에주, 포틀랜드, 로스앤젤레스, 토리노, 클라겐푸르트, 몬테카를로, 뉴델리…)에서 오페라 무대 구상.

저자 약력

르메르, 베로니크 VÉRONIQUE LEMAIRE
「현대 연극 시노그라피의 사실성과 사실적 효과
Réalité et effet de réel dans la scénographie théâtrale
contemporaine」라는 논문으로 박사 학위 받음.
벨기에 루뱅가톨릭대학교UCL 연극학 센터 출강.
낭트 국립고등건축학교에서 강의하며 시노그라피
관련 논문 지도.
루뱅가톨릭대학교 글쓰기 · 창조 · 공연 연구센터
Centre de recherche ECR 연구원.
브뤼셀 왕립 콩세르바투아르 졸업(1989) 후 배우로
도 활동 중.
현재 루뱅가톨릭대학교 연극학 센터 부대표.
학술지『연극 연구Études théâtrales』편집장.

집필 부분:
피에르 알베르, 스테판 브론슈베그, 장폴 상바, 다니엘 잔
토, 마르크 레네, 크리스틴 마레, 필리프 마리오주, 에릭
수아예, 니콜라 시르, 필리프 케른.

마즈루만, 마타브 MAHTAB MAZLOUMAN
건축가 · 시노그라퍼.
파리 라빌레트 국립고등건축학교 시노그라피 ·
건축 교육 프로그램 책임자로, 강의 및 연구를 하며,
파리 10대학 공연예술학과 출강.
학술지『시노그라피 현황』에 다수의 논문 발표.

집필 부분:
다미앵 카유페레, 에마뉘엘 클로뤼스, 알렉상드르 드 다
르델, 프랑수아즈 다른, 앙투안 퐁텐, 자크 가벨, 장기 르
카, 로베르토 플라테, 로리안 시메미, 질 타세, 피에르앙
드레 베츠.

부크리스, 뤼크 LUC BOUCRIS
문학 교수 자격증 취득.
문학 박사.
그르노블-알프스 대학Université Grenoble-Alpes

연극학과 명예교수.
무대예술의 영역과 정체성, 공간과 시노그라피, 연
기와 등장인물, 테크놀로지와 공연, 대중과 관객을
주제로 연구한 논문 · 저서 다수.
시노그라퍼 연합회UDS 및 시노그라피 유럽연구소
Institut européen de scénographie 운영.

집필 부분:
르네 알리오, 클레르 바르덴, 아드리앵 몽도, 알랭
샹봉, 제라르 디디에, 기클로드 프랑수아, 구리, 장
아스, 야니스 코코스, 크리스토프 우브라르, 니키 리에티,
레몽 사르티, 장피에르 베르지에.

솔레, 장 JEAN CHOLLET
연극학 전공.
기자 · 연극비평가로 활동.
1983년부터 2005년까지 학술지『시노그라피 현황
Actualitéde la scénographie』편집장 역임.
프랑스 및 해외에 출간된 연극 건축 · 시노그라피
관련 단독 저서 및 공저 다수.
『앙드레 아카르, 순간의 건축가André Acquart, architecte
de l'éphémère』(악트 쉬드 출판사)로 2006-2007년 연극 ·
음악 · 무용 비평가협회로부터 최고의 저서상 수상.

집필 부분:
앙드레 아카르, 질론 브륑, 이브 콜레, 아고스티노
파스, 미셸 로네, 로르 피샤, 미셸 라파엘리, 에릭 뤼프,
장마르크 스텔레, 뤼디 사분기, 오렐리 토마.

프레드퐁, 마르셀 MARCEL FREYDEFONT
낭트 국립고등건축학교에 시노그라피 학과를 신설함.

집필 부분:
질 아이오, 오렐리앙 보리, 프랑수아 들라로지에르,
드니 프뤼쇼, 야니스 코코스, 클로드 르메르, 클로에
오볼렌스키, 리샤르 페두지, 다니엘 로지에, 에마뉘엘 루
아, 샹탈 토마, 앙투안 바쇠르, 로랑스 빌로르.

역주

1. **드라마투르기**dramaturgie
드라마투르기에는 크게 두 가지 의미가 있다. 첫째는 극작법을 뜻한다. 좁게는 한 작품의 내적 구조를 일컬으며, 넓게는 시대와 예술 흐름의 산물로서 텍스트를 분석하는 것을 의미한다. 둘째는 텍스트에서 무대로 전환되는 과정을 해석하는 것을 의미한다. 극작법과 무대화 작업의 간극이 적었던 시기, 즉 텍스트 중심주의 전통에서는 첫 번째 의미가 곧 두 번째 의미였다. 한 작품에 대한 다각적 해석이 인정되기 이전, 드라마투르기는 일련의 법칙 또는 원리에 따라 쓰인 기법과 동의어였다. 아리스토텔레스의 『시학』이 첫 번째 의미를 다룬 최초의 드라마투르기라면, 함부르크 국민극장에서 공연된 50여 편의 작품(1767. 5-1769. 3)을 비평한 레싱에서부터 드라마투르기의 두 번째 의미가 나타난다. 『함부르크 드라마투르기*Hamburgische Dramaturgie*』에서 레싱은 다음과 같이 말한다. "내 생각이 항상 완벽하게 연결이 안 될 수 있고 모순적일 수 있지만, 그것은 중요치 않다. 독자들이 스스로 생각할 거리를 찾으면 된다."(1978. 3. 29). 연출가의 등장으로 부각될 창조적 해석 개념의 씨앗을 엿볼 수 있는 흥미로운 발언이다. 레싱은 배우의 연기를 다루긴 했지만, 주로 희곡 비평에 초점을 두었다. 프랑스 고전주의 극작법에 얽매이지 않는, 독일 고유의 극문학 양성이 중대 과제였기 때문이다. 오늘날 드라마투르기는 극작법뿐만 아니라, 텍스트에서 무대로 전환되는 과정에 주목하기 때문에 관객과의 관계, 연출, 조명 등 모든 요소와 연관된 개념이다. 알랭 샹봉이 말한 것처럼, 시노그라피를 작가 정신의 연장선으로 보든(즉 드라마투르기의 첫 번째 의미를 강조하든), 크리스토프 우브라르처럼, 공연의 담론을 넘어서는 "고유의 자율성"을 시노그라피에 부여하며 드라마투르기의 두 번째 의미를 강조하든, 드라마투르기 없는 시노그라피는 없다.

2. **화려하지만 고독이 느껴지는 장소**cabinet superbe et solitaire
화려함과 반대되는 형용사 '고독한'을 어떻게 번역해야 할지 고민했다. 고독한 장소는 없다. 단지 고독이 느껴지는 장소가 있을 뿐이다. 라신은 모든 등장인물이 모이고 흩어지는 장소를 두 주인공(티투스와 베레니스)이 머무는 처소, 그 사이에 있는 상징적 공간으로 제시한다. 예전에는 티투스가 비밀을 털어놓고 베레니스에게 사랑을 고백한 장소지만, 이제는 결별을 통보해야 하는 장소, 베레니스도 안티오쿠스도 연인을 떠나보내야 하는 장소로, 각자 자신의 생각을 정리하며 내면으로 침잠하는 공간이다. 개인적·내면적 공간이라는 점에서 작가가 '고독한'이라는 수식어를 썼다고 생각한다. 작품의 배경인 로마가 상징하는 명예, 명예가 함축하는 공공의 질서를 대변하는 밖의 공간과 대립된 공간으로, 작품에 등장하는 세 주인공 모두 뿔뿔이 흩어져야 함을 암시한다.

3. **세계연극축제**théâtre des Nations

세계대전으로 인한 상처를 연극으로 치유하고, 프랑스 국민의 일체감을 불러일으키고자 1947년 아비뇽 축제가 시작되었듯이, 타문화에 대한 이해를 바탕으로 국제 사회의 연대감을 조성해야 한다는 인식에서 세계연극축제가 파리에서 열린다. 1954년부터 1975년까지 브레히트, 브룩, 스트렐러, 그로토프스키, 베르히만 등 20세기 후반 유럽 연극을 이끈 거장들의 작품을 소개하고, 동양 전통극(일본의 노, 인도의 카타칼리, 중국의 경극…)을 알린다.

4. **암탉-여신**poules-déesses

풀poole은 프랑스어로 암탉을 의미하는데, 속어로 여자 또는 창녀를 지칭하기도 한다. 자코메티는 그의 예술 세계에 남다른 관심을 기울인 장 주네에게 다음과 같은 말을 남긴다. "거리에서 산책하면서 멀리 옷을 잘 차려입고 지나가는 여자를 보면, 그저 여자로 보이지. 그런데 내 방에서 벗은 몸으로 있을 때, 여신으로 보여(Jean Genet, *L'Atelier d'Alberto Giacometti,* Gallimard, 2007)."

5. **세노그라퇴르**scénogratteur

두 용어(세노그라피scénographie+긁는 사람gratteur)의 합성어다. 프랑스어 세노그라피scénographie의 그라피graphie는 '쓰다'를 의미하는 고대 그리스어 'graphein'에서 파생된 말이다. 한편, 쓰다écrire는 라틴어 'scribere'(문자를 남긴다)에서 파생된 단어다. 돌에 새기거나 나무껍질을 도려내어 글을 썼던 당시 상황을 반영하듯 '긁다', '도려내다'와 비슷한 말이다. 따라서 세노그라퇴르는 '그라피'의 어원, 즉 무대에서 글 쓰는 행위의 의미를 생각하게 한다.

6. **이태리 무대**

이태리 극장을 모델로 18세기부터 유럽에 확산된 극장 유형으로, 환영을 추구하는 무대 양식을 일컫는다. '닫힌 무대', '사진틀 무대', '마술 상자' 등 다양한 명칭으로 불린 이태리식 무대는 마술처럼 순간적으로 장면 변화가 가능하다. '위대한 마법사'로 불린 이탈리아 건축가 토렐리는 오페라 「오르페오*Orfeo*」(1647, 파리 팔레 루와얄)에서 40여 명을 공중에 날게 한 장치로 객석을 열광시켰다. 귀족과 부르주아가 즐긴 발레와 오페라의 묘미를 유감없이 드러낸 이태리식 무대는 움직임·변화·화려한 장관을 추구한 바로크 미학의 산물이다. 한편, 18세기 중엽부터 희곡에 구체적으로 제시된 현실, 즉 공간의 묘사와 그 변화를 시각화하려는 모방적 재현의 산물이기도 하다. 그 결과 19세기 말, 육중하게 모습을 드러낸 무대 틀과 무대막은 사실주의 '제4의 벽' 미학의 상징적 지표다. 이처럼 한쪽에서는 마법처럼 관객을 도취시켰다면, 다른 한쪽에서는 무대를 사실처럼 착각하게 하려는 시도가 있었다. 언뜻 보면 상반되지만, '환영'을 추구한 공통분모가 있는 이태리식 무대 양식은 300

년에 걸친 서양연극의 주요 흐름을 대변하기 때문에 역사적 의의가 있다. 그렇지만, 사회계층을 구분하는 객석 구조(칸막이로 분리된 좌석loge, 닭장poulailler이라 불린 꼭대기 좌석…) 및 관객을 수동적으로 만드는 '제 4의 벽' 미학은, 20세기 비사실주의 연극을 지향한 수많은 개혁자들로부터 맹렬한 비판을 받는다.

7. 새로운 공간 모색

무대가 객석 앞에 위치한 정면 무대는 공연장에서 흔히 볼 수 있는 형태다. 1960-70년대 시노그라피의 새로운 지평을 제시한 연극인들(므누슈킨, 비테즈, 폴리에리, 포트라, 리에티, 아감…)은 당연히 받아들여진 정면 무대, 정면 무대가 함축하는 '극장'이라는 공연장을 벗어나 새로운 공간(시청 앞, 버려진 창고, 호텔 방 등 다양한 사회·문화 공간)을 모색한다. 당시 사회 패러다임으로 새롭게 등장한 규범의 해체와 자유에 대한 갈망을 대변하듯, 전통 공간의 개념을 탈피하고 배우와 관객의 새로운 관계 구성을 추구한다. 새로운 관계 구성은 단지 정면무대에서 벗어남을 의미하지 않는다. 수동적 소비문화를 비판한 사회·예술 풍토에서, 관객을 단순한 이미지 소비자가 아니라 창조적 주체로 유도한 다각적 시도다. 시노그라피를 공간의 예술로 끌어올린 점에서 특히 중요하다. 구체적 사례에 대해 「1945년 이후 프랑스 무대미술의 형태미학 - 분산무대를 중심으로」(권현정, 『한국프랑스학논집』, 제50집) 참조.

8. 불르바르극théâtre de Boulevard

불르바르극이라는 명칭은 불르바르boulevard에서 비롯되었다. '불르바르'는 프랑스어로 성벽에 있던 자리에 나무를 심은 산책로, 나아가서 대로를 의미한다. 18세기 중엽부터 불르바르에 공연장이 형성되는데, 특히 파리 서쪽(마들렌Madeleine)에서 동쪽(바스티유Bastille)으로 이어지는 길에 극장이 집중되어 있었다. 코메디 프랑세즈나 정부에서 지원을 받은 극장과는 달리 오락적이고 대중의 호응을 얻은 장르(멜로드라마, 보드빌, 판토마임…)가 주로 공연되었다. 그런데 19세기 후반 오스만이 파리 시가지를 정비함에 따라 극장 대부분이 철거되어 자취를 감춘다. 불르바르극은, 불르바르에 위치한 극장에서 공연된 작품처럼 폭넓은 관객층의 호응을 얻은 장르다. 과장된 효과, 반전, 언어유희 등으로 대중에게 쉽게 다가가며 사랑, 결혼, 가족 같은 사생활을 주로 다루었다. 1870년에서 1930년 사이에 성행하였는데, 대표 작가로 페도, 기트리, 쿠르틀린, 바타유 등이 있다.

9. 세를리오와 크레이그의 구상

로마의 건축가 비트루비우스가 제시한 장르별 무대유형을 토대로, 르네상스 건축가이자 조각가 세를리오는 무대 좌우에 원근법에 의거한 실물 장치(집, 상점, 서원, 궁궐, 숲의 나무)를 세워, 보다 입체적으로 배경을 만든다. 원근법 무대를 발전시킨 세를리오는 어떻게 하면 입체적 배경장치와 배우의 몸이 사실적으로 어울릴 수 있는지 고민하는데, 배우가 세트 앞으로 가까이 가면, 척도가 맞지 않아 환영이 깨지기 때문에 배우의 연기 영역을 앞 무대로 제한한다. 세를리오의 해결책은 한계가 있었지만, 무대에 입체적으로 배경을 설치하고, 배우의 몸과 세트의 조화를 고민했다는 점에서 의의가 있다. 비테즈 연출의 「햄릿」에서 코코스는 하얀 기둥으로 깊이감이 느껴지는 공간을 만들고, 앞 무대를 극중극 무대로 사용하며 세를리오를 인용한다. 동시에 막힘과 트임, 가려짐과 드러남으로 비가시적 세계와 가시적 세계가 공존하는 듯한 공간을 만든다. 햄릿을 수없이 구상하며 크레이그가 추구한, 상징과 추상이 어우러진 공간, 빛과 그림자,

선과 색깔로 암시된 공간이 엿보인다.

10. **고대 그리스 스케네**

스케네는 배우의 대기실로 천막에서 목조 가건물, 그리고 낮은 목·석조 건축물로 발전했다고 전해진다. 초기에는 문이 하나였지만, 기원전 5세기부터 세 개가 있었다고 한다. 중앙에 '왕의 문'이라 불린 큰 문이 있었고, 평화를 의미하는 오른쪽 문과, 위협을 의미하는 왼쪽 문이 있었다고 하지만, 의견은 분분하다. 다만, 중앙에 시체를 실은 엑시클리마로 불린 장치가 나올 수 있을 정도로 큰 문이 있었다는 점에는 많은 학자들이 동의한다. 중요한 것은 스케네가 배우의 등퇴장에 따른 기능적 장치에 그치지 않고, 상징적 요소였다는 점이다. 비극의 배경이 주로 궁궐 앞 또는 사원 앞인 것처럼, 스케네 앞에서 공연이 펼쳐졌다. 즉 스케네 벽면은 궁궐이나 사원 벽으로, 스케네 뒤는 사건이 일어나는 장소로 간주되었다. 당시 무대는 오늘날처럼 행위가 펼쳐지는 장소가 아니었다. 행위는 무대 밖, 스케네 너머 보이지 않는 곳에서 일어나고, 기 라세가 언급한 것처럼 "비통한 자신의 운명을 관객에게 들려주고 각자 자신의 주장을 말하기 위해 등장인물 모두 공공의 장소, 아고라로 나온다(Guy Rachet, *La Tragédie grecque*, Payot, 1973, p.169)." 그리스 극장 무대는 아고라의 변형된 형태다. 행위 자체를 보여주기보다는 행위에 따른 성찰을 촉구한 그리스 비극, 신화의 세계와 인간의 세계를 연결하며 운명과 평화, 질서에 대한 성찰을 이끌어낸 고대 그리스 비극의 특징을 안과 밖, 가시와 비가시의 경계선인 스케네의 상징성에서 엿볼 수 있다.

11. **팔라디오식 건물**

팔라디오와 스카모치는 현존하는 가장 오래된 르네상스 극장, 비첸차에 있는 테아트로 올림피코Teatro Olimpico를 남겼다. 페두지는 팔라디오를 인용한, 르네상스 양식의 건물 정면을 바닥에 눕혀 놓은 무대를 구상한다. 반면, 배경은 아비뇽 교황청 벽면으로 엘시노어 성이 연상된다. 이처럼 중세에서 르네상스로 넘어가는 과정에서 탄생한 비극 「햄릿」을 공간 구성으로 형상화한다. 관객 쪽에서 보았을 때 거꾸로 눕혀져 있는 벽면은 마치 펼쳐져 있는 책처럼 보이기도 한다. 벽면의 기둥이 올라가고 내려가면서, 햄릿 주변에 널려 있는 덫을 만든다. 테아트로 올림피코 무대의 다섯 개 문 뒤로 쭉쭉 뻗어나간 길처럼, 벽면을 세우면 기둥 뒤로 끝없이 미로가 펼쳐질 것 같은 느낌을 준다. 나아가, 이제는 페이지를 넘길 시기임을, 곧 '일어날' 르네상스 시대의 도래를 시노그라피로 암시하고 있다.

12. **주드폼 극장**Théâtre de Jeu de Paume

폼paume은 프랑스어로 손바닥을 의미한다. 맨손이나 장갑을 끼고 공을 주고받다가, 나중에 라켓을 사용한 경기로 테니스의 전신이다. 길이에 비해 폭이 좁은 폼 경기장을 개조해 17-18세기에 극장으로 이용했다. 엑상프로방스의 주드폼은 실제로 루이 14세가 폼 경기를 한 장소로, 여러 차례에 걸쳐 개조가 된 역사적 기념물이다.

13. **자유로운 극**théâtre en liberté

루이 나폴레옹의 쿠데타로 제2공화정이 막이 내리면서 위고는 유배를 떠나고 그의 희곡은 공연이 금지된다. 「개입L'Intervention」, 「1000프랑의 보상」, 「그들은 먹을 것인가?Mangeront-ils?」 등 유배지에서 공연을 고려하지 않고 테마와 형식에서 자유로운, 일명 '자유극'을 집필한다.

14. 1948년 대주교구 안뜰cour de l'Archevêché에서 모차르트의 「여자는 다 그래Cosi fan tutte」로 엑상프로방스 오페라 축제가 시작한다. 아비뇽 교황청

안마당이 연극의 대명사인 것처럼, 대주교구 안 뜰은 세계 오페라 축제의 대명사다.

15. **우려낸 연극** théâtre infusé
2010년 프랑수아 들라로지에르와 극단 기계가 선보인 「식물 탐험대」가 프랑스 북동부 작은 마을, 메츠 중심 광장에서 나흘간 지속되었을 때, 마르셀 프레드퐁이 언급한 표현이다. 차를 우려내듯 공공장소에서 관객과 교류하며 장시간 '우려낸 연극'으로, 관객과 함께 만드는 과정에 중요성을 부여한다.

16. **도시 속 연극** théâtre urbain
예를 들면, 프랑수아 들라로지에르의 「섬 기계」는 예전에 배를 만든 작업장이었던 샹티에 공원 안, 낭트 섬 Île de Nantes에 전시되어 있다. 낭트 섬은 루아르 강을 끼고 섬처럼 위치한 구역으로, 1994년 루아르 강변의 세 구역을 연결하여 낭트 도시를 활성화하자는 취지에서 기획된다. 「섬 기계」 프로젝트는 낭트 관광기획사업의 일환으로, 2007년에 처음 선보인다. 현재 지역공사인 '낭트 여행 Le Voyage à Nantes'이 운영하고 있다.

17. **그림상자 극장** théâtre d'optique
원근법에 입각하여 새겨진 동판화나 그림을 상자 안에 넣어, 연극을 감상하듯 보게 한 시각 장치다. 일반적으로 유럽 대도시, 궁궐, 역사적 사건, 신화, 종교적 주제를 생생하게 그려 감탄을 자아냈다고 한다. 특히 18세기에 유행했는데, 귀족과 부르주아가 향유한 살롱 문화에서만이 아니라 장터에서 흥행한 대중적 볼거리였다고 전해진다.

18. 1920년 파리 트로카데로궁에 자리한 국립민중극장 개막공연으로, 당시 극장 대표 피르맹 제미에가 선택한 작품도 「뤼 블라스」(1838)다. 3년 간의 개보수 후 2011년, 빌뢰르반 국립민중극

장 개막공연으로 위고의 작품을 선택한 것은 우연이 아닐 것이다. 무대 바닥과 벽, 천장을 동일하게 처리한 것은 단순한 미학적 통일로 그치지 않고, 연극으로 사회의 모순점을 드러내기 위함이다. 자유를 부르짖은 위고의 정신을 전하며, 일체감을 형성할 수 있는 진정한 대중극이 무엇인지 질문하고 있다.

19. **뷔상** Bussang **민중극장** Théâtre du peuple
뷔상 민중극장이 신화적 장소인 이유는 20세기 연극의 화두인 대중극의 시작을 알렸기 때문이다. "예술로, 인간을 위해"라는 좌우명에서 나타나듯, 작가이자 비평가인 모리스 포테세는 계층과 연령에 상관없이 모든 사람들에게 열려 있는 연극을 꿈꾸고, 1895년 고향인 뷔상 산허리에 조촐한 야외무대를 만들어 첫 공연을 한다. 단 한 번의 공연이었는데 2000명의 관객이 모였다. 작가의 가족과 마을 주민, 주변 공장의 노동자들이 배우로 참여한 공연으로, 아마추어와 프로가 함께 만들었다는 점에서도 의의가 있다. 뷔상 민중극장이 신화적 장소인 이유는 또한 19세기 말, 대도시 중심에 몰려 있던 공연장과는 달리, 프랑스 북동부 로렌 지방, 보주 산맥을 끼고 있는 작은 마을에서 관객과 호흡하는 '살아 있는' 연극을 시도한 점에 있다. 지금은 1000명을 수용할 수 있는 실내극장이지만, 무대 안쪽 문을 열 수 있어, 예전처럼 자연 경치를 감상할 수 있다. 사실, 감상이라는 표현은 적절하지 않다. 열린 문은, 자연과 인간이 어우러지듯, 예술에 의해 하나로 어우러질 수 있는 대중극의 정신을 상징한다.

20. **페르바지프** pervasif
신조어 페르바지프는 영어로는 퍼베이시브 pervasive, 이탈리아어로는 페르바지보 pervasivo다. 모두 라틴어 어간 'pervas'가 공통적으로 사용되

었는데, 스며들다·번지다·침투하다를 의미하는 라틴어 pervādo의 과거분사 pervāsus에서 파생되었다. 유비쿼터스 컴퓨팅 개념처럼, 장소의 제약 없이 사물을 다룰 수 있는 환경을 의미한다.

21. **가상현실 시스템**CAVE

Cave Automatic Virtual Environment. 3면과 바닥, 천장에 영상을 투영하는 가상현실 공간이다. 「공기의 움직임」은 라이브로 투영된 디지털 영상의 다양한 풍경 속에 무용과 곡예를 접목시켜 중력에서 벗어난 듯, 공기처럼 자유로운 몸을 연출한다.

22. 물통으로 채워진 공간이 어떻게 비어 있음을 만들까? 항해를 하는 과정에서 죽음에 직면하며 깨달음에 이르는 과정을 담은 콜리지의 서사시 「늙은 선원의 노래」를 연극으로 만들면서, 바다와 술집의 공통점을 찾는다. 콜리지가 그린 죽음의 바다처럼, 술집에서 종종 치열하게 물고 늘어지는 죽음의 그림자를 본다고 연출가는 말한다. 양어장 같은 무대에는 물통들이 즐비하게 놓여 있다. 내재된 기계장치로 물결이 일면서 전체가 출렁이는 바다 느낌을 자아내기도 하고, 스탠드 바로 사용된다. 한편, 즐비하게 놓여 있는 사각 물통은 일렬로 정렬된 묘지처럼 보인다. 죽음의 공간(바다. 술집, 묘지)을 은유적으로 표현한 점에서 비어 있는 공간이다.

23. 자기 자신을 롤모델 그리스도로 착각하는 환자의 이름에서 정체성이 분열되었음이, 아니면 분열되지 않을 수 없음이 나타난다. 무아-뤼Moi-Lui는 프랑스어로 각각 '나'와 '그'를 의미하는 강세인칭대명사다. 예수로 자칭하는 정신분열증 환자를 치유하는 간호사의 이름, 장Jean에서 '십자가의 성 요한Saint Jean de la Croix'이 자연스럽게 떠오른다. 따라서 장의 'passion'은 사랑이나 열정보다는 '수난'의 의미로 와 닿는다.

24. 「**웃고 난 후에***Dans l'après-rire*」

로라 잉걸스 와일더의 소설을 각색하여 마이클 랜던이 연출한 TV 연속극 「초원의 작은 집 *La petite maison dans la prairie*」(원제: Little House on the Prairie)에서 영감을 받은 작품이다. 제목 '당 라프레리르Dans l'après-rire'를 '웃고 난 후에'로 직역할 수 있다. 불필요한 전치사 'Dans'을 삽입함으로써, 청각적으로 '당 라프레리dans la prairie'(초원에서)와 비슷하게 들린다. 원작이 떠오르는, '초원에서 웃고 난 후에'로 들리는 제목이다.

역자후기

우리에게 아직 낯선 '시노그라피', '시노그라퍼'는 신조어가 아니다. 고대 그리스 및 로마, 르네상스 시대에 사용한 연극 용어로, 17세기 이후 점차 쓰이지 않다가 20세기 후반 프랑스를 비롯한 유럽에 다시 등장한다. 프랑스에서는 무대미술을 '데코라시옹décoration' 또는 '데코르décor'라고 일컬었는데, 1960년대 평론가 드니 바블레는 이러한 용어가 시대에 뒤떨어졌다고 주장하여 파장을 일으킨다. 이 책 서문에 인용되었듯, 요세프 스보보다는 무대미술을 지칭하는 각 나라의 용어를 예로 들며, '시노그라피'가 가장 적절한 용어라고 설명한다. 그런데 세월에 묻혔던 단어가 다시 등장하고, 용어를 둘러싼 논란이 일어난 이유는 무엇일까?

　우선 연극사에서 시노그라피가 어떤 의미였는지 살펴볼 필요가 있다. 고대 그리스어 'skênographia'는 두 단어(skênê+graphein)의 합성어로, '스케네에 그림을 그리는 기술'을 의미한다. 문헌에 따르면, 배우의 대기실이었던 스케네(역주10 참고)에 직접 그림을 그리지는 않았지만, 대형 화판에 간략하게 장소를 묘사한 그림을 스케네 외벽에 걸고 공연했다. 주목할 점은 시노그라피와 건축의 연관성이다. 즉 서양 연극사가 출발한 기원전 5세기 시노그라피는 스케네를 전제로 한다. 그리스어에서 파생된 라틴어 'scenographia'는 입체 단면도를 의미하는 건축 용어이기도 하다. 그리스 극장을 참조하며 로마 극장 양식을 제시한 비트루비우스는

『건축론』(제5권)에서 공간지각능력인 시노그라피를 건축가의 자질로 평가한다. 시노그라피와 건축의 밀접성은 '건물, 풍경 등을 원근법으로 배치하는 기술'이란 의미로 사용한 이탈리아 르네상스 시대로 이어진다. 이처럼 건축과 무대미술은 과거에 분리된 개념이 아니었다. 르네상스 건축가(S. Serlio, B. Peruzzi, N. Sabbatini…)들이 무대미술을 담당한 점에서, 유럽 각 지역으로 건축과 무대미술 발전에 지대한 영향을 끼친 비비에나 일가의 활동에서도 두 분야의 밀접성이 나타난다. 그런데 18세기에 편찬된 트레부Trévoux 프랑스어·라틴어 사전에 시노그라피는 '무대장식을 그리는 기술'로 정의된다. 건축 개념이 아닌 회화적 의미만 강조된 점에서 무대를 장식한 배경 화폭의 역할이 중요했음을 알 수 있다. 무대미술의 회화적 측면은 주로 화가가 무대미술을 담당한 19세기에 더욱 고조된다. 이러한 상황과 맞물려 나타난 모방·사실주의의 여파로, '치장하다/꾸미다décorer'(라틴어 decorare)에서 파생된 '데코라시옹', '데코르'라는 용어가, 시노그라피 대신 프랑스에서 널리 쓰인다.

　드니 바블레가 '데코르'를 낡은 유물의 잔재라고 단정한 이유는 단어가 함축하는 회화적·장식적·부수적 의미가 현대 연극의 방향과 괴리가 있다고 생각했기 때문이다. 현대적 의미의 무대미술은 작품을 공간으로 표현하고, 관객과 배우의 새로운 관계를 모색한다. 무대미술에 부여한 창조적 · 건축적 개념과 더불어 건축과 밀접하게 관련 있는 시노그라피 용어가 재등장한다. 텍스트의 지문을 단순하게 묘사하는 수동성에서 벗어나, 연기 공간을 만드는 기능성을 넘어, 작품에 대한 관점이 건축적 공간구성으로 표출되는 창조적 작업임을 '시노그라피'로 표명한 것이다. 1996년 국립현대미술관《올해의 작가전》에 무대미술가 윤정섭이 선정되자 한국평론가협회에서 문제제기를 하면서 논란이 일었다. 그러나 결과적으로 무대미술도 미술과 동등한 예술임을 표명한 중요한 계기가 된 것처럼, 1960-70년대 프랑스에서 시노그라피 용어를 둘러싼 논쟁은 무대미술의 개념과 가치의 변화를 시사한다. 현대 프랑스 연극에서 '데코르'란 용어는 사라지지 않았다. 그러나 데코르는 더 이상 부차적 의미가 아니다. 이제는 용어를 두고 문제 삼지 않을 만큼, 프랑스 연극의 원동력으로 재탄생한 시노그라피는 '공간의 드라마투르기'로 당당하게 자리매김했다.

오렐리앙 보리는 "시노그라피로 드라마투르기를 제시해야 한다"라고 주장한다. 시노그라피를 정의한 글에서 빈번하게 등장하는 표현은 공간과 더불어 드라마투르기, 텍스트 또는 작품이다. 각 시노그라퍼를 비평한 글에서도 드라마투르기와 연관된 텍스트라는 용어가 자주 나온다. 가능한 희곡으로 번역하긴 했지만 무대화된 특정 작품을 지칭할 때도, '희곡'이라는 표현 대신 '텍스트'라고 말하며, 씨실과 날실의 짜임으로 생각거리를 던져주는 텍스트의 어원적 의미를 은연중에 전달한다. 글로 표현되지 않아도, 공연의 프로젝트가 있는 한 '텍스트'가 있다고 전제하며, 시노그라피가 예술의 한 분야지만 자율적 예술 활동은 아니라고 대부분 생각한다. 지난 40년간, 프랑스에서 거듭 발전한 시노그라피의 미학적 흐름을 57명의 작품 세계에서 엿볼 수 있듯, 유럽 연극의 뿌리 깊은 인문학의 전통과 해석의 정신이 느껴지는 이유다. 탄탄한 프랑스 연극 전통, 그 주춧돌에 인문학 특히 극문학이 있지 않을까?

이 책은 구성의 독특함으로 보고 읽는 재미를 더해준다. 공연 이미지로 앞뒤를 유추해보며 이야기의 흐름을 상상할 수 있다. 시노그라피에 대한 비슷하면서도 다른 관점을 읽을 수 있으며, 같은 작품을 어떻게 해석하는지 차이점을 비교할 수 있다. 기존 용어인 무대미술로 번역된 데코르와 시노그라피 용어에 대한 견해 차가 있는지 비교 가능하다. 각 시노그라퍼를 대표하는 상징적 작품에 가급적 원제를 병기했고 작품명이 원제와 차이가 있는 경우, 예를 들면 브레히트의 「행복한 한스」가 프랑스어로 「운이 좋은 장」으로 번역된 경우, 두 제목 모두 병기했다. 원서에는 시노그라퍼 색인만 있지만, 번역서에 전체 인명 색인을 넣어 공연계 주요 인물을 찾아보기 쉽다. 연극·오페라·영화뿐만 아니라 박물관, 전시회, 이벤트, 도시 조경 사업 등 관객을 필요로 하는 다양한 분야에서 '공간구성가'로 활약하는 양상이 특히 첨부된 약력에 명시되어 있어, 시노그라퍼를 꿈꾸는 이들에게 고무적이다.

"나는 눈에 보이는 것을 '보지' 않는다. […] 본다는 것은 자신의 시선으로 상상하는 행위다"라고 다니엘 잔토는 말한다. 57명의 시노그라퍼가 남긴 주옥같은 글과 이미지 또한 독자에게 상상의 문을 활짝 열어 놓고 있다. '무엇이 보이나요?', '어떻게 우리의 삶을, 이 세상을 바라봅니까?'라고 질문하며 우리의 창의력을 자극한다. 이 책을 번역하면서 느낀 행복을 전하고 싶다.

2017년 1월
권현정

참고문헌
2000년 이후 출판된 시노그라피 연구 서적

Richard Peduzzi, *Là-bas c'est dehors*, Actes Sud, 2014

Qu'est-ce que la scénographie?, vol. II, ouvrage dirigé par Luc Boucris, Marcel Freydefont, Véronique Lemaire et Raymond Sarti, revue *Études théâtrales*, Louvain-la-Neuve, 2013.

Qu'est-ce que la scénographie?, vol. I, textes réunis par Daniel Lesage et Véronique Lemaire, revue *Études théâtrales*, Louvain-la-Neuve, 2012.

La Scénographie, Théâtre aujourd'hui, Scérén éditeur CNDP-CRDP, Paris, 2012.

Peter McKinnnon, Eric Field, *World Scenography (1975-1990)*, OISTAT, 2012. (1990-2009), OISTAT, 2014.

Robert Abirached (direction), Jean-Pierre Sarrazac, Gérard Liéber, Béatrice Picon-Vallin, Jean-Loup Rivière, Marcel Freydefont, Denis Guénoun, *Le Théâtre français du XXe siècle*, anthologie de l'Avant-Scène Théâtre, Paris, 2011. (Marcel Freydefont : "Du décor à la scénographie" avec un cahier d'illustrations.)

Luc Boucris, Jean-François Dusigne, Romain Fohr (direction), *Scénographie, quarante ans de création,* éditions de L'Entretemps, Montpellier, 2010.

Claire Lahuerta (textes réunis par), *L'Œuvre en scène, ou Ce que l'art doit à la scénographie.* Revue *Figures de l'art* (2010) n° 18, Presses universitaires de Pau-Aquitaine, 2010.

Luc Boucris, *La Scénographie. Guy-Claude François à l'œuvre,* collection Ex Machina, éditions de L'Entretemps, Montpellier, 2009.

Marcel Freydefont, Danièle Pauly (direction), *Construire pour le temps d'un regard – Guy-Claude François, scénographe,* catalogue de l'exposition du musée des Beaux-Arts de Nantes, éditions Fage, Lyon, 2009.

Stéphane Braunschweig, *Petites portes, grands paysages,* écrits suivis d'entretiens avec Anne-Françoise Benhamou, collection "Le temps du théâtre", éditions Actes Sud, Arles, 2007.

Marcel Freydefont, Petit traité de scénographie, éditions Joca Seria/Le Grand T, Nantes, 2007.

Marcel Freydefont, Dany Porché, *Lectures de la scénographie* (avec des contributions de Chantal Gaiddon, François Tanguy, François Delaroziere, Daniel Jeanneteau), "Carnets du pôle de ressources", éditions

Scérén, CRDP Pays de Loire, Nantes, 2007.

" Faire la lumière ", dossier réalisé par Chantal Guinebault-Szlamowicz, avec Luc Boucris, Jean Chollet, Marcel Freydefont, revue *Théâtre/Public* n° 185, Gennevilliers, 2007.

Jean Chollet, *André Acquart, architecte de l'éphémère,* préface de Laurent Terzieff, éditions Actes Sud, Arles, 2006.

Renato Lori, Le Métier de scénographe, au cinéma, au théâtre et à la télévision, traduit de l'italien par Sarah Bruchez, Gremese, Rome, 2006.
Jacques Poliéri, *Cinquante ans de recherches dans le spectacle,* numéro spécial de la revue d'architecture *Aujourd'hui*, 1958. Réédition en fac-similé, éditions Biro, Paris, 2006.

Scénographie, l'ouvrage et l'œuvre, études réunies par Chantal Guinebault-Szlamowicz, revue *Théâtre/Public* n° 177, Gennevilliers, 2005.

Dany Porché, *Dix rendez-vous en compagnie de Yannis Kokkos,* Actes Sud-Papiers/ANRAT, Arles, 2005.

Jean-Paul Chambas, *Théâtre et peinture*, entretien avec Paul-Henry Bizon & Michel Archimbaud, éditions Actes Sud, Arles, 2004.

Luc Boucris, Marcel Freydefont (direction), *Arts de la scène, scène des arts. Singularités nouvelles, nouvelles identités*, vol. II, *Limites, horizon, découvertes: milles plateaux. revue Études théâtrales* n° 28-29, Louvain-la-Neuve, 2004.

Jean Jourdheuil, *Un théâtre du regard. Gilles Aillaud: le refus du pathos,* éditions Christian Bourgois, Paris, 2004.

Roger Jouan, Alain Baude-Defontaine, *Les Bâtisseurs de rêve. Grands décorateurs de théâtre 1950-1980,* Bibliothèque historique de Paris, 2003.

Pamela Howard, *What is Scenography?*, Routledge, Londres, 2002.

Jacques Poliéri, *Scénographie nouvelle,* n° 42-43, de la revue *Aujourd'hui, art et architecture,* 1963. Nouvelle édition sous le titre *Scénographie. Théâtre, cinéma, télévision* par Jean-Michel Place en 1990, puis en 2002.

Béatrice Picon-Vallin (direction), *La Scène et les Images,* éditions du CNRS, Paris, 2001.

Anne Surgers, *Scénographies du théâtre occidental*, Nathan université, Paris, 2000.

Arnold Aronson, *American Set Design 1,* Theatre Communications Group, New York, 1985.

Ronn Smith, *American Set Design 2,* Theatre Communications Group, New York, 1991.

Transformation & Revelation : UK Design for Performance 2007-2011, Greer Crawley, Londres, 2011.

Martin Laiblin, *Theaterbilder, Bildertheater,* Kohlhammer Stuttgart, 2006.

Katrin Brack, *Bühnenbild/Stages, Theater der Zeit,* Anja Nioduschewski, Berlin, 2010.

Anna Viebrock : *Im Raum und aus der Zeit–Bühnenbild als Architektur/In Space and Marked by Time–Set Design as Architecture,* Taschenbuch.

독일문화원 홈페이지에 활발한 활동으로 두각을 나타낸 독일 시노그라퍼 30명이 소개되어 있음: www.goethe.de.

Georges Banu, Marcel Freydefont, João Carneiro, *Castanheira cenografia,* Caleidoscopo, Lisbonne, 2013.
Katrin Brack, *Katrin Brack Bühnenbild,* Verlag Theater der Zeit, Berlin, 2010.
Kate Burnett, *Make/Believe : UK Design for Performance*

2011-2015, SBTD, 2015.

China Association of Scenography, *Scenography China 2000-2010,* Central Academy of Drama, 2010.

Xóchitl González, *Manual práctico de diseño escenográfico,* Paso de Gato, 2014.

Sodja Lotker, Richard Gough, *On Scenography : Performance Research,* vol. XVIII, n° 3, Routledge, Londres, 2013.

Peter McKinnon, Eric Fielding, *World Scenography 1990-2005,* OISTAT, Taipei, 2014.

Jose Carlos Serroni, *Cenografia Brasileira : notas de um cenógrafo,* JC Serroni, São Paulo, 2013.

인명색인

[ㄱ]

가드너, 허브 Herb Gardner 264

가랑, 가브리엘 Gabriel Garran 84

가르니에, 로베르 Robert Garnier 261

가르시아, 로드리고 Rodrigo Garcia 261

가르시아, 빅토르 Victor Garcia 72, 74

가르시아, 트리스탕 Tristan Garcia 152, 234

가르시아 로르카, 페데리코 Federico Garcia Lorca 260

가르시아발데스, 아리엘 Ariel Garcia-Valdès 118, 272

가리쇼, 알랭 Alain Garichot 152

가메, 파니 Fanny Gamet 252

가벨, 자크 Jacques Gabel 156, 279

가브리엘메스기쉬, 사라 Sarah Gabrielle-Mesguish 269

가스틴, 클로디 Claudie Gastine 92, 252

가오리, 이토 Kaori Ito 210

가토, 기욤 Guillaume Gatteau 264

가티, 아르망 Armand Gatti 34, 261

갈랑, 모리스 Maurice Galland 261

갈로타, 장클로드 Jean-Claude Gallotta 164, 222

갈리 비비에나, 주세페 Giuseppe Galli Bibiena 9

강뉴롱, 크리스티앙 Christian Gangneron 262

개동, 샹탈 Chantal Gaidon 252

개스킬, 윌리엄 William Gaskil 30

게리, 다비드 David Géry 253

겔드로드, 미셸 드 Michel de Ghelderode 276

고골, 니콜라이 Nicolas Gogol 259

고다르, 장뤼크 Jean-Luc Godard 100

고르키, 막심 Maxime Gorki 135, 256, 261, 267

고치, 카를로 Carlo Gozzi 267

고픽, 샤를 르 Charles Le Goffic 154

곤잘레즈, 르네 René Gonzalez 156

골도니, 카를로 Carlo Goldoni 153, 264, 266

골딩, 윌리엄 William Golding 113

괴벨스, 하이너 Heiner Goebbels 12, 13, 140

괴테, 요한 볼프강 폰 Johann Wolfgang von Goethe 119, 255

구노, 샤를 Charles Gounod 265

구드, 장폴 Jean-Paul Goude 262

구리, 디디에 Didier Goury 14, 160, 161, 254, 271, 279

구베르, 조르주 Georges Goubert 269

구세, 장폴 Jean-Paul Gousset 148

귀트만, 로랑 Laurent Gutmann 140, 222, 256

그라프, 로랑 Laurent Graff 277

그랭다, 장루이 Jean-Louis Grinda 172

그로토프스키, 예지 Jerzy Grotowski 281

그롱세프, 마리 Marie Grontseff 253

그륌베르, 장클로드 Jean-Claude Grumberg 84

그루이츠, 네드 Ned Grujic 110

그루버, 클라우스 미카엘 Klaus Michael Grüber 8, 26, 28, 172, 260, 261, 268

그뤼베르크, 클라우스 Klaus Grünberg 13

그리포, 프랑수아 François Gripeau 276

그린, 릴라 Lila Green 42

그린발드, 장크리스티앙 Jean-Christian Grinevald 265

글루크, 크리스토프 W. Christoph W. Gluck 253

기냐르, 티에리 Thierry Guignard 252

기메, 자크 Jacques Guimet 48

기요모, 베르나르 Bernard Guillaumot 252, 267, 268

기트리, 사샤 Sacha Guitry 282

길루아, 피에르 Pierre Guillois 265

[ㄴ]

나지, 조제프 Josef Nadj 160, 162

네르송, 자크 Jacques Nerson 263

네시, 샤를로트 Charlotte Nessi 272

네시, 클로드 Claude Nessi 252

노덤, 팀 Tim Northam 252

노렌, 라스 Lars Norén 188~190, 254, 277

노르데, 스타니슬라스 Stanislas Nordey 132, 257

노바리나, 발레르 Valère Novarina 41, 91, 137

노비초프, 안드레아 Andrea Novicov 257, 266

노빌리, 릴라 드 Lila de Nobili 92

노엘, 자크 Jacques Noël 253

노지시엘, 아르튀르 Arthur Nauzyciel 246, 267

뇌뮐레르, 엘리자베스 Elisabeth Neumuller 253

누가로, 클로드 Claude Nougaro 244

누벨, 장 Jean Nouvel 259, 273

느뵈, 이자벨 Isabelle Neveux 253

니셰, 자크 Jacques Nichet 56, 88, 253, 255, 269, 277

[ㄷ]

다니엘, 스테파니 Stéphanie Daniel 169

다르델, 알렉상드르 드 Alexandre de Dardel 140

다르델, 알윈 드 Alwyne de Dardel 253

다른, 프랑수아즈 Françoise Darne 6, 52, 279

다리외세크, 마리 Marie Darrieussecq 234

다비드, 자크 Jacques David 274

다스테, 카트린 Catherine Dasté 261

다오, 질 Gilles Dao 254

다이아몬드, 재레드 Jared Diamond 266

달, 로알드 Roald Dahl 217

달리, 에마뉘엘 Emmanuel Darley 254

댕트로나, 니노 Nino d'Introna 258

덩트, 크리스티앙 Christian Dente 270

데보, 질베르 Gilbert Désveaux 262

데보르드, 올리비에 Olivier Desbordes 272

데샹, 제롬 Jérôme Deschamps 268, 270, 273

데이, 미셸 Michel Day 253

데이비스, 빌 C. Bill C. Davis 272

데자르트, 제라르 Gérard Desarthe 262

데팡트, 비르지니 Virginie Despentes 234

델피, 알베르 Albert Delpy 275

도나텔로 Donatello 106

도니체티, 가에타노 Gaetano Donizetti 194, 255, 261

도딘, 레프 Lev Dodine 92

도르, 베르나르 Bernard Dort 14

도르무아, 크리스틴 Christine Dormoy 88

도마, 에마뉘엘 Emmanuel Daumas 260

도미에, 오노레 Honoré Daumier 115

도스토옙스키, 표도르 Fyodor Dostoevskii 257, 259, 274

도이치, 미셸 Michel Deutsch 44, 64

두아레크, 토마 르 Thomas Le Douarec 270

뒤라스, 마르그리트 Marguerite Duras 59, 111, 234, 263

뒤마, 알렉상드르 Alexandre Dumas 261

뒤몽, 알랭 Alain Dumont 253

뒤바, 피에르 Pierre Duba 164

뒤부아, 미셸 Michel Dubois 269

뒤샹, 마르셀 Marcel Duchamp 26

뒤슈맹, 카미유 Camille Duchemin 254

뒤아멜, 앙투안 Antoine Duhamel 85, 274

뒤콩세유, 프랑수아 François Duconseille 254

뒤트레, 장자크 Jean-Jacques Dutrait 268

뒤팽, 마르크올리비에 Marc-Olivier Dupin 170

뒤퐁, 다니엘 Daniel Dupont 152

뒬리외, 자크 Jacques Dulieu 80

드고스, 세실 Cécile Degos 254

드니, 다니엘 Daniel Denis 255

드레, 자크 Jacques Deray 96

드로슈, 장 Jean Deloche 256

드루오, 장클로드 Jean-Claude Drouot 269

드마르, 필리프 Philippe Demard 255

드마르시모타, 에마뉘엘 Emmanuel Demarcy-Mota 136

드망자, 카미유 Camille Demangeat 259

드미, 자크 Jacques Demy 96, 261

드보슈, 피에르 Pierre Debauche 275

드뷔시, 클로드 Claude Debussy 265

드빌, 롤랑 Roland Deville 254

드세, 나탈리 Natalie Dessay 143, 194

드우브, 클레르 Claire Dehove 254

드폴, 쥐디스 Judith Depaule 275

드플랑, 다니엘 Daniel Depland 263

들라로지에르, 프랑수아 François Delarozière 144~146, 274, 279, 284

들라마르, 토마 Thomas Delamarre 275

들라모트, 뮈리엘 Muriel Delamotte 254

들라보, 기욤 Guillaume Delaveau 255, 257

들레그, 필리프 Philippe Delaigue 260, 276

들르탕, 시몽 Simon Deletang 246

디드로, 드니 Denis Diderot 49

디드리, 에릭 Éric Didry 272

디디에, 제라르 Gérard Didier 56, 57, 279

디딤, 미셸 Michel Didym 254, 274

디베레스, 카트린 Catherine Diverrès 164, 253, 275

[ㄹ]

라가르드, 뤼도비크 Ludovic Lagarde 246

라겔뢰프, 셀마 Selma Lagerlöf 275

라로슈, 미레유 Mireille Larroche 269

라로슈, 피에르 Pierre Laroche 256

라뤼, 장피에르 Jean-Pierre Laruy 263

라르잠, 케르딘 Kheïreddine Lardjam 254

라리크, 쉬잔 Suzanne Lalique 252

라메, 프랑카 Franca Rame 257

라무뢰, 에릭 Éric Lamoureux 272, 276

라베, 이브 Yves Ravey 51

라벨리, 조르주 Jorge Lavelli 34, 36, 263, 265

라보, 장바티스트 Jean-Baptiste Lavaud 255

라보당, 조르주 Georges Lavaudant 118, 253, 258

라뵈, 장미셸 Jean-Michel Rabeux 263

라브네르, 브뤼노 드 Bruno de Lavenère 255

라브뤼스, 외드 Eudes Labrusse 255

라블레, 프랑수아 François Rabelais 239, 271

라비뉴, 브누아 Benoît Lavigne 265

라비슈, 외젠 Eugène Labiche 164, 253, 272, 277

라비시, 라티파 Latifa Laâbissi 256

라빌, 피에르 Pierre Laville 275

라살, 자크 Jacques Lasalle 48, 172, 180, 252, 255, 266, 269, 271, 272, 275

라샹브르, 브누아 Benoît Lachambre 262

라세, 기 Guy Rachet 283

라스킨, 미셸 Michel Raskine 260

라신, 장 Jean Racine 28, 68, 95, 164, 192, 266, 270

라이트, 니컬러스 Nicholas Wright 253

라자르, 뱅자맹 Benjamin Lazar 261, 271

라자리니, 안마리 Anne-Marie Lazarini 271

라지에, 베르나르 Bernard Lagier 260

라츠, 크리스티앙 Christian Rätz 255

라카스카드, 에릭 Éric Lacascade 264, 265

라코르느리, 장 Jean Lacornerie 255

라크루아, 크리스티앙 Christian Lacroix 169

라크탱, 장크리스토프 Jean-Christophe Lanquetin 254

라트만스키, 알렉세이 Alexeï Ratmansky 272

라파르그, 로랑 Laurent Laffargue 266, 272

라파엘리, 미셸 Michel Raffaelli 8, 14, 34, 35, 266, 279

란프랑크, 소피 Sophie Lannefranque 259

랄루아, 알리스 Alice Laloy 270

랑가드, 클레르 Claire Rengade 260

랑고프, 마티아스 Matthias Langhoff 114, 116, 255, 262

랑베르, 질 Gilles Lambert 264

랑베르, 파스칼 Pascal Rambert 164

랑시아크, 프랑수아 François Rancillac 176

랑클, 카트린 Catherine Rankl 255

랑팔, 자크 Jacques Rampal 180

랜던, 마이클 Michael Landon 285

레네, 마르크 Marc Lainé 218, 219

레만, 한스티스 Hans-Thies Lehmann 12, 13

레바, 앙드레 André Reybaz 30, 254

레베크, 기욤 Guillaume Lévêque 268

레비, 베르나르 Bernard Lévy   259

레비, 프리모 Primo Levi   163

레비탄, 이사크 Isaac Levitan   158

레빈, 하녹 Hanokh Levin   257

레센, 베르나르 Bernard Reichen   271

레스코, 다비드 David Lescot   253

레싱, 고트홀트 에프라임 Gotthold Ephraim Lessing   280

레오나르도 다 빈치 Leonardo da Vinci   100

레이시, 제니퍼 Jannifer Lacey   256

레이제르, 모슈 Mosche Leiser   255, 272

레지, 클로드 Claude Régy   44, 96, 164, 219, 257~260, 268, 271, 272

레칼카티, 안토니오 Antonio Recalcati   9, 26, 268

레토레, 기 Guy Rétoré   252, 264

레하르, 프란츠 Frantz Lehar   254, 272

로, 앙투안 Antoine Rault   263

로그, 에두아르 Édouard Laug   255, 264

로네, 미셸 Michel Launay   14, 72, 279

로니, 자크 Jacques Rosny   257

로댕송, 프랑수아 François Rodinson   274

로랑, 크리스틴 Christine Laurent   26, 256

로랑, 필리프 Philippe Laurent   257

로로, 나디아 Nadia Lauro   256

로르모, 니콜라 Nicolas Lormeau   272

로리뒤퓌, 마티외 Mathieu Lorry-Dupuy   256

로망, 피에르 Pierre Romans   152

로메르, 에릭 Éric Rohmer   148

로베르, 엘렌 Hélène Robert   271

로베르, 필리프 Philippe Robert   271

로샤르, 드니 Denis Rochard   274

로셀, 도리앙 Dorian Rossel   270

로숑, 마갈리 Magalie Lochon   256

로슈, 스테판 Stéphane Roche   255

로슈티, 비르지니 Virginie Rochetti   256

로스네르, 자크 Jacques Rosner   277

로스탕, 에드몽 Edmond Rostand   169

로스탱, 미셸 Michel Rostain   192

로스펠데르, 장피에르 Jean-Pierre Rossfelder   267

로시니, 자오키노 Giaochino Rossini   125, 268

로아, 데아 Dea Loher   260

로익, 스테파니 Stéphanie Loïk   266

로젤로, 로베르토 Roberto Rosello   257

로즈, 미리암 Myriam Rose   257

로즈, 미셸 Michel Rose   262

로지에, 다니엘 Danièle Rozier   6, 10, 16, 110, 279

로차이트, 이베트 Yvett Rotscheid   257

로카, 마리 라 Marie La Rocca   257

로카모라, 캐럴 Carol Rocamora   92

로크, 크리스토프 Christophe Rauck   242

로타, 니노 Nino Rota   277

로트루, 장 드 Jean de Rotrou   82

로티, 베르나르 Bernard Lotti   152, 257

로파르츠, 조제프기 Joseph-Guy Ropartz   154

로페스, 올리비에 Oliver Lopez   257

로프퀴르발, 쥘리 Julie Lopes-Curval   267

로하스, 페르난도 데 Fernando de Rojas   36

론코니, 루카 Luca Ronconi   44, 172

롤카, 드니 Denis Llorca   263

롱, 디디에 Didier Long   253

롱생, 앙드레 André Loncin   266

루, 마리오딜 Marie-Odile Roux   257

루사, 세실 Cécile Roussat   261

루세, 에밀리 Émilie Rousset   246

루소, 마리 Marie Rousseau   83

루소, 소피 Sophie Rousseau   263

루스, 조르주 Georges Rousse   240

루시용, 장폴 Jean-Paul Roussillon   259

루아, 에마뉘엘 Emmanuelle Roy   8, 234

루아, 에밀리 Emilie Roy   257

루아레트, 앙리 Henri Loyrette   100

루아슈몰, 에르베 Hervé Loichemol   254, 264

루아예, 나탈리 Natalie Royer   259

루아이용, 르네 René Loyon   180, 274

루아쟁, 티에리 Thierry Roisin   176, 256, 271

루안, 마들렌 Madeleine Louarn   218

루앙, 브리지트 Brigitte Rouan   254

루이소이, 메흐멧 Mehmet Ulusoy   72, 73, 261

룩셀, 안로르 Anne-Laure Rouxel   268

룩셀, 자크 Jacques Rouxel   252

룩셀, 크리스토프 Christophe Rouxel   256

룰로, 레몽 Raymond Rouleau   252, 261

룰리에, 크리스티앙 Christian Rullier   273

뤼벡, 쥘리앙 Julien Lubek   261

뤼세르, 필리프 Philippe Lüscher   254

뤼즈, 디디에 Didier Ruiz   266

뤼프, 에릭 Éric Ruf   168, 279

뤼프, 장이브 Jean-Yves Ruf   226

르네, 알랭 Alain Renais   96

르노, 마들렌 Madeleine Renaud   97

르노, 모리스 Maurice Regnaut   266

르노, 아니타 Anita Renaud   258

르노르망, 앙리르네 Henri-René Lenormand   255

르도네, 마리 Marie Redonnet   271

르리슈, 니콜라 Nicolas Leriche   164

르리슈, 오렐리앙 Aurélien Leriche   258

르마이외, 다니엘 Daniel Lemahieu   42

르메르, 베로니크 Véronique Lemaire   279

르메르, 클로드 Claude Lemaire   6, 80~82, 266, 279

르무안, 장르네 Jean-René Lemoine   222

르방, 마르크 Marc Lebens   269

르보 모랭, 마티외 Mathieu Lebot Morin   257

르보티에, 자크 Jacques Rebotier   256

르뵈글, 다니엘 Daniel Leveugle   264

르부아, 미셸 Michel Lebois   258

르카, 장기 Jean-Guy Lecat   10, 76

르클레르, 로랑 Laurent Leclerc   272

르클레르, 안마르그리트 Anne-Margrit Leclerc   276

르투르미, 조제트 Josette Letourmy   267

르페브르, 이브 Yves Lefèvre   256

르페브르, 펠릭스 Félix Lefebvre   258

리갈, 피에르 Pierre Rigal   210

리그르, 아르네 Arne Lygre   131, 272

리동, 크리스토프 Christophe Lidon   263

리베트, 자크 Jacques Rivette   256

리브, 장미셸 Jean-Michel Ribes   180, 265

리비에르, 피에르 Pierre Rivière   152

리쉬페 Lee Su-Feh   262

리스네르, 스테판 Stéphane Lissner   258

리에르미에, 장 Jean Liermier   261

리에주아, 안로르 Anne-Laure Liégeois   222, 262

리에티, 니키 Nicky Rieti   10, 17, 108, 109, 253, 266, 267, 279

리오네, 마리옹 Marion Lyonnais   258

리오스, 샤를 Charles Rios   258

리조, 크리스티앙 Christian Rizzo   272

리조네, 레옹 Léon Ligeonnet   269

리카스트로, 파올라 Paola Licastro   259

리크트네르, 줄리오 Giulio Lichtner   259

[ㅁ]

마누리, 장위그 Jean-Hugues Manoury   259

마다니, 아메드 Ahmed Madani   176, 265

마라냐니, 프레데리크 Frédéric Maragnani   254

마랭, 프랑수아 François Marin   266

마레, 크리스틴 Christine Marest   6, 84, 279

마레샬, 마르셀 Marcel Maréchal   180, 261, 269

마르나, 카트린 Catherine Marnas   256

마르로, 드니 Denis Marleau   259

마르소, 마르셀 Marcel Marceau   253

마르졸프, 세르주 Serge Marzolff   259

마르케, 자크 르 Jacques Le Marquet   259, 273

마르탱, 클로드 Claude Martin   80

마르탱바르바즈, 장루이 Jean-Louis Martin-Barbaz   192

마르티, 미셸 Michel Marty   259

마르티네, 기욤 Guillaume Martinet   257

마르티넬리, 장루이 Jean-Louis Martinelli   188, 258

마리노, 베네딕트 Bénédicte Marino   259

마리보, 피에르 드 Pierre de Marivaux   8, 25, 66, 265, 266, 277

마리오주, 필립 Philippe Marioge   88~91

마릴리에, 자크 Jacques Marillier   260

마세, 에릭 Éric Massé   259

마셀리, 티티나 Titina Maselli   9, 260

마셀리, 프란체스코 Francesco Maselli   26

마스네, 쥘 Jules Massenet   71, 269

마스든, 존 John Marsden   234

마스트, 장크리스토프 Jean-Christophe Mast   269

마야콥스키, 블라디미르 Vladimir Maïakovski   264

마예, 피에르 Pierre Maillet   218

마예트, 뮈리엘 Muriel Mayette   262

마요, 장크리스토프 Jean-Christophe Maillot   272

마이어, 줄리카 Julika Mayer   262

마이엔부르크, 마리우스 폰 Marius von Mayenburg   257

마클레스, 장드니 Jean-Denis Maclès   260

마케이에프, 마샤 Macha Makeïeff   273

마키, 오딜 Odile Macchi   177

마탈러, 크리스토프 Christophe Marthaler   12, 13

마테릭, 블라덴 Mladen Materic   210

마티외, 스테파니 Stéphanie Mathieu   260

만, 토마스 Thomas Mann   270

말로우, 크리스토퍼 Christopher Marlowe   101, 243

망조니, 프랑크 Franck Manzoni   256

매쇼닉, 앙리 Henri Meschonnic   265

매케이브, 패트릭 Patrick McCabe   265

맥도나, 마틴 Martin McDonagh   234, 264

메드생, 피에르 Pierre Médecin   269

메랑, 피에르 Pierre Meyrand   270

메뢰즈, 디디에 Didier Méreuse   66

메르퀴르, 장 Jean Mercure   259

메스기슈, 다니엘 Daniel Mesguich   118, 256, 261, 263, 269

메예르, 장 Jean Meyer   260

메테를링크, 모리스 Maurice Maeterlinck   271, 274

메테이에, 알렉스 Alex Métayer   256

메테카르티에, 오펠리 Ophélie Mettais-Cartier   260

멜, 마리로르 Marie-Laure Mehl   260

멜데그, 스테판 Stéphane Meldegg   264, 265

모네, 가브리엘 Gabriel Monnet   269, 270

모네, 엘로디 Élodie Monet   260

모노, 장클로드 Jean-Claude Monod   267

모랭, 올리비에 Olivier Maurin   260

모렐, 샹탈 Chantal Morel   64

모로, 잔 Jeanne Moreau   261

모로, 장뤼크 Jean-Luc Moreau   263, 265

모르디야, 제라르 Gérard Mordillat   176

모리스, 실뱅 Sylvain Maurice   214, 257

모르겐스테른, 넬리 Nelly Morgenstern   269

모스바흐, 카트린 Catherine Mosbach   176

모스코조, 로베르토 Roberto Moscoso   261

모아티, 루이즈 Louise Moaty   262, 271

모클레르, 자크 Jacques Mauclair   257

모튼, 그레고리 Gregory Motton   257

모파상, 기 드 Guy de Maupassant   220

몬테베르디, 클라우디오 Claudio Monteverdi   245

몰로, 알랭 Alain Mollot   266

몰리에르 Molière   32, 44, 47, 81, 89, 100, 130, 180, 253, 261, 268, 270, 271, 273

몽도, 아드리앵 Adrien Mondot   206, 279

몽디, 피에르 Pierre Mondy   260

몽루, 위베르 Hubert Monloup   84, 261

몽벨레, 필리프 Philippe Mombellet   275

몽쟁알강, 실비 Sylvie Mongin-Algan   265, 274

몽타네, 클로드 Claude Montagné   152

몽테, 베르나르도 Bernardo Montet   253

뫼니에, 아르노 Arnaud Meunier   254

뫼니에, 피에르 Pierre Meunier   255

뫼리스, 장크리스토프 Jean-Christophe Meurisse   256

무소륵스키, 모데스트 Modeste Moussorgski   68, 92

무아와드, 와이디 Wajdi Mouawad   132~134

뮈라, 베르나르 Bernard Murat   180

뮈세, 알프레드 드 Alfred de Musset   260

뮐러, 도미니크 Dominique Muller   44

므누슈킨, 아리안 Ariane Mnouchkine   8, 60, 61, 282

므로제크, 스와보미르 Slawomir Mrozek   265

므와얄, 자크 Jacques Moyal   261

미나나, 필립 Philippe Minyana   254, 274

미셸, 베르나르 Bernard Michel   261

미에슈, 필리프 Philippe Miesch   261, 273

미요, 다리우스 Darius Milhaud   260

미켈, 장피에르 Jean-Pierre Miquel   52

미투, 리샤르 Richard Mitou   270

밀레, 카트린 Catherine Millet 234
밀리앙티, 알랭 Alain Milianti 259, 275
밍거스, 찰스 Charles Mingus 100

[ㅂ]
바그너, 리하르트 Richard Wagner 129, 175, 201, 272
바나, 파트리크 드 Patrick de Bana 272
바라, 피에르 Pierre Barrat 152, 254
바라티에, 자크 Jacques Baratier 267
바렐라, 파멜라 Pamela Varela 267
바로, 장루이 Jean-Louis Barrault 76, 96, 263
바르, 장기욤 Jean-Guillaume Bart 170
바르다, 아녜스 Agnès Varda 261
바르덴, 클레르 Claire Bardaine 206, 279
바르보, 장크리스토프 Jean-Christophe Barbaud 273
바버, 새뮤얼 Samuel Barber 224
바블레, 드니 Denis Bablet 8, 286, 287
바쇠르, 앙투안 Antoine Vasseur 8, 246, 279
바스테, 에마뉘엘 Emmanuelle Bastet 253
바이, 장크리스토프 Jean-Christophe Bailly 121
바이스, 알랭 Alain Weiss 264
바이앵, 브뤼노 Bruno Bayen 118
바이옹, 실비 Sylvie Baillon 246
바커, 하워드 Howard Barker 254
바타유, 조르주 Georges Bataille 282
바티풀리에, 알랭 Alain Batifoulier 261
발라게, 레미 Rémy Ballagué 255
발랑탱, 에밀 Émilie Valantin 257
발리, 라다 Radha Valli 275
발자크, 오노레 드 Honoré de Balzac 275
발타, 장크리스토프 Jean-Christophe Valtat 267
방튀소, 베랑제르 Bérangère Vantusso 264
뱅디미앙, 파트리크 Patrick Vindimian 262
뱅상, 엘렌 Hélène Vincent 253
뱅상, 장피에르 Jean-Pierre Vincent 11, 26, 44, 47, 108, 180, 188, 253, 256, 260, 273
뱅세, 자크 Jacques Vincey 256, 271
버나츠키, 랄프 Ralph Benatzky 265

버르토크, 벨라 Béla Bartók 261
버지, 수전 Susan Buirge 265
버킨, 제인 Jane Birkin 176
베니슈, 모리스 Maurice Bénichou 56
베니슈, 제랄딘 Géraldine Bénichou 269, 276
베데킨트, 프랑크 Frank Wedekind 55, 142, 274
베랑제, 실뱅 Sylvain Bélanger 259
베레, 프랑수아 François Verret 160
베레스, 쥘리 Julie Béres 160, 263
베뤼티, 장클로드 Jean-Claude Bérutti 172
베르, 조아니 Johanny Bert 265
베르갱, 장바티스트 Jean-Baptiste Verguin 262
베르길리우스 Virgile 94, 119
베르나르, 이브 Yves Bernard 262
베르뉴, 아나벨 Annabel Vergne 262
베르다게, 크리스토프 Christophe Berdaguer 262
베르도니, 마리가브리엘 Marie-Gabrielle Verdoni 262
베르디, 주세페 Giuseppe Verdi 99, 143, 173, 234, 262, 269
베르비스트, 조스 Jos Verbist 256
베르제, 로랑 Laurent P. Berger 262
베르제, 제라르 Gérard Vergez 52
베르지에, 장피에르 Jean-Pierre Vergier 14, 118, 279
베르퀴트, 루이 Louis Bercut 132, 263, 269
베르크, 알반 Alban Berg 127
베르탱, 장루이 Jean-Louis Bertin 273
베르토갈, 조제 José Bertogal 260
베르티옴, 사라 Sarah Berthiaume 255
베르히만, 잉그마르 Ingmar Berman 281
베르나르트, 토마스 Thomas Bernhard 261, 263
베를레르, 조르주 Georges Werler 96, 264
베를리오즈, 엑토르 Hector Berlioz 68
베를링, 필리프 Philippe Berling 269
베리, 클로드 Claude Berri 265
베리셀, 미셸 Michel Véricel 259
베리에, 도미니크 Dominique Verrier 255
베리오, 루치아노 Luciano Berio 70
베베르, 엘레오노르 Éléonore Weber 262,

276
베베르, 자크 Jacques Weber 259
베소스, 타리에이 Tarjei Vesaas 266, 272
베송, 베노 Benno Besson 114, 115
베송, 올리비에 Olivier Besson 272
베스페리니, 장로맹 Jean-Romain Vespérini 234
베쥐, 알랭 Alain Bézu 267
베첼, 니나 Nina Wetzel 263
베츠, 피에르앙드레 Pierre-André Weitz 200, 202, 279
베케트, 사뮈엘 Samuel Beckett 57, 157
벤더스, 빔 Wim Wenders 44
벤젤, 장폴 Jean-Paul Wenzel 64, 265
벤젤룬, 타하르 Tahar Ben Jelloun 35
벨레즈, 팡시카 Panchika Velez 277
벨로디스, 제니스 Janis Balodis 253
벨로리니, 장 Jean Bellorini 238
벨록, 클레르 Claire Belloc 263
벨리에가르시아, 프레데리크 Frédéric Bélier-Garcia 192
벨시즈, 콤 드 Côme de Bellescize 267
벨카셈, 살렘 벤 Salem Ben Belkacem 263
보, 레미 드 Rémi De Vos 265
보, 모르간 Morgane Baux 260
보그다노비치, 피터 Peter Bogdanovich 265
보냉, 로맹 Romain Bonnin 262
보넨, 이브 Yves Beaunesne 160
보노, 이렌 Irène Bonnaud 277
보니, 자크 드 Jacques de Bonis 266
보드리, 마티아스 Matthias Baudry 263
보르그, 도미니크 Dominique Borg 263
보르다, 마르그리트 Marguerite Bordat 264
보르데, 파스칼 Pascale Bordet 264
보리, 오렐리앙 Aurélien Bory 14, 210, 279, 288
보마르셰 Pierre A. Caron de Beaumarchais 46, 125, 270
보베, 다비드 David Bobbée 263
보소, 카를로 Carlo Boso 264
보송, 자크 Jacques Bosson 267, 277
보스, 히에로니무스 Hieronymus Bosch 112, 178

보에글랭, 브뤼노 Bruno Boëglin 118, 262, 277

보에르, 장 Jean Bauer 264

보에르, 피에르 Pierre Bauer 254

보이스, 요제프 Joseph Beuys 100

보조네, 마르셀 Marcel Bozonnet 271

보카노프스키, 피터 Peter Bokanowski 252

보티에, 장 Jean Vauthier 269

본도네, 조토 디 Giotto di Bondone 100

본드, 에드워드 Edward Bond 260

볼즈, 마튀랭 Mathurin Bolze 163

봉, 앙드레 André Bon 84

봉, 프랑수아 François Bon 274

봉디, 뤼크 Luc Bondy 100, 172, 173, 257

봉디, 카를로 Carlo Bondi 269

부로트, 막심 Maxime Bourotte 266

부르디에, 레미 Rémi Bourdier 264

부르디외, 피에르 Pierre Bourdieu 234

부르세이에, 앙투안 Antoine Bourseiller 96, 256

부르자드, 피에르 Pierre Bourgeade 119

부르주아, 안 Anne Bourgeois 180

부르주아, 요안 Yoann Bourgeois 160

부브릴, 알랭 Alain Boublil 264

부셍, 파트리크 Patrick Bouchain 262

부쇼, 장 Jean Bouchaud 265

부옹, 오드레 Audrey Vuong 264

부왈로, 장 Jean Boillot 199, 262

부용, 질 Gilles Bouillon 253

부제드라, 라시드 Rachid Boudjedra 254

부크리스, 뤼크 Luc Boucris 18, 258, 279

부테, 장뤼크 Jean-Luc Boutté 263

부텐, 하워드 Howard Buten 258

불가코프, 미하일 Mikhaïl Boulgakov 164, 265, 271

불라르, 안클레르 Anne-Claire Boulard 275

뷔로, 폴린 Pauline Bureau 234, 258

뷔슈발드, 클로드 Claude Buchvald 136

뷔아이야, 세실 Cécile Vuaillat 260

뷔파르, 알랭 Alain Buffard 256

뷔히너, 게오르크 Georg Büchner 127, 128, 249

브네사, 슬리만 Slimane Benaissa 265

브누아, 장루이 Jean-Louis Benoît 64, 253, 265

브라운, 트리샤 Trisha Brown 164

브라크, 조르주 Georges Braque 159

브랄, 자크 Jacques Bral 265

브래드버리, 레이 Ray Bradbury 253

브레히트, 베르톨트 Bertolt Brecht 9, 26, 30, 58, 115, 199, 256, 260, 270, 276, 281, 289

브로셴, 쥘리 Julie Brochen 253

브론슈베그, 스테판 Stéphane Braunschweigt 13, 14, 128, 129, 140, 222, 261, 279

브룅, 질론 Gilone Brun 13, 40, 257, 279

브룩, 이리나 Irina Brook 271

브룩, 피터 Peter Brook 8, 72, 76~78, 92, 93, 186, 281

브뤼넬, 리샤르 Richard Brunel 192, 218, 252, 253, 259

브뤼노, 필리프 Philippe Bruneau 257

브륄레, 로랑스 Laurence Bruley 265

브르토, 시릴 Cyrille Bretaud 265

브리튼, 벤저민 Benjamin Britten 103, 220

브와조, 자크 Jacques Voizot 265

브자스, 디디에 Didier Bezace 64, 253

블라스카, 펠릭스 Félix Blaska 261

블랑쇼, 모리스 Maurice Blanchot 40

블랭, 로제 Roger Blin 22

블로, 존 John Blow 271

블로슈, 베르나르 Bernard Bloch 264

비그낭스, 막스 Max Bignens 265

비나베르, 미셸 Michel Vinaver 268, 269

비녜, 에릭 Éric Vigner 267

비베즈, 카롤린 드 Caroline de Vivaise 265

비브로크, 아나 Anna Viebrock 13, 273

비쇼프베르거, 마리루이즈 Marie-Louise Bischofberger 261

비시네프스키, 프세볼로트 Vsevolod Vichnevsky 260

비알라트, 알렉상드르 Alexandre Vialatte 274

비두, 프랑수아 François Billetdoux 80

비에르, 엘리사 Elissa Bier 266

비에리, 마리옹 Marion Bierry 180, 264

비에트, 장클로드 Jean-Claude Biette 256

비제, 조르주 Georges Bizet 216

비즈카에르, 마르틴 Martine Wijkaert 196

비클, 모이델레 Moidele Bickel 257

비테즈, 앙투안 Antoine Vitez 34, 68, 69, 80, 81, 128, 180, 282

비토즈, 뱅상 Vincent Vittoz 274

빅스, 그레이엄 Graham Vicks 253

빈세크, 베르나르 Bernard Wiencek 273

빌라르, 장 Jean Vilar 15, 22

빌레르메, 샤를로트 Charlotte Villermet 266

빌레지에, 장마리 Jean-Marie Villégier 261

빌리로, 로랑스 Laurence Villerot 196, 279

빌모랭, 루이즈 드 Louise de Vilmorin 87

빙아, 스타인 Stein Winge 92, 252

[ㅅ]

사누, 살리아 Salia Sanou 256

사라작, 장피에르 Jean-Pierre Sarrazac 267

사라쟁, 모리스 Maurice Sarrazin 277

사로트, 나탈리 Nathalie Sarraute 54

사르티, 레몽 Raymond Sarti 10, 176, 177, 279

사바리, 제롬 Jérôme Savary 258, 259, 268, 275

사분기, 뤼디 Rudy Sabounghi 172~175, 279

사스트르, 장바티스트 Jean-Baptiste Sastre 164, 257

사주르누아르, 에마뉘엘 Emmanuelle Sage-Lenoir 266

사포르타, 카린 Karine Saporta 264

삭스, 알랭 Alain Sachs 264

상가레, 바카리 Bakary Sangaré 93

상송, 이브 Yves Samson 266, 267

상통, 레지 Régis Santon 52, 264, 277

상티니, 피에르 Pierre Santini 277

생로랑, 이브 Yves Saint Laurent 106

샤라스, 피에르 Pierre Charras 270

샤르, 르네 René Char 263

샤르보, 에릭 Éric Charbeau 266

샤르팡티에, 마르크앙투안 Marc-Antoine Charpentier 247

샤를로, 아니크 Annick Charlot 259

샤바시외, 질 Gilles Chavassieux 273

샤반, 클레르 Claire Chavanne　266

샤베르, 장폴 Jean-Paul Chabert　266, 267, 274

샤베르, 피에르 Pierre Chabert　261

샤보, 클리드 Clyde Chabot　256

샤브루, 마갈리 Magali Chabroud　260

샤사르, 장루이 Jean-Louis Chassard　267

샤시, 시골렌 드 Sigolène de Chassy　267

샤이우, 엘리자베스 Élisabeth Chailloux　136, 272

샤팔랭, 피에르이브 Pierre-Yves Chapalain　264

샹두티, 소피 Sophie Chandoutis　267

샹바, 장폴 Jean-Paul Chambas　10, 44~47, 279

샹봉, 알랭 Alain Chambon　9, 48, 279, 280

샹파뉴, 잔 Jeanne Champagne　56

세뇌르, 프랑수아 François Seigneur　176

세로, 장마리 Jean-Marie Serreau　30, 34, 76, 80, 252, 266

세로, 콜린 Coline Serreau　148

세르, 카린 Karin Serres　272

세르다, 미셸 Michel Cerda　256, 258

세르반데스, 미겔 데 Miguel de Cervantes　274

세르빌로, 토니 Toni Servillo　238

세를리오, 세바스티아노 Sebastiano Serlio　9, 10, 69, 282

세비유, 크리스티앙 Christian Sébille　112

세제르, 에메 Aimé Césaire　37, 269

셀레르, 자크 Jacques Seiler　252

셈프런, 호르헤 Jorge Semprun　163

셰로, 파트리스 Patrice Chéreau　8, 14, 100, 101, 152, 258, 262, 265, 275

셰르반, 안드레이 Andrei Serban　92, 262

셰스티에, 클로드 Claude Chestier　267

셰익스피어, 윌리엄 William Shakespeare　8, 27, 31, 69, 75, 79, 93, 102, 105, 199, 252, 253, 255, 257, 263, 268~271

소게, 앙리 Henri Sauguet　255

소마, 마리크리스틴 Marie-Christine Soma　164, 166

소벨, 베르나르 Bernard Sobel　11, 64, 108, 260, 275

소포클레스 Sophocle　68, 138, 196, 252, 258

손더스, 제임스 James Saunders　264

손탁, 프레데리크 Frédéric Sonntag　218

솔타노프, 필 Phil Soltanoff　210

쇼, 조지 버나드 George Bernard Shaw　182

쇼보, 말리카 Malika Chauveau　267

쇼피노, 레진 Régine Chopinot　252

숄라, 라디스라스 Ladislas Chollat　234

수아예, 에릭 Éric Soyer　10, 184, 279

술리에, 리오넬 Lionel Soulier　267

쉬미트, 자크 Jacques Schimidt　275

슈니츨러, 아르투어 Arthur Schnitzler　183

슈바르츠, 예브게니 Evguéni Schwartz　192

슈베르트, 프란츠 Franz Schubert　262

슈타인, 페터 Peter Stein　262

슈테른하임, 카를 Carl Sternheim　50

슈트라우스, 리하르트 Richard Strauss　68, 100

슈트라우스, 보토 Botho Strauss　100

슈트람, 아우구스트 August Stramm　166

슐링엔지프, 크리스토프 Christoph Schlingensief　263

스르브랴노비치, 빌랴나 Biljana Srbljanovic　276

스보보다, 요세프 Josef Svoboda　8, 9, 15, 84, 286

스웨네, 니크 Nieke Swennen　110

스카모치, 빈첸초 Vincenzo Scamozzi　283

스코브, 에디트 Édith Scob　257

스코치, 라우라 Laura Scozzi　192

스콜벳진, 쥘리 Julie Scolbetzine　268

스키아레티, 크리스티앙 Christian Schiaretti　172, 174, 252, 272

스타비스키, 클라우디아 Claudia Stavisky　258, 272, 277

스테른베르그, 클레르 Claire Sternberg　268

스테제, 앙드레 André Steiger　80, 254

스텔레, 장마르크 Jean-Marc Stehlé　114, 117, 148, 265, 279

스토커, 브램 Bram Stocker　224

스튜어트, 멕 Meg Stuart　256

스트라빈스키, 이고르 Igor Stravinsky　253

스트라츠, 클로드 Claude Stratz　152

스트렐러, 조르조 Giorgio Strehler　84, 172, 281

스트린드베리, 아우구스트 August Strindberg　164, 268

슬라브킨, 빅토르 Viktor Slavkine　256

시나피, 베르트랑 Bertrand Sinapi　160

시르, 니콜라 Nicolas Sire　180, 183, 279

시메미, 로리안 Laurianne Scimemi　238, 279

시메옹, 장피에르 Jean-Pierre Siméon　252

시몽, 클레르 Claire Simon　176, 252

시몽, 파트릭 Patrick Simon　160

시바디에, 장프랑수아 Jean-François Sivadier　164

식수, 엘렌 Hélène Cixous　44

실베스트르, 야니크 Yannick Sylvestre　268

싱, 존 밀링턴 John Millington Synge　277

[ㅇ]

아누이, 장 Jean Anouilh　260, 277

아다모프, 아르튀르 Arthur Adamov　80, 268

아담, 파스칼 Pascal Adam　256

아드리앵, 필리프 Philippe Adrien　64, 253, 262, 263, 265

아라발, 페르난도 Fernando Arrabal　275

아로요, 에두아르도 Eduardo Arroyo　9, 26, 261, 268

아르바슈, 위삼 Wissam Arbache　263

아르튀스, 세실 Cécile Arthus　274

아리스토파네스 Aristophane　92

아리아스, 알프레도 Alfredo Arias　92, 104, 267

아무차스테기, 케파 Kepa Amuchastegui　264

아밀, 장클로드 Jean-Claude Amyl　267

아바디, 리즈 Lise Abbadie　268

아베르세체르, 제롬 Jérôme Habersetzer　268, 273

아부, 장피에르 Jean-Pierre About　270

아불케르, 이자벨 Isabelle Aboulker　234

아브레우, 네리아 데 Neria de Abreu　268

아브카리앙, 시몬 Simon Abkarian　271

아송, 기욤 Guillaume Hasson　266

아수, 에릭 Éric Assous　265

아스, 장 Jean Haas　64~67, 279

아스티에, 알렉상드르 Alexandre Astier　252

야와트, 필리프 Philippe Awat 276

아이보리, 제임스 James Ivory 60

아이오, 에밀 Émile Aillaud 26

아이오, 질 Gilles Aillaud 9, 10, 26~28, 108, 173, 261, 268, 279

아자이슈, 메지안 Méziane Azaïche 269

아잔, 나빌 엘 Nabil El Azan 256

아젤리, 다니엘 Daniel Azélie 177

아즈냉, 베아트리스 Béatrice Agenin 265

아카르, 앙드레 André Acquart 8, 14, 22, 84, 270, 279

아킴, 아델 Adel Hakim 136, 272

아튀, 장파스칼 Jean-Pascal Hattu 267

아페, 조르주 Georges Appaix 160

아페르기스, 조르주 Georges Aperghis 257

아흐테른부쉬, 헤르베르트 Herbert Achternbusch 263

안, 레날도 Reynaldo Hahn 258, 268

안, 카트린 Catherine Anne 266, 267

안데르센, 한스 크리스티안 Hans Christian Andersen 223

알루라, 아브델카데르 Abdelkader Alloula 254

알리에, 제랄딘 Géraldine Allier 269

알리오, 파트리시아 Patricia Allio 262

알리오, 르네 René Allio 30, 52, 80, 152, 256, 261

알베르, 피에르 Pierre Albert 124, 279

앙글라드, 상드린 Sandrine Anglade 160

앙베르, 장크리스토프 Jean-Christophe Hembert 252

앙스케르, 카미유 Camille Ansquer 269

앙제니올, 자크 Jacques Angéniol 269

앙텔므, 로베르 Robert Antelme 163

앤더슨, 주드 Jude Anderson 253

야나체크, 레오시 Leoš Janáček 265, 272, 274

야스시, 이노우에 Yasushi Inoué 86

언더다운, 윌리엄 William Underdown 269

에니코, 파트리크 Patrick Henniquau 266

에도르프, 미셸 Michèle Heydorff 269

에도르프, 피에르 Pierre Heydorff 269

에드슨, 마거릿 Margaret Edson 261

에로, 알렉상드르 Alexandre Heyraud 269

에르망티에, 레몽 Raymond Hermantier 259

에르몽, 미셸 Michel Hermon 192

에르부에, 모니크 Monique Hervouët 267

에를로, 루이 Louis Erlo 22, 84

에만, 피에르에티엔 Pierre-Étienne Heymann 273

에므리, 크리스티앙 Christian Émery 234

에사이앙, 세르주 Serge Essaïan 276

에샹티용, 자크 Jacques Échantillon 252

에스피나, 모니카 Monicà Espina 256

에우리피데스 Euripide 261, 270

에푸이, 코시 Kossi Efoui 246

엘루아, 아르망 Armand Éloi 266

엥겔, 앙드레 André Engel 26, 253

예르생, 클로드 Claude Yersin 253, 266

오귀스트, 장프랑수아 Jean-François Auguste 218

오네게르, 아르튀르 Arthur Honegger 257

오닐, 유진 Eugene O'Neill 181, 257

오디아르, 자크 Jacques Audiard 265

오랭, 세드릭 Cédric Orain 263

오르피스, 피에르 Pierre Orefice 147

오몽, 미셸 Michel Aumont 82

오발디아, 르네 드 René de Obaldia 269, 277

오베르, 다니엘 Daniel Auber 268

오볼렌스키, 클로에 Chloé Obolensky 6, 92, 267, 279

오브레, 장클로드 Jean-Claude Auvray 44, 172

오스터마이어, 토마스 Thomas Ostermeier 263

오스피나, 윌리엄 William Ospina 274

오쟁스키, 자크 Jacques Osinski 222

오종, 프랑수아 François Ozon 267

오팔카, 로만 Roman Opalka 157

오팡, 르네 Renée Auphan 84, 255

오펜바흐, 자크 Jacques Offenbach 44, 241, 258, 275

오프레, 샤를 Charles Auffret 100

오하나, 모리스 Maurice Ohana 36

올레차, 유리 Iouri Olecha 275

올리비에, 알랭 Alain Ollivier 164

올미, 베로니크 Véronique Olmi 269

와일더, 손턴 Thornton Wilder 252

외스타숑, 필리프 Philippe Eustachon 257

우르댕, 장루이 Jean-Louis Hourdin 64

우르생, 자크 Jacques Oursin 270

우브라르, 크리스토프 Christophe Ouvrard 222, 279, 280

우에드라오고, 이드리사 Idrissa Ouedraogo 37

울프, 버지니아 Virginia Woolf 234, 240, 271

워너, 데보라 Deborah Warner 92, 172

웨민쥔 Yue Minjun 254

위고, 빅토르 Victor Hugo 115, 174, 179, 193, 283, 284

위셰, 이자벨 Isabelle Huchet 270

윌리엄스, 테네시 Tennessee Williams 167, 263, 265, 273

윌슨, 로버트 Robert Wilson 12, 13, 256~258, 262

윌슨, 조르주 Georges Wilson 259, 264, 270

유르스나르, 마르그리트 Marguerite Yourcenar 261

융, 가스통 Gaston Jung 255

이뇰드, 그레구아르 Grégoire Ingold 260

이르슈, 로베르 Robert Hirsch 234

이오네스코, 외젠 Eugène Ionesco 139, 253

일렐, 스테판 Stéphane Hillel 256, 272

일베르, 이고르 Igor Hilbert 261, 270, 277

입센, 헨리크 Henrik Ibsen 128, 171, 191, 234, 255, 263, 264

잉걸스 와일더, 로라 Laura Ingalls Wilder 285

[ㅈ]

자넬, 베랑제르 Bérangère Jannelle 276

자메, 필리프 Philippe Jamet 255

자코메티, 알베르토 Alberto Giacometti 29, 41, 136, 281

자크, 브리지트 Brigitte Jaques 260

자크맹, 디디에 Didier Jacquemin 255

자크바주만, 브리지트 Brigitte Jacques-Wajeman 136, 238

잔토, 다니엘 Daniel Jeanneteau 13, 164, 256, 271, 289

장이머우 Zang Yimu 262

제르키, 다니엘 Daniel Zerki 271

제리엘, 나디아 Nadia Xerry-L 276
제미에, 피르맹 Firmin Gémier 284
제슬랭, 브뤼노 Bruno Geslin 218
제임스, 헨리 Henry James 103
젤레르, 플로리앙 Florian Zeller 234, 236, 256
조네, 베르나르 Bernard Jaunay 270
조비뇨, 노엘 Noël Jovignot 259
조이스, 제임스 James Joyce 266
졸라, 에밀 Émile Zola 262
주네, 장 Jean Genet 92, 98, 196, 197, 257, 281
주르댕, 베르나르 Bernard Jourdain 270
주르되이, 장 Jean Jourdheuil 11, 26, 256, 260
주아노, 조엘 Joël Jouanneau 156, 159, 259, 268
주아예, 잔 Jane Joyet 270
주이니, 소피앙 Sofian Jouini 265
쥐디셀리, 크리스티앙 Christian Giudicelli 263
지라르, 다니엘 Daniel Girard 254
지로, 베르나르 Bernard Giraud 270
지로네스, 로베르 Robert Gironès 259
지로두, 장 Jean Giraudoux 23
지오르제티, 플로랑스 Florence Giorgetti 230
지오바니, 조제 José Giovanni 254
진프리, 노엘 Noëlle Ginefri 271
질리베르, 장 Jean Gillibert 261

[ㅊ]
차덱, 페터 Peter Zadek 260
차루키스, 야니스 Yanis Tsaroukis 92
차이, 질베르트 Gilberte Tsäi 275
차이콥스키, 표트르 Pyotr Tchaikovsky 92
차일즈, 루신다 Lucinda Childs 255
찰렘, 드니즈 Denise Chalem 192
창 총, 올리비에 Olivier Tchang Tchong 178
처트, 게저 Geza Csath 162
체메토프, 폴 Paul Chemetov 30, 176
체키, 카를로 Carlo Cecchi 260
체호프, 안톤 Anton Tchékhov 92, 152, 158, 198, 225, 257, 269, 273
추미, 베르나르 Bernard Tschumi 63

츠바이크, 슈테판 Stefan Zweig 272

[ㅋ]
카디오, 올리비에 Olivier Cadiot 246
카롱, 아들린 Adeline Caron 271
카르핀스키, 올가 Olga Karpinsky 271
카를, 안 Anne Carles 271
카마라, 마리 Marie Camara 275
카뮈, 알베르 Albert Camus 53
카바나, 프랑수아 François Cabanat 271
카발카, 아고스티노 Agostino Cavalca 272
카브레라, 도미니크 Dominique Cabrera 176
카사방, 필리프 Philippe Casaban 266, 272
카사노바, 프레데리크 Frédéric Casanova 272
카스탱, 에릭 민 쿠옹 Eric Minh Cuong Castaing 276
카시, 라시드 Rachid Kassi 270
카우프만, 필립 Philip Kaufmann 60
카유페레, 다미앵 Damien Caille-Perret 13, 214, 217, 279
카이사르, 율리우스 Julius Caesar 63
카이저, 게오르크 Georg Kaiser 268
카즈나브, 미셸 Michel Cazenave 267
카티르, 살라딘 Sallahdyn Khatir 272
카프드나, 엘리즈 Élise Capdenat 272
카플랑, 제롬 Jérôme Kaplan 272
칼데론 데라바르카, 페드로 Pedro Calderón de la Barca 74, 256, 264, 266, 271
칼리노프스키, 리처드 Richard Kalinowski 271
칼바리오, 필리프 Philippe Calvario 265, 269
캄파닐레, 아킬 Achille Campanile 257
캉부르나크, 클로에 Chloé Cambournac 272
캉타렐라, 로베르 Robert Cantarella 230
캐리건, 낸시 Nancy Kerrigan 221
캥츠, 미레유 Mireille Kintz 273
케느, 필립 Philippe Quesne 13, 230~233, 279
케르고지엥, 미셸 Michèle Kergosien 261
케르마봉, 쥬니에브르 드 Geneviève de Kermabon 253
케르만, 파트리크 Patrick Kermann 274

케르브라, 파트리스 Patrice Kerbrat 180, 256, 264
케이르스마커, 안 테레사 드 Anne Teresa De Keersmaeker 172
케인, 사라 Sarah Kane 164, 256
켄다카, 릴리 Lili Kendaka 258
켄트리지, 윌리엄 William Kentridge 214
켈레메니스, 미셸 Michel Kelemenis 255
코노르, 자크 Jacques Connort 256
코르네유, 피에르 Pierre Corneille 83, 248, 254, 261, 263, 267, 271, 275
코르돌리아니, 에마뉘엘 Emmanuelle Cordoliani 258, 268
코르세티, 조르조 바르베리오 Giorgio Barberio Corsetti 238
코르타사르, 훌리오 Julio Cortázar 196
코리에, 파트리스 Patrice Caurier 255, 272, 277
코바, 미셸 Michel Cova 273
코셰, 장로랑 Jean-Laurent Cochet 260
코소코, 소피아투 Sophiatou Kossoko 258
코슈티에, 파트리스 Patrice Cauchetier 26, 180, 273, 277
코스모스, 장 Jean Cosmos 62
코스타, 시달리아 다 Cidalia da Costa 253
코엔, 브뤼노 Bruno Cohen 273
코코스, 야니스 Yannis Kokkos 68, 69, 84, 180, 188, 214, 222, 258, 279, 282
코핏, 아서 Arthur Kopit 97
콜레, 베레니스 Bérénice Collet 222
콜레, 이브 Yves Collet 10, 136, 279
콜레, 파트리크 Patrick Collet 266
콜랭, 뤼시앵 Lucien Colin 200
콜랭, 안마리 Anne-Marie Collin 266
콜랭, 크리스티앙 Christian Colin 277
콜리지, 새뮤얼 테일러 Samuel Taylor Coleridge 227, 285
콜테스, 베르나르마리 Bernard-Marie Koltès 14, 235, 265, 266, 277
콩스탕, 프레데리크 Frédéric Constant 152
콩스탕, 피에르 Pierre Constant 180
콩코르데, 니콜 Nicole Concordet 274
쿠델카, 요세프 Josef Koudelka 127
쿠레즐롱그, 장이브 Jean-Yves Courrègelongue 256
쿠르츠, 아네트 Annette Kurz 259, 273

쿠르틀린, 조르주 Georges Courteline 282

쿠에코, 앙리 Henri Cueco 9, 261, 273

쿠즈네초프, 안톤 Anton Kouznetsov 259

쿤, 카렐 Karel Koun 92

쿨로, 기피에르 Guy-Pierre Couleau 176, 238, 271

쿨롱, 장미셸 Jean-Michel Coulon 256

쿨롱자블롱카, 올리비에 Olivier Coulon-Jablonka 256

크노빌, 뱅자맹 Benjamin Knobil 274

크레메르, 자크 Jacques Kraemer 266, 273

크레이차, 오토마르 Otomar Krejča 60

크로스, 이자벨 Isabelle Krauss 267

크롬랭크, 페르낭 Fernand Crommelynck 273

크뢰츠, 프란츠 크사버 Franz Xaver Kroetz 274

크리니에르, 나탈리 Natalie Crinière 273

크림프, 마틴 Martin Crimp 164, 257

크세나키스, 이안니스 Iannis Xenakis 68

클라이스트, 하인리히 폰 Heinrich von Kleist 29, 173

클라피슈, 마리안 Marianne Klapisch 274

클레, 파울 Paul Klee 100

클레망, 질 Gilles Clément 176

클레스, 미티아 Mitia Claisse 274

클로델, 폴 Paul Claudel 68, 152, 202, 215, 257, 259, 267

클로뤼스, 에마뉘엘 Emmanuel Clolus 132, 254, 279

클루스, 한스 페터 Hans Peter Cloos 64, 272

키리체토포르, 아멜리 Amélie Kiritzé-Topor 274

킨, 대니얼 Daniel Keene 65, 164

[ㅌ]

타란티노, 안토니오 Antonio Tarantino 228

타로, 장조르주 Jean-Georges Tharaud 257

타르디봉, 아니 Annie Tardivon 176

타맹, 장루이 Jean-Louis Thamin 172

타베르니에, 베르트랑 Bertrand Tavernier 60, 62

타셰, 질 Gilles Taschet 188, 279

타유페르, 장뤼크 Jean-Luc Taillefert 259, 274

타켈스, 브뤼노 Bruno Tackels 12, 13

탕기, 프랑수아 François Tanguy 12, 13

터너, 윌리엄 William Turner 66

터클, 스터즈 Studs Terkel 276

테르지에프, 로랑 Laurent Terzieff 22

테시네, 앙드레 André Téchiné 265

테오필리데스, 비비안 Viviane Théophilidès 180

테일만, 크리스토프 Christophe Theilmann 274

테파니, 아를레트 Arlette Téphany 80, 83

테파니, 자크 Jacques Téphany 270

토렐리, 자코모 Giacomo Torelli 281

토르주만, 뱅상 Vincent Tordjman 274

토르주만, 샤를 Charles Tordjmann 44, 180, 264, 274

토마, 샹탈 Chantal Thomas 192, 279

토마, 앙브루아즈 Ambroise Thomas 274

토마, 오렐리 Aurélie Thomas 8, 242, 279

토포르, 롤랑 Roland Topor 252

투란, 자크 Jacques Tourane 259

투레, 모이즈 Moïse Touré 253

투생콜롱, 클로드 Claude Toussaint-Colomb 269

트레아르, 조 Jo Tréhard 269

트로뢰르, 아나이스 Anaïs Tromeur 274

트로티에, 파트리스 Patrice Trottier 57, 69

트로피게, 상드라 Sandra Troffigué 274

트루아빌, 도미니크 Dominique Troisville 275

티베르기앵, 질베르 Gilbert Tiberghien 272

[ㅍ]

파가도, 미셸 Michel Fagadau 277

파라, 아브델카데르 AbdelKader Farah 254

파브로, 세실 Cécile Favereau 275

파브르, 발렌틴 Valentin Fabre 8

파브르, 얀 Jan Fabre 12

파브르, 클로에 Chloé Fabre 275

파브리스, 트리스탕 Tristan Fabris 81

파솔리니, 피에르 파올로 Pier Paolo Pasolini 271

파스, 아고스티노 Agostino Pace 96, 279

파예트, 미셸 Michel Fayet 275

파키앵, 마르크 Marc Paquien 56

파투미, 엘라 Hela Fattoumi 272

파트, 장마리 Jean-Marie Patte 88

파포, 올리비에 Olivier Papot 265

판티, 루초 Lucio Fanti 9, 261, 275

팔, 장클로드 Jean-Claude Fall 22, 56

팔기에르, 자크 Jacques Falguières 264

팔라디노, 밈모 Mimmo Paladino 238

팔라디오, 안드레아 Andrea Palladio 9, 283

팔라로, 에디 Eddy Pallaro 264

팡슈나, 장클로드 Jean-Claude Penchenat 261

팡주, 장 드 Jean de Pange 263

퍼셀, 헨리 Henry Purcell 94, 267

퍼시발, 루크 Luck Perceval 273

페도, 조르주 Georges Feydeau 67, 266, 282

페두지, 로랑 Laurent Peduzzi 268, 275

페두지, 리샤르 Richard Peduzzi 14, 100, 101, 152, 254, 256, 265, 270, 279

페두지, 에마뉘엘 Emmanuel Peduzzi 275

페랑, 필리프 Philippe Ferran 270

페레, 도미니크 Dominique Féret 271

페레, 오귀스트 Auguste Perret 101

페레, 장프랑수아 Jean-François Peyret 26, 108

페로, 샤를 Charles Perrault 234, 269

페로테, 장 Jean Perrottet 8

페르세, 클로드 Claude Perset 76

페르통, 크리스토프 Christophe Perton 271, 277

페리네티, 앙드레루이 André-Louis Perinetti 72

페리에, 도미니크 Dominique Ferrier 277

페소아, 페르난도 Fernando Pessoa 272

페이외르, 파스칼 Pascal Payeur 276

페쥐, 마리 Marie Péjus 262

페타뱅, 이반 Yvan Peytavin 276

페타뱅, 장마르크 Jean-Marc Peytavin 276

펠리, 로랑 Laurent Pelly 192, 257

펠리니, 페데리코 Federico Fellini 100

펠리비앵, 앙드레 André Félibien 149

포, 다리오 Dario Fo　252, 257

포라스, 오마르 Omar Porras　274

포르, 필리프 Philippe Faure　262

포브레, 스테판 Stéphane Pauvret　276

포쇠, 그레구아르 Grégoire Faucheux　276

포세, 욘 Jon Fosse　165, 254, 265, 269

포스터, 폴 Paul Foster　264

포크너, 윌리엄 William Faulkner　269

포테세, 모리스 Maurice Pottecher　284

포트, 셀리 Célie Pauthe　255

폰조 보, 마르시알 디 Marcial Di Fonzo Bo　246, 262

폴, 조제 José Paul　256

폼므라, 조엘 Joël Pommerat　184~187, 264

폼므레, 에티엔 Étienne Pommeret　192

퐁텐, 앙투안 Antoine Fontaine　148, 279

퐁티, 메를로 Merleau-Ponty　28

퐁프레드, 아망딘 Amandine Fonfrède　276

푸쇠르, 이자벨 Isabelle Pousseur　196

푸치니, 자코모 Giacomo Puccini　107, 126

풀랑크, 프랑시스 Francis Poulenc　260

풀랭, 장 르 Jean Le Poulain　257

풀로노, 카롤린 Caroline Foulonneau　276

퓌맹, 필리프 Philippe Pumain　276

퓌스테르, 스테파니 Stéphanie Fuster　210

프누이야, 크리스토프 Christian Fenouillat　277

프라고나르, 장오노레 Jean-Honoré Fragonard　46

프라디나, 피에르 Pierre Pradinas　255, 262

프라베를링, 나탈리 Nathalie Prats-Berling　277

프란체스코, 오르텐시아 드 Ortensia De Francesco　238

프랑송, 알랭 Alain Françon　56, 156, 180, 273

프랑수아, 기클로드 Guy-Claude François　9, 10, 60, 61, 92, 259, 279

프랑수아, 티에리 Thierry François　272

프레드퐁, 마르셀 Marcel Freydefont　18, 264, 279, 284

프레방, 장프랑수아 Jean-François Prévand　252, 263

프레쉬레, 로랑 Laurent Fréchuret　260

프레스, 세실 Cécile Fraisse　258

프로니에, 로랑 Laurent Fraunié　276

프로코피예프, 세르게이 Sergueï Prokofiev　267

프뤼냐르, 나데주 Nadège Prugnard　267

프뤼쇼, 드니 Denis Fruchaud　16, 152, 257, 279

프륀넥, 실뱅 Sylvain Prunenec　272

프리드, 마이클 Michael Fried　11, 12

프리스크, 제라르 Gérard Frisque　277

프리제리오, 에지오 Ezio Frigerio　84

프티, 롤랑 Roland Petit　96

플라테, 로베르토 Roberto Platé　10, 104, 279

플랑숑, 로제 Roger Planchon　22, 30, 84, 261, 275, 277

플레, 클로드 Claude Plet　277

플로타스, 조제마리아 José-Maria Flotats　259

플뢰리, 제라르 Gerard Fleury　261, 277

플루, 레나 Léna Plou　260

플리야, 조제 José Pliya　259

피, 올리비에 Olivier Py　200, 203

피란델로, 루이지 Luigi Pirandello　24, 120, 136

피샤, 로르 Laure Pichat　226, 279

피숑, 장루이 Jean-Louis Pichon　269

피스바크, 프레데리크 Frédéric Fisbach　132, 263, 271

피알라, 모리스 Maurice Pialat　248

피에트라갈라, 마리클로드 Marie-Claude Piétragalla　56

피엠, 장마리 Jean-Marie Piemme　199

피용, 나탈리 Nathalie Fillion　266

피체티, 일데브란도 Ildebrando Pizzetti　68

피투아제, 도미니크 Dominique Pitoiset　254, 277

핀터, 해럴드 Harold Pinter　261, 277

필리포, 에두아르도 데 Eduardo de Fillipo　257, 269

필립, 제라르 Gérard Philipe　132

[ㅎ]

하딩, 토냐 Tonya Harding　221

하일, 악셀 Axel Heil　261

한트케, 페터 Peter Handke　44, 45, 219, 255, 277

헤르만, 카를 에른스트 Karl Ernst Hermann　172

헤링, 앨버트 Albert Herring　220

헤어, 데이비드 David Hare　183

헨델, 게오르크 프리드리히 Georg Friedrich Haendel　229, 264

헨체, 한스 베르너 Hans Werner Henze　68, 276

헴레프, 루카스 Lukas Hemleb　268, 270

호로비츠, 이스라엘 Israël Horovitz　277

호르바트, 외된 폰 Ödön von Horvath　259, 269

호프만슈탈, 후고 폰 Hugo von Hofmannsthal　258

홀츠만, 해리 Harry Holtzman　257

훔퍼딩크, 엥겔베르트 Engelbert Humperdinck　155

히긴스, 콜린 Colin Higgins　261

히데유키, 야노 Hideyuki Yano　160

히라타, 오리자 Oriza Hirata　141

히크메트, 나짐 Nazim Hikmet　73

힐링, 아냐 Anja Hilling　164

Photo Credit

© ANDRÉ ACQUART : P. 23~25

© ARCHIVES NICOLAS TREATT : P. 25, 45, 115

© YVES GUILLOTIN : P. 27

© COLLECTIONS COMÉDIE-FRANÇAISE,
PHOTO PATRICK LORETTE : P. 28

© BRIGITTE ENGUÉRAND /
DIVERGENCE : P. 29, 65, 66, 190

© DÉP. DES ARTS DU SPECTACLE
BNF / ADAGP, PARIS / DR : P. 31

© COLLECTION PIC / ADAGP, PARIS 2013 /
DÉP. DES ARTS DU SPECTACLE BNF : P. 32

© MARION LYONNAIS : P. 33

© MICHEL RAFFAELLI : P. 35~37

© FRANCIS POIGNARD : P. 41

© MARIE-NOËLLE DIOCHON : P. 42

© OLIVIA BARISANO . P. 43

© DANIEL CANDE / BNF : P. 46

© JEAN-PAUL CHAMBAS : P. 47

© ANNE BIGIRT : P. 49

© PHILIPPE DELACROIX : P. 50

© ALAIN CHAMBON : P. 51

© FRANÇOISE DARNE : P. 53~55

© GÉRARD DIDIER : P. 57

© MARC GINOT : P. 58

© STÉPHANE GAILLOCHON : P. 59

© GUY-CLAUDE FRANÇOIS : P. 61, 62

© DOMINIQUE ERHARD : P. 63

© CHANTAL DEPAGNE / PALAZON : P. 67

© FONDS YANNIS KOKKOS /
IMEC IMAGES : P. 70

© YANNIS KOKKOS : P. 69

© MICHEL LAUNAY : P. 73~75

© JEAN-GUY LECAT : P. 77~79

© DR / ACTES SUD (PHOTO
CHARLOTTE LATAILLADE) : P. 81

© CLAUDE GAFNER : P. 83, 159

© CHRISTINE MAREST : P. 85, 86

© GTG / NICOLAS LIEBER

ET DOUGLAS PARSONS : P. 87

© PHILIPPE MARIOGE : P. 89~91

© GILLES ABEGG : P. 93

© OPÉRA-COMIQUE / DR : P. 94

© MARIE MARESCA : P. 95

© AGOSTINO PACE : P. 97~99

© BÉATRICE HATALA : P. 101, 102

© ÉLISABETH CARECCHIO : P. 103,
129~131, 141, 142, 166, 185, 187, 240

© LAURIANNE SCIMEMI : P. 241

© ROMAIN ÉTIENNE : P. 207, 209

© LAURENCE FRAGNOL : P. 208

© EMMANUELLE ROY : P. 235~237

© ÉRIC RUF : P. 169, 170

© DOMINIQUE SCHMITT : P. 171

© AI AIN SAUVAN / DR : P. 105

© PAOLO CASTALDI / DR : P. 106

© ROBERTO PLATÉ : P. 107

© DANIÈLE ROZIER : P. 111, 112

© MICHEL KOUMPANIETZ : P. 113

© JEAN-MARC STEHLÉ : P. 116, 117

© GUY DELAHAYE : P. 119~121

© THEATER DESSAU / DR : P. 125

© PIERRE ALBERT : P. 126

© SABINE HAYMANN /
THEATER PFORZHEIM : P. 127

© EMMANUEL CLOLUS : P. 133~135

© FRÉDÉRIC TSEDRI : P. 137

© NABIL BOUTROS : P. 138

© JEAN-LOUIS FERNANDEZ : P. 139

© JEAN-FRANÇOIS SIVADIER : P. 143

© MATTHEW ANDREWS : P. 145

© EMMANUEL BOURGEAU : P. 146

© FRANÇOIS DELAROZIERE : P. 147

© ANTOINE FONTAINE : P. 149~151

© DENIS FRUCHAUD : P. 153~155

© JACQUES GABEL : P. 157

© MARC VANAPPELGHEM : P. 158

© RAPHAËL AMOR : P. 161

© ÈVE ZHEIM : P. 162

© CHRISTOPHE RAYNAUD DE LAGE : P. 163

© MICHEL JACQUELIN : P. 165

© DR : P. 167

© RUDY SABOUNGHI : P. 173~175

© LAURENCE BASTIN : P. 177

© RAYMOND SARTI : P. 178, 179

© NICOLAS SIRE : P. 181~183

© ÉRIC SOYER : P. 186

© PASCAL VICTOR / ARTCOMART : P. 189

© AGATHE POUPENEY : P. 191

© POLO GARAT-ODESSA : P. 193

© CHRISTOPHE PELÉ / OPÉRA
NATIONAL DE PARIS : P. 194

© CHANTAL THOMAS : P. 195

© LAURENCE VILLEROT : P. 197~199

© ARCHIVES GTG / MARIO
DEL CURTO : P. 201

© ALAIN FONTERAY : P. 202, 203

© AGLAÉ BORY : P. 211~213

© DAMIEN CAILLE-PERRET : P. 215~217

© MARC LAINÉ : P. 219~221

© PIERRE GROBOIS : P. 223, 225

© CHRISTOPHE OUVRARD : P. 224

© LAURE PICHAT : P. 227~229

© PHILIPPE QUESNE / VIVARIUM
STUDIO. PHOTOS DE MARTIN
ARGYROGLO : P. 231~233

© POLO GARAT : P. 239

© AURÉLIE THOMAS : P. 243~245

© ANTOINE VASSEUR : P. 247

© ÉLODIE DAUGUET : P. 248

© CÉLINE GAUDIER : P. 249

드높이 날다

1985 - 1995

EN O
N V
L' E
ㄴㅌ

질론 브룅 GILONE BRUN

1949, Rabat
시노그라퍼
연출가

"시노그라피는 보는 것과 듣는 것, 그 사이에 있다.
시노그라피는 공연의 구성 요소이면서 다른 요소들 사이에
슬며시 자리한다. 각각의 소리가 울리는 빈 공간으로, 관객이
연주 가능한 공명 상자이자 산책할 수 있는 공간이다.
시노그라피는 교차로다. 의미가 솟아오르는 수직선이자,
연기에 필요한 조형성을 잃지 않으면서 시간의 흐름과 공간의
이동을 보여주는 수평선이다. 리듬과 색깔, 채움과 비움,
그림자와 빛이 섬세하게 어우러진 공간으로, 모리스 블랑쇼가
말했듯이 그 중심에는 배우가 있다. 시노그라피는 사라지면서
완성되는 작품, 부딪치면서 존재를 증명하고, 존재를 드러내면서
홀연히 멈추는 작품이다."

질론 브룅은 리옹 건축학교École d'architecture de Lyon에서 공부한 후, 프라하 연극학교에서 시노그라피를 공부했다. 1979년부터 연극과 오페라, 서커스(극단 아르카오스Archaos)에서 활동하며 백여 편이 넘는 시노그라피와 의상을 창조했고, 퐁피두센터와 라빌레트 과학관 전시 기획에 참여했다. 1994년에는 극단 예술가의 시련Épreuve d'artiste을 창단하고 연출가로 활동했다. 단독으로 연출하거나, 다른 연출가·작가와 협업으로 작품을 만들었다. 파리 8대학에서 공연예술학 박사 학위를 받고, 보르도 3대학 교수로 연출과 시노그라피 석사 과정을 지도했다. 이론과 실기의 병행으로 공간 표현력이 풍부하다.

시간에 얽매인 당신
Vous qui habitez le temps
작가 발레르 노바리나
연출 Claude Buchvald, Gilone Brun
시노그라피·의상 Gilone Brun

소극장 파리 근대세탁장(Lavoir moderne parisien), 1995
photo ⓒ Francis Poignard

오로지 빛과 배우의 움직임으로 노바리나의 언어가 들리는 공간을 구상하고자 했다. 알베르토 자코메티가 청동으로 '암탉-여신*Poules-déesses*역주4'을 만든 것처럼, 배우는 텍스트를 조각하며, 공간에 몸으로 글을 쓴다. 무대 바닥은 납처럼 푸르스름하다. 관객 위에서 쏟아지는 조명으로 물이 튀어 오르듯 바닥에 빛이 번진다. 시간성에서 벗어나 멈춰 있는 빨래터, 이곳에서 말을 세탁하듯 끊임없이 말을 쏟아낸다. 하나같이 말이 이끄는 대로 불현듯 튀어나왔다가, 기력이 완전히 소진되어 물에 쓸려가듯 사라진다.

몸 감는 여인들 Les Baigneuses
작가 다니엘 르마이외
연출 Jean-Marc Bourg, Jacques
Allaire
시노그라피 Gilone Brun

열셋 바람이 부는 극장(Théâtre des
Treize Vents),
몽펠리에 국립연극센터(CDN de Mont-
pellier), 1999
photo © Marie-Noëlle Diochon

리허설에 앞서 안무가 릴라 그린과 여배우 8명이 퍼포먼스를 했다. 실험적 퍼포먼스의 연장선으로 공간과 의상을 구상한다. 무대는 객석의 일부까지 확장된 감옥이다. 화가의 시선 아래 모델이 화폭에 갇히는 것처럼, 단색의 무대에 배우가 갇힌다. 두 발로 얼굴을 표현하고, 가슴으로 엉덩이 모양을 만든다. 희곡에서 제시한 관점에 조형적 사고를 곁들여 내용과 형태의 조화를 만든다. 토치카, 해변, 탈의실을 조명과 의상, 움직임으로 암시한다. 세잔이 대상을 그대로 모방하지 않고 화가의 시선으로 조명하려 했듯이, 15장면으로 구성된 작품은 시선에 대한 질문이다. 자기 자신을 어떻게 평가하는지, 타인을 어떤 시각으로 보는지, 무대 위에 형상화된 시청각 이미지를 어떤 관점으로 바라보는지 질문을 던진다.

비행기가 추락한 안데스 산맥에서 생존자들이 인육을 먹으며 목숨을 부지한 실화를 바탕으로 쓴 작품으로, 미국 다민족 사회 지도층을 그리고 있다. 코메디 프랑세즈 리슐리외관은 무대와 객석이 분리된 전통적인 이태리식 극장이다. 이러한 고유성을 변형하여 또 다른 극장을 연출한다. 연기 공간을 객석 앞으로 내밀어서 극장을 분해하고 재구성한다. 백여 명이 앉을 수 있는 오케스트라석까지 금속 재질의 비행기 날개 장치가 튀어나온다. 무대 바닥도 같은 금속 재질로 입힌다. 희곡에서 제시된 것처럼 오브제와 소품이 자연계의 프랙털 현상처럼 크기만 다를 뿐 같은 모양으로 되풀이되어 나타난다. 식료품으로 변하는 몸은 평범한 일용품과 별반 차이가 없다. 삶을 살아가는 주체가 아니라 오브제로 전락하고, 급기야 피부 세포가 괴사되는 병에 걸려 무대 세트 속 장식물처럼 보인다. 관객 앞에서 믿기 어려울 정도로 심하게 몸의 형상이 일그러진다.

평범 L'Ordinaire
연출 Michel Vinaver, Gilone Brun
시노그라피 Gilone Brun

코메디 프랑세즈(Comédie-Française), 2009
photo ⓒ Olivia Barisano

장폴 샹바 JEAN-PAUL CHAMBAS

1947, Vic-Fezensac
화가
무대미술가

화가, 무대미술가 아님 시노그라퍼?
이렇게 구분하는 것이 중요할까? "나는 시노그라퍼도
무대미술가도 아니고, 무대미술을 하는 화가라고 데뷔 시절
줄곧 생각했다. 그렇지만 이런 용어상의 문제는 더 이상 중요하
지 않다. (…) 커튼과 소파가 어울려야 한다는 의무사항 없이
무대에 공간을 그릴 수 있다면, 무대미술가로 기꺼이 활동할 수
있다. (…) 무대미술을 하는 화가는 먼저 공간의 부피를
가늠한다. 계단을 만들고 소리가 들리는 공간을 구상하면서
어떻게 접근할지 해결책을 찾는다."

예술사와 고고학을 공부한 장폴 샹바는 1967년 자신의 첫 작품을 전시했고, 개인·단체전을 계속 열면서 화가로 활동했다. 1968년부터 1971년까지, 《파리 젊은 화가전》에 충동적 구상 화법의 그림을 출품했다. 연극 무대에는 1976년 미셸 도이치와 도미니크 뮐레르의 「일요일Dimanche」로 데뷔했다. 「염세주의자Le Misanthrope」(몰리에르 작)에서 무대미술을 맡은 후, 장피에르 뱅상과 계속해서 연극·오페라 26편을 올렸다. 클로드 레지 연출의 「비상식적인 사람들이 사라지고 있다Les gens déraisonnables sont en voie de disparition」(페터 한트케 작, 1978)와 「오이디푸스의 이름Le Nom d'Œdipe」(엘렌 식수 작, 1978), 루카 론코니 연출의 「호프만의 이야기Les Contes d'Hoffmann」(자크 오펜바흐 작곡, 1980)에서 무대를 맡았다. 그 외에도 빔 벤더스, 앙투안 부르세이에, 장클로드 오브레, 샤를 토르주만 등 여러 연출가와 작품을 만들었다. 2012년 가을, 파리 비외콜롱비에 극장Théâtre du Vieux-Colombier에서 장폴 샹바의 작품을 기리는 전시회 《화가의 무대미술전》이 열렸다.

비상식적인 사람들이 사라지고 있다 Die Unvernünftigen ster-ben aus; Les gens déraisonnables sont en voie de disparition
작가 페터 한트케
연출 Claude Régy
시노그라피 Jean-Paul Chambas

낭테르아망디에 극장(Théâtre Nan-terre-Amandiers), 1978
photo © archives Nicolas Treatt

연극 무대미술가로서 장폴 샹바가 만든 초기 작품이다. 그에게 배우 동선은 희곡 지문처럼 보인다. 작가가 지문을 구상하듯 배우의 동선을 토대로 무대를 구상한다. 빨강, 초록, 보라 같은 강렬한 색상의 추상적 공간으로 초안을 잡는다. 넓은 현대식 사무 공간에서 전개되는 희곡으로, 장면 전환이나 갑작스런 조명 변화, 비바람 같은 사실적 효과가 필요 없다. 그런데 느닷없이 빗줄기가 쏟아지더니, 무대의 강렬한 색을 씻어낸다. 벽의 칠이 일어나고, 무너질 것 같은 벽이 견고한 장치로 지탱된다. 강렬한 색의 무대는 '견고함과 연약함이 섞여 있는' 자신의 정체성을 마침내 드러낸다.

처음에 실은 장폴 샹바의 글과 「비상식적인 사람들이 사라지고 있다」 「피가로의 결혼」에 대한 자료는 악트 쉬드에서 출판한 『연극과 그림Théâtre et peinture』(2004, pp. 45-48, 51-52, 75-77)에서 발췌함. 「동 쥐앙」에 대한 묘사는 2012년 공연될 당시, 코메디 프랑세즈에서 작성한 보도 자료를 참조함.

피가로의 결혼 또는 미친 하루
Le Mariage de Figaro ou la folle journée
작가 보마르셰
연출 Jean-Pierre Vincent
시노그라피 Jean-Paul Chambas
조명 Alain Poisson

샤이오 국립극장(Théâtre national de Chaillot), Paris, 1987
photo © Daniel Cande / BNF

등장인물 모두 한 장소에서 다른 장소로 계속 부산하게 움직인다. 이러한 특성을 고려하여 우선 도면을 그린다. 등장인물 내부에서 일어나는 복잡한 상황을 화폭으로 담고, 이야기가 진행되면서 점점 커지는 작품 속 공간의 크기를 가늠한다. 장폴 샹바는 다음과 같이 설명한다. "피가로의 작은 방(3×5m)에서 시작하여 넓은 정원에서 끝나는 작품으로, 공간 변화가 매우 흥미롭다. 벽이 점점 멀어지는 공간, 두서넛 장면이 클로즈업되는 공간을 떠올렸다. 장오노레 프라고나르의 강렬한 그림 〈빗장 Le Verrou〉에서 디테일과 색상이 중요하듯, 나의 무대에는 침대 캐노피에 에로티시즘을 뿜어내는 거울이 달려 있고, 침대를 풍성하게 감싸는 커튼, 구겨진 비단 자락, 오렌지색 침대 시트가 있다."

동 쥐앙 또는 석상의 잔치
Dom Juan ou le festin de pierre
작가 몰리에르
연출 Jean-Pierre Vincent
시노그라피 Jean-Paul Chambas
조명 Alain Poisson

코메디 프랑세즈(Comédie-Française),
Paris, 2012
ⓒ Jean-Paul Chambas

연출가 장피에르 뱅상에게 『동 쥐앙』은 끝없는 변화와 움직임을 테마로 하는 여행극이다. 자유로운 산문 대사에 규칙적 리듬이 있듯 공간 리듬을 찾는 것이 관건으로, 장소 이동 문제 및 석상이 위압적으로 등장하는 마지막 장면을 어떻게 풀어야 할지가 주요 과제. 장폴 상바는 웅장한 빨간색 벽을 해결책으로 제안한다. 무대 한가운데에 놓인 이 벽 양쪽에는 이동식 파티션이 있다. 벽과 파티션을 움직이면서 공간 구조를 바꾸고, 작품 속 다른 공간으로 안내한다. 느닷없이 석상이 출현하는 곳도 벽이다. 무대 중앙에 덩그렇게 자리하고 있는 벽은 다양한 장면 변화와 움직임을 가능하게 하고, 공간에 의미를 부여하는 중심축이다.

알랭 샹봉 ALAIN CHAMBON

1948, Nogent-sur-Marne
시노그라퍼
의상 디자이너
연출가

"연극 공연을 준비할 때, 장식 디자이너décographe는 무엇을
할 수 있을까? 요즘 들어 조명 디자이너와 한 호흡으로 일하는
세노그라퇴르역주5는 무엇을 할 수 있을까? 사실 연출가나
배우의 역할, 그 이상도 그 이하도 아니다.
음표가 그려진 악보가 아니라 글이 그려진 악보를 해석하는
시노그라퍼는 레퍼토리극이건, 새로운 유형의 작품이건,
'작가'가 머무르는 영역을 해석할 뿐이다.
공연을 준비하면서 말하거나 쓰고, 그림도 그리고, 무대 장치
모형도 만들면서 무대를 구상한다. 간략하게 말하자면,
표현 양식이 어떻든 무대미술로 생각을 전한다(운이 나빠 아무런
생각이 떠오르지 않는 날에는 작업이 어렵다…)."

문학과 철학을 전공한 알랭 샹봉은 파리 3대학 연극학과 수업에서 그의 인생에 결정적으로 중요한 두 사람, 자크 기메와 자크 라살을 만났다. 자크 기메 교수가 학생들과 만드는 실험 작품에서 무대를 맡았고, 연출가 자크 라살에게 발탁되어 그의 극단에서 활동했다. 1975년부터 성향이나 관심 영역이 다양한 연출가와 계속 (또는 간헐적으로) 작업하며, 110편이 넘는 공연을 올렸다. 매번 이태리식 무대에 또 다른 이태리식 무대를 만든다고 생각하는 알랭 샹봉에게 그 방법은 '끝이 없을 정도로' 다양하다. 무대와 객석을 구분하는 무대 틀을 강조하며, 이태리식 무대 법칙역주6을 갑자기 변형할 수 있는 방법을 찾는다. 전통 공간 수용과 뒤틀기로 아이러니와 놀람, 자조 같은 미묘한 감정 변화를 담을 수 있는 시노그라피를 구상한다. 몇 년 전부터 연출가로 꾸준히 활동하고 있다.

달랑베르의 꿈
Le Rêve de D'Alembert
드니 디드로(Denis Diderot) 철학서 각색

연출 Jacques Nichet
시노그라피 Alain Chambon
조명 Marie Nicolas

파리 시티 극장(Théâtre de la Ville),
쏘 공원 오랑주리관(Orangerie de Sceaux),
1987
photo © Anna Bigirt

유물론 가설 속에 빠져드는 달랑베르의 꿈속으로 관객도 초대받는다.
투명한 푸른빛 나무 바닥 한쪽에 놓인 계단식 좌석에 관객이 앉는다.
객석 앞 확 트인 무대가 연기 공간이다. 무대 후면에는 사각 틀이
있다. 안쪽 바닥 30% 정도가 경사져 있어, 마치 사각 틀 쪽으로, 공연
내내 사용되지 않고 조명도 받지 않는 블랙홀 쪽으로 빨려 들어가는
느낌이다. 달랑베르가 침대에 기적적으로(사실은 바닥에 설치된 뚜껑이 열
리면서) 나타난 분신이자 인형을 그 다음 장면에서 던질 때 유일하게
사용되는 장소다. 아침 햇살이 창으로 들어오면서 공연이 끝난다.

폴 시펠 또는 부르주아 노동자
Bürger Schippel; Paul Schippel
ou le prolétaire bourgeois
작가 카를 슈테른하임
연출 Jean-Louis Benoît
시노그라피 Alain Chambon
조명 Joël Hourbeigt

경매극장(Théâtre de la Criée),
Marseille, 2003
photo © Philippe Delacroix

신랄한 현대 풍자극으로 마지막 장면에 사용한 배경 화폭이다. 전통
방법이지만, 영화의 한 장면처럼 매우 효과적으로 자연을 담고 있다.
빛이 투과되도록 그려져 조명으로 햇빛의 변화를 보여주고, 절망의
격동기 속에서 독일 낭만주의가 어떻게 태동하는지를 암시한다. 무대
내부에 자연이 담긴다. 연극 장치로 환기된 외부, 즉 자연 공간은 등장
인물의 편협한 세계와 대립 · 충돌하는 느낌을 자아낸다. 장면이 여러
번 바뀌지만, 무대 바닥은 변하지 않는다. 회색빛 바닥이 모습을 드러
내기 전, 어둠에 싸인 무대 양쪽에서 창문/문이 떠오르고 나무 발코니
를 향해 열린다. 문도 발코니도 허공에 떠 있는 듯하다.

필그림 일가의 양도

La Concession Pilgrim

작가 이브 라베

연출·무대미술 Alain Chambon

경매극장(Théâtre de la Criée),
Marseille, 2005
© Alain Chambon

탐욕을 소재로 한 블랙 유머, 익살스런 이야기로 황폐화된 유럽을 은유적으로 그린 작품이다. 소극장에서 경험하기 어려운 공간의 깊이와 '익숙한 야릇함'을 느낄 수 있는 비스듬한 무대 구조다. 불안정한 무대 구조만큼 관객도 덩달아 당황하며 불안해한다. 무대 자체는 비어 있지만 무대 양쪽 벽 앞에는 가구가 가득 쌓여 있다. 이전 공연에 사용했거나 집안 대대로 내려온 가구로, 상속받은 가구에 깃들어 있는 가족사 및 유산 문제를 다루는 작품의 의미를 묻는다.

프랑수아즈 다른 FRANÇOISE DARNE

1943, Saint-Étienne
시노그라퍼

"시노그라퍼는 기술팀 및 조명 디자이너와 협력하면서,
자신의 구상 개념에 따라 '좋은 장소', '공연하기에 적합한 장소'
를 창조할 의무가 있다. 공간 안에 머무를 존재와 오브제의
고유성을 고려해서 움직이는 3차원의 공간을 만들어야 한다.
아울러 공연이 지속되는 시간, 몸의 움직임으로 삶의 행로가
표현되는 시간, 사건이 진행되면서 변화하는 템포,
중요한 정서의 변화, 시대 색깔, 기후 등 시간이 개입되는
4차원의 공간인 점도 고려해야 한다."

생테티엔Saint-Étienne 에콜데보자르에서 학위를 받고, 블랑슈 거리학교로 불렸던 극예술센터Centre d'art dramatique de la rue Blanche에서 무대미술과 무대감독 분야를 전공했다. 1966년 연출가 르네 알리오 작품에서 소품 담당자로 데뷔했고(오베르빌리에 코뮌 극장Théâtre de la Commune d'Aubervilliers), 알리오가 영화를 제작할 때 무대감독을 역임했다. 1974년, 레지 상통과 힘을 모아 파리에서 극단 에사이옹Théâtre Essaïon 창단을 도왔다. 실험적 장소에서 신진 극단과 작업하는가 하면, 코메디 프랑세즈, 아비뇽 교황청 안뜰, 민중극장-샤이오궁, 스트라스부르 국립극장, 오데옹-유럽극장Odéon-Théatre de l'Europe, 오페라극장 등에서 활약했다. 연출가 제라르 베르제, 장루이 타맹, 장피에르 미켈 등의 작품에서 의상 디자이너 겸 시노그라퍼로 활동했다. 극단 데샹-마케이에프Deschamps-Makeïeff에서 무대 장치를 만들었다. 1991년부터 2008년까지 파리 국립고등장식예술학교에서 시노그라피를 가르쳤다.

프롤로그의 시간적 배경을 로마가 아닌 현대로 옮기고, 장소를 고대 유물 발굴지로 설정한다. 어느 고고학자가 칼리굴라 황제 얼굴이 새겨진 로마 화폐를 유적지에서 발견하면서, 시간 배경이 로마로 이동한다. 공간 구성으로 서로 다른 두 시대가 중첩되고, 중첩된 시간으로 두 시대 사이의 유사성을 끌어낸다. 내부가 고대 유적지이라면, 두 벽은 현대 건물에서 흔히 볼 수 있는 창으로 거울처럼 배우의 모습이 비치고, 예술과 상업이 섞여 있는 미래형 도시 라데팡스La Défense 이미지가 나타난다. 비스듬하게 세워진 두 개의 벽이자 거울은 이미지를 확대해서 보여주는 오버헤드 프로젝터 스크린 역할을 한다. 배우를 비롯하여 궁정 신하 같은 엑스트라, 무용수, 연주자가 무대로 등장하는 통로 역할도 하면서 연기 공간으로 다양하게 사용된다. 마지막 장면에서 벽/거울이 옆으로 미끄러지듯 열리며, 폭발하는 달의 이미지로 칼리굴라의 죽음과 승천을 공포한다면, 계단 아래에서 칼리굴라와 비슷한 후계자 무리가 등장한다.

칼리굴라 Caligula
작가 알베르 카뮈
연출 Youssef Chahine(영화감독)
시노그라피 Françoise Darne
조명 Dominique Bruguière

코메디 프랑세즈(Comédie-Française), 1992
photo © Françoise Darne

카메라가 설치되기 쉽도록 완전히 조립 가능한 이중 덮개로 실내 세트를 제작한다. 초벽을 발라 어느 정도 빛이 흡수되게 하고, 전체적으로 너무 눈에 띄지 않게 세트를 만들어 배우를 부각시킨다. 다양한 공간 설정으로 간접 조명이 가능하다. 무대 전면은 트인 공간이지만, 안쪽 작은 창문 뒤로는 아무것도 없다. 창살로 가려진 큰 창문 뒤는 벽으로 막혀 있다. 바깥세상이 보이지 않아 더욱 갇힌 느낌이다. 지구상 어디쯤 존재하는지 알 수 없는 비사실적 공간을 만들고, 실내 장식과 가구 같은 오브제는 사실적으로 처리한다.

사소한 일로
Pour un oui et pour un non
나탈리 사로트(Nathalie Sarraute) 희곡
각색

영화감독 Jacques Doillon
시노그라피 Françoise Darne
기술감독 Nurith Aviv

1987
© Françoise Darne

프란치스카 Franziska
작가 프랑크 베데킨트
연출 Hélène Vincent, Agnès Laurent
조명 André Diot
시노그라피 Françoise Darne

스트라스부르 국립극장(Théâtre national
de Strasbourg), 1977
photo ⓒ Françoise Darne

스트라스부르 국립극장 단원들의 공동 창작 제안에 따라 기획되었다. 무대는 (베데킨트 희곡에 자주 나오는) 서커스장 같다. 트랩이 마련된 무대에 여배우들이 있고, 남자 배우들은 객석 맨 앞줄에 앉아 있다. 앉아 있는 남자 배우들의 요구에 따라 여배우들이 연기를 하면서, 극장은 남녀 관계의 공간으로 변한다. 라인 오페라 국립극장에서 빌려온 19세기 배경 화폭을 이용하거나, 기계 장치 및 수레에 실려 나오는 가구의 변화로 시간의 흐름을 자연스럽게 표현한다. 서로 다른 오브제가 중첩되고 혼합되면서 상징적 세계가 펼쳐진다.

제라르 디디에 GÉRARD DIDIER

1949, Puteaux
화가
시노그라퍼

"우선 희곡을 읽고 작가의 지문에서 실마리를 얻는다.
책 여백에 '자동적으로' 어렴풋하게나마 다양한 형상을 그린다.
그동안 수집한 자료나 소장품을 보면서 특별히 의미 있게
다가오는 이미지나 형태를 찾은 다음, 모든 자료를
식물 표본처럼 모아놓고 평면에 초안을 그린다.
연출가와 처음 만날 때는 별다른 성과를 얻지 못할 때가 많다.
계속 문제를 제기하며 꼬불꼬불한 모색 과정을 거치지만,
연출가와 공감대를 형성하는 공간을 창조할 때,
내가 만든 공간에서 배우가 편안해 할 때, 나는 행복하다."

리옹 국립고등연극예술·기술학교에서 시노그라피를 공부한 제라르 디디에는 정기적으로 전시회를 열면서 화가로도 활동했다. 자크 니셰, 알랭 프랑송, 마리클로드 피에트라갈라, 모리스 베니슈 같은 예술적 성향이 다른 연출가·안무가와 150편이 넘는 오페라와 연극을 올렸다.

고정적으로 함께 작업하는 연출가로는 잔 샹파뉴, 장클로드 팔, 필리프 아드리앙, 마르크 파키앵이 있다. 새로운 공간을 다양하게 실험한 1970년대 시노그라퍼로 활동을 시작했고, 많은 연극인들이 다시 극장 안으로, 정면 무대로 돌아오는 1980년대에도 새로운 공간에 대한 시도

를 멈추지 않았다^{역주7}. 예를 들면, 사선의 역할을 강조한 무대, 관객의 시선이 한 방향으로 쏠리지 않는 무대, 다양한 관점에서 바라볼 수 있는 공간을 구상한다. 작품의 의도에 부합한다면, 화가로서의 재능을 발휘하며 구상하는 것을 좋아한다.

고도를 기다리며

En attendant Godot
작가 사뮈엘 베케트
연출 Philippe Adrien
시노그라피 Gérard Didier

태풍극장(Théâtre de la Tempête),
Vincennes, 1992
© Gérard Didier

현대판 고전으로 제약이 많지만 창의력을 자극하는 희곡이다. 베케트는 자세한 지문으로 모든 것을 지시한 것 같지만, 사실 연기 영역에 중요한 여백을 남긴다. 위의 그림에서, 이 공연이 획기적으로 기억되는 이유가 보인다. 등장인물이 추상적 개념이 아니라 서로 다른 개성을 가진 인물로, 유머와 생동감을 전하고 있다. 제라르 디디에는 부조리극에 따라 붙는 상투적 이미지에서 벗어나, 10톤이나 되는 잿빛 모래를 무대 바닥에 듬뿍 깐다. 객석에서 25미터 떨어진 안쪽 벽을 뚫고 달이 떠오른다. 파트리스 트로티에의 조명이 곁들여져, 희곡에 담긴 상황의 심오함과 작품의 무게를 유감없이 전달한다.

1919년에 집필한 미완성 희곡으로 최근에 발견되었다. 장소 이동에 따라 전개되는 이야기다. 착하기 그지없는 장/한스(독일 이름)는 매번 새롭게 시작하지만 실패를 거듭한다. 연속적으로 펼쳐지는 배경 화폭이 이러한 과정을 보여준다. 마치 인생을 짓밟듯 주인공 위로 배경 화폭이 가차 없이 떨어진다. 그러나 천의 무게가 무겁지 않아 장은 곧 에너지를 되찾고 일어난다. 회전식 원반형 공간은 연기의 도구이자 독특한 은유로 가득하다. 브레히트는 환상을 일으키는 곡예극 théâtre du carrousel과 천체의 운행을 관찰하듯 사회관계 유형 및 인간 행동 유형을 비춰주는 플라네타륨극théâtre du planétarium을 구별한다. 작품 속 운이 좋은 장 또는 행복한 한스는 즐겁지만 환상이 가득한 삶의 아찔한 곡예에 사로잡혀 있는 것은 아닐까?

운이 좋은 장 Hans im Glück; Jean la chance
작가 베르톨트 브레히트
연출 Jean-Claude Fall
조명 Martine André
시노그라피 Gérard Didier

열셋 바람이 부는 극장(Théâtre des Treize Vents), Montpellier, 2006
photo © Marc Ginot

에덴-시네마는 잃어버린 천국, 어린 시절에 대한 영화다. 에덴에서 작가의 어머니가 연주한 피아노곡이 배경 음악으로 깔린 무성영화이자, 찌는 더위에 프랑스 식민지였던 인도차이나, 메콩 강 근처 넓은 장소에서 영화를 상영한 이동 극장이다. 눈길을 사로잡는 커다란 간판에서 즐거운 분위기가 느껴진다. 반면 기하학적 무대는 정확한 잣대로 잰 것 같다. "다 드러내지 않음으로써 보게 하는 것이 연극이다"라고 말한 작가의 기대치에 답하듯 나무랄 데 없는 기하학적 무대. 하얀 종이 같은 무대에 배우의 연기와 대사를 강조하며 암시적 기호를 곁들인다. 다리처럼 연결된 나무판, 이를 받치고 있는 말뚝으로 땅과 강물을, 각종 오브제로 이제는 사라진 역사, 흘러간 시간을 표현한다.

에덴-시네마 Éden-cinéma
작가 마르그리트 뒤라스
연출 Jeanne Champagne
시노그라피 Gérard Didier
조명 Franck Thévenon

에키녹스 국립무대(Scène nationale d'équinoxe), Châteauroux, 2011
photo © Stéphane Gaillochon

기클로드 프랑수아 GUY-CLAUDE FRANÇOIS

1940, Berck – 2014, Paris
시노그라퍼

"공간의 은유로 작품의 메시지가 전달된다. 장식적인 것을
좋아하지 않으며, 대사에서 이미 말해진 것을 공간으로
재현하는 것을 싫어한다. 시노그라퍼는 연기의 받침대,
이야기가 전개될 토대를 만든다. 아름다운 공간을 만들려고
노력한 적은 한 번도 없다. 정확하면 아름답다. 공간에 대한
구상이 적절하다면, 아름다움은 자연스럽게 나타난다."

기클로드 프랑수아는 '시노그라퍼'라는
명칭 상용화에 많은 노력을 기울였다. 리
옹 국립고등연극예술·기술학교 전신인
극예술센터에서 전통 교육을 받고, 무대
감독과 기술감독으로 일하며 연극 기술
을 견고하게 익혔다. 아리안 므누슈킨의
태양극단에서 본격적으로 활동을 펼치
고, 영화에서 (특히 베르트랑 타베르니
에 감독과 함께) 활동했다. 오토마르 크
레이차, 제임스 아이보리, 필립 카우프만
등과 협력하면서 전시회 및 건축과 인접
한 분야에 이르기까지 두루 참여했다. 기
클로드 프랑수아는 시노그라퍼의 역할과
위상을 상승시키는 데 많은 기여를 했다.
그가 창조한 모든 영역에서 공간은 의미
를 결정짓는 요소다. 공간으로 관객과의
관계를 구상하며 작품을 시적으로 끌어
올린다. 필요에 따라 모방적 재현을 하
기도 하지만, 공간을 비우고 ('추상'이라
는 용어보다 '비움'이라는 표현을 더 좋아
한다), 은유적 표현을 즐겨 사용한다. '공
간 비우기로 관객에게 상상의 자유를 안
겨주는 것'이 그의 작업에서 나타나는 특
징이다.

황금시대 L'Âge d'or
연출 아리안 므누슈킨
시노그라피 Guy-Claude François
조명 Jean-Noël Corbier

태양극단(Théâtre du Soleil),
Vincennes, 1975
photo ⓒ Guy-Claude François

태양극단과 기클로드 프랑수아의 관점에서 볼 때, 그동안 시도했던 노력의 완성품이자 새로운 출발을 예고한 중요한 작품이었다. 「황금시대」는 영원히 기억될 신화, 등불이다. 공동 창작으로 평범한 등장인물을 새롭게 제시하는 점을 고려해서 당시 프랑스 사회를 반영하는 공간, 사회를 고발하되 선동적이지 않은 공간을 구상하고자 노력한다. 태양극단의 정신에 걸맞게 관객과 배우의 거리를 좁힌다는 원칙을 세운다. 닫힌 공간에서는 이제껏 시도하지 않았던 땅의 형상(2500세제곱미터)을 입체적으로 만든다. 솟아오른 언덕과 언덕 사이에 오목한 지대를 만들고 시멘트 포석을 부어 매끈하게 한 다음, 매트를 덮어서 관객과 배우가 움직이는 공간을 만든다.

사는 것 말고 무엇이 더 중요하랴

La Vie et rien d'autre

영화감독 Bertrand Tavernier
시나리오 Jean Cosmos, 1988
시노그라피 Guy-Claude François

© Guy-Claude François

1차 세계대전 때 사라진 가족과 연인의 흔적을 찾는 이야기다. 예술적 측면에서 볼 때 전쟁이 종료된 1918년, 그 이후 1년의 모습을 보여주는 것이 흥미롭다고 프랑수아는 생각한다. 전쟁으로 일상이 완전히 파괴되어 자연은 황폐해지고, 극장은 사무실로, 공장은 여인숙으로 변한다… 프랑수아는 베르트랑 타베르니에 감독과 장 코스모스 시나리오 작가에게 '수채화 그림 여백에 쓴 편지'로 자신의 생각을 전한다. 기차가 지나갈 때 터널이 무너지는 장면에서, 꿈쩍도 하지 않는 기차 중앙으로 어떻게 접근 가능한지 수채화로 표현한 그림이다.

〈전투 갤러리〉라는 이름으로, 전시회장 입구에 마련된 작품 사진이다. 프랑스인의 시조인 골족이 로마군에 맞서는 무용담(율리우스 카이사르의 『갈리아 전기』)을 담고 있다. 베르나르 추미가 건축한 전시회장은 실제로 전투가 일어난 장소여서 당시 상황을 실감나게 전한다. 카이사르와 최후의 교전이 벌어진 알레지아 요새지는 패배 후 갈로·로마 마을로 변모한 유적지 알리즈 생트 렌느Alise-Sainte-Reine 근처에 있는 곳으로, 추후 고고학 센터도 건설된다. 박물관공원과 고고학 센터로 교육적·감각적 측면을 모두 고려한 전시회다. 일반적으로 전시회는 예술품을 보여주는 자체에 의의가 있고, 설명이 필요하다면 말이나 글로 하면 된다고 생각하지만, 프랑수아는 동의하지 않는다. 작품은 느낌을 주어야 하며, 느끼지 못하면 진정으로 이해할 수 없다고 생각하기 때문이다.

알레지아 박물관공원 체험센터
Centre d'interprétation du
Muséoparc d'Alésia
상설 전시

건축 베르나르 추미
시노그라피 Guy-Claude François,
2012

photo © Dominique Erhard

장 아스 JEAN HAAS

1947, Strasbourg
시노그라퍼

"무대 상자는 이상향을 밝혀 주는 암실이자, 나의 연구실이다.
세상의 소리가 울리는 이곳에서 나는 상상의 나래를 펼친다."

장 아스는 스트라스부르 고등장식예술학교에서 그래픽 예술과 미술을 전공했다. 그래픽 디자이너로 스트라스부르 국립극장에 들어간 후, 연출가 장루이 우르댕, 장폴 벤젤, 미셸 도이치 곁에서 시노그라퍼로 일을 시작했다. 디디에 브자스와 필리프 아드리앵과 주기적으로 연극을 올리며 연출가 30여 명(한스 페터 클루스, 베르나르 소벨, 장루이 브누아, 클로드 레지, 샹탈 모렐⋯)과 작품을 만들었다. 음악 공연에서도 활동하고, 안무를 비롯하여 박물관 전시 기획에 이르기까지 활동 범위를 넓혔다. 성인이 된 1970년대 예술가로서 삶을 시작한 장 아스에게 예술은 상아탑 안에 갇혀 있는 개념이 아니라 사회 참여와 항상 긴밀하게 연결된 미학이다. 시노그라퍼로서 기술적 제약과 예술적 선택 사이의 조화를 추구하고 자신의 색채를 드러내며 연출의 의도에 충실한 지점을 모색한다.

관심 있으시면 들어보세요
Avis aux intéressés
작가 대니얼 킨
연출 Didier Bezace
시노그라피 Jean Haas
조명 Dominique Fortin

오베르빌리에 코뮌 극장(Théâtre de la
Commune d'Aubervilliers), 2004
photo © Brigitte Enguérand /
Divergence

아버지와 아들, 두 명의 등장인물로 응축된 희곡이다. 장 아스는 매우 간결한 공간으로 작품에 함축된 시성을 표현한다. 작가 대니얼 킨은 다음과 같이 말한다. "이야기가 진행되는 과정에서 등장인물의 언어로 그들이 어떤 상황에 있는지 관객에게 알린다. 이야기는 이미지가 아니라, 언어의 산물이다." 작가에 의하면, 희곡은 '경험을 냉압착 방식으로 짜내서 첫 번째 걸러낸' 시다. 아버지와 아들의 감동 어린 침묵이 공간에 스며들어 있다. 세부적 장식이 없어 탄력적으로 공간이 바뀐다. 희곡 시작에서 마지막까지 '상황 변화가 없지만', 필요한 경우 공간에 변화를 주어 '무언가가 드러났음'을 강조한다. 2005년 무대미술 부분 비평가상을 받았다.

'부드러운 빛이 감도는 내부, 높은 창문 밖으로 윌리엄 터너가 즐겨 그린 시골 풍경이 상상되는 18세기 실내 공간'이라고 디디에 메뢰즈가 일간지 『라 크루아La Croix』에 묘사했듯이 간소한 무대다. 간소하지만 작품 전개에 따라 역동적으로 변하는 은유적 공간이다. 공간에서 느껴지는 딱딱함은 편견으로 가득 찬 세상, 그 안에서 각자 살아가고 있는 등장인물을 표현한다. 한편, 감각을 자극하며 즐거움을 주는 공간은 연출가가 말하듯 '자유와 사랑이 결국 승리할 것임을' 표현한다. 창문에 쏘여지는 조명의 변화로, 속마음을 다 내비치는 것은 어려운 일임을 섬세하게 보여준다. 창문이자 문은 여닫을 수 있게 견고하면서, 적당한 시점에 날아갈 수 있게 가볍게 제작된다. 자유롭게 날아가는 창문/문으로 장애물은 사라질 수 있다고 관객을 설득하면서 막이 내린다.

거짓 고백 Les Fausses Confidences
작가 피에르 드 마리보
연출 Didier Bezace
시노그라피 Jean Haas
조명 Dominique Fortin

오베르빌리에 코뮌 극장(Théâtre de la Commune d'Aubervilliers), 2009
photo © Brigitte Enguérand / Divergence

잘 속는 사람 Le Dindon
작가 조르주 페도
연출 Philippe Adrien
조명 Pascal Sautelet
시노그라피 Jean Haas

태풍극장(Théâtre de la Tempête),
Vincennes, 2010
photo © Chantal Depagne / Palazon,
2010

페도의 작품을 공연하기는 쉽지 않다. 예를 들면, 그의 희곡에서 문의 역할이 중요하지만, 어떻게 불르바르극^{역주8}의 상투성을 피해 가며, 문의 중요성을 나타낼 수 있을까? 극단적으로 보여주는 방법도 — 불르바르극에 나타나는 다른 전형적 요소도 같은 방법으로 해결할 수 있는 것처럼 — 가능하다. 장 아스는 무한에 가까운 문을 보여준다. 수없는 문으로 등장인물 스스로 파렴치하게 만든 덫에 푹 빠져 있음을 보여주고, 결국은 통제할 수 없는 세상의 노리개에 지나지 않음을 보여준다. 회전 무대는 무질서한 움직임을 표현하는 이상적 도구로 변모한다. 번잡한 움직임으로 환상에 가깝도록 잔인하고 우스꽝스러운 삶의 종착역이 무엇인지 표현한다. 작품 속 당황하는 남자도, 격분하는 여자도 타성과 편견으로는 어떤 문제도 해결할 수 없음을 공간 구성으로 강조한다.

야니스 코코스 YANNIS KOKKOS

1944, Athens
화가
시노그라퍼

"시노그라피는 현대극이든 고전극이든 작품의 '지질학적' 측면을
담아낸다. 즉 작품의 배경, 상상의 영역, 말해지지 않은 내용,
알 수 없는 부분을 직관적이면서 논리적으로 공간에 담아낸다.
시노그라퍼는 이미 알고 있는 것을 '잊어버리고' 새롭게 출발하듯
무대를 다뤄야 할 것이다. 작품에 공감을 하되, 비평적 거리를
유지해야 생각지 않았던 미학적 해결책을 찾을 수 있다고 생각한다.
정확한 해결책은 어떻게 찾을 수 있을까? 선택한 방법에 '공감할
만한 시성'이 있다면 찾을 수 있다. 조형적으로 작품의 의도를
보여주고자 하는 과정에서, 잘 이해되지 않는 작품 속 그림자를
밝히고자, 의미를 발견하고자 애쓰는 과정에서 찾을 수 있다.
천편일률적인 유행에 굽히지 않고 중요한 상황을 비꼬기로 가볍게
해결하지 않는다면, 조롱이 방어책이 아닐 경우 거부한다면,
창조적 상상력을 잃지 않으면서 정확한 답변을 찾을 수 있다.
시노그라피는 공간으로 표현되는 시간이다. 공간의 선ㆍ부피ㆍ
재질ㆍ색상으로 음악을 듣게 하는 시노그라피는 연극에서 구체적
으로 표현되는 시다."

1963년부터 프랑스에 살고 있는 야니
스 코코스는 1965년 스트라스부르 국립
극장-고등연극예술학교에서 학위를 받
고 다양한 연출가와 작업했다. 1969년
부터 1990년까지 앙투안 비테즈와 협업
했다. 예를 들면 소포클레스의 「엘렉트라
Électre」(1971, 1986)와 폴 클로델의 「정오
의 나눔Partage de midi」(1975), 「비단 구두
Le Soulier de satin」(1987)가 있다. 1987년
부터 오페라·연극에서 연출가 겸 시노그

라퍼로 활동했다. 현대극과 고전극을 오
가며 다음과 같은 작품을 남겼다. 이안니
스 크세나키스의 「오레스테이아Oresteia」
(지벨리나Gibellina, 1987), 장 라신의 「이
피제니Iphigénie」(1991), 리하르트 바그
너의 「신들의 황혼Le Crépuscule des dieux」
(밀라노의 스칼라 극장La Scala, 1998)과
「트리스탄과 이졸데Tristan et Isolde」(브뤼
셀의 라모네 극장La Monnaie, 2006), 모
데스트 무소륵스키의 「보리스 고두노프

Boris Godounov」(빈, 2012), 엑토르 베를리
오즈의 「트로이 사람들Les Troyens」(전곡,
2003), 한스 베르너 헨체의 「바사리드
Les Bassarides」(파리 샤틀레Châtelet 극장,
2005), 일데브란도 피체티의 「대성당에
서의 살인Assassinio nella Cattedrale」(밀라
노, 2009), 리하르트 슈트라우스의 「그
림자 없는 여인La Femme sans ombre」(플로
랑스의 피렌체 극장, 2010) 등이 있다.

햄릿 Hamlet
작가 윌리엄 셰익스피어
연출 Antoine Vitez
시노그라피 Yannis Kokkos
조명 Patrice Trottier

샤이오 국립극장(Théâtre national de Chaillot), Paris, 1983
© Yannis Kokkos

연출가 비테즈와 다양한 실험을 한 코코스는 서양 극장의 산물인 정면 무대로 돌아온다. 개조된 국립극장 무대와 객석에 적색과 황금색을 입힌다. 공간의 깊이감이 느껴지도록 무대 틀을 세우고 프로시니엄을 넓게 확장한다. 무대 바닥을 가파르게 해서 원근법을 강조한다. 무대 밑, 경사가 시작되는 곳에서 등장인물이 등장한다. 출입구로 처음 사용된 무대 밑, 보이지 않는 곳에서 불쑥 나타나는 등장인물로 관객은 놀란 가슴을 쓸어내린다. 무대에서 작품의 극중극 분위기가 느껴지고, 모든 것이 철저하게 정비되고 통제되어, 평온하지만 불안한 그림자에 사로잡힌 도시가 연상된다. 세를리오와 크레이그의 구상[역주9], 전통과 근대성이 어우러진 공간이자 배우와 의상이 돋보이는 보석상자다. 조명 디자이너 파트리스 트로티에가 빚어내는 하얀 페이지, 그 위에서 여러 기호가 움직이고 저항할 수 없는 온갖 힘이 출렁인다.

『오디세이아Odyssée』에서 율리시스는 폴리페모스의 감옥에서 벗어나고
자 자신의 이름을 그리스어로 '아무도 아닌자'를 뜻하는 '우티스'라고 말
한다. 작곡가 루치아노 베리오는 20세기를 살인으로 종결되는 다섯 주기
로 나눈다. 은행과 사창가를 돌면서 포로가 된 우티스의 살인이 다섯 번
되풀이되는 이야기로, 무대 이미지는 한 상황에서 다른 상황으로 미묘
하게 변한다. 미묘한 변화가 있는 매 순간이 아름답고 각 사건이 다양하
게 해설될 수 있는 여지를 남기는데, 시간적 배경이 자유롭게 변하기 때
문이다. 상황에 따라 이미지가 변하듯 오케스트라 음색도 현저하게 달라
진다. 파란 네온사인이 밑에서 비추고 있어 환하게 드러나는 망사, 텔레비
전 화면, 비디오 영상, 세 개의 유리 상자, 비스듬한 장치, 그리고 가구 몇
점으로 공간을 만들고 단순한 은유로 끊임없이 재구성한다.

우티스 Outis
작곡 루치아노 베리오
대본 Dario del Corno, Luciano
Berio
음악감독 David Robertson
연출·시노그라피 Yannis Kokkos
비디오 Éric Duranteau

샤틀레 극장(Théâtre du Châtelet),
Paris, 1999
© Fonds Yannis Kokkos / IMEC im-
ages

돈키호테 Don Quichotte
오페라 쥘 마스네
음악감독 Valery Gergiev
연출·시노그라피 Yannis Kokkos
비디오 Éric Duranteau

마린스키 극장(Théâtre Mariinsky),
Saint-Pétersbourg, 2012
© Yannis Kokkos

소설로 유명하지만, 오페라로 성공한 작품이기도 하다. 오페라의 화려함 속에 죽음에 대한 강박 관념이 스며 있다. 현실과 상상의 세계가 겹치는 '그림자극'으로, 무대는 '움직이지 않는 여행객'이 꿈꾸는 세계, 조화롭고 아름다운 천국을 보여준다. 고지대에 있는 마을 아래와 가파른 산의 단면, 그 사이에 반짝거리는 빈 무대가 있다. 엄청나게 큰 책 한 권이 펼쳐져 있고, 여기서 등장인물이 하나둘씩 튀어나온다. 움직이는 책으로 다양한 공간을 연출한다. 단순한 형태, 중국 그림자극, 동물 자동인형, 탑과 계단으로 표현된 세계는, 꿈을 잃어버린 척박한 물질세계와 확연히 다르다. 디지털 영상으로 각종 풍차가 전투하는 놀라운 장면이 나타난다. 풍차 날개가 급회전하면서 소용돌이가 일고, 연기를 뿜어내는 환상적인 군마와 거인이 소용돌이 속에 뒤섞인다.

미셸 로네 MICHEL LAUNAY

1943, Issy-les-Moulineaux —
2013, Paris
조각가
시노그라퍼

"모든 사람들에게 좋은 평가를 받기 위해 예술을 하지 않는다.
나의 목적, 내가 원하는 것은 다른 사람과 차별화되는 것이다.
내 개성이 드러나는 독특함으로, 연극에서 시노그라피가
무엇을 의미하는지, 이에 대한 생각을 제시하는 것이다.
사람들을 어떻게 자극할까 고심하지 않고, 유연하게 변형 가능
하고 시적인 공간을 만들고자 심혈을 기울인다. 무대미술에
생명을 부여하는 것은 배우다. 무대미술은 의상과 비슷하다.
그 자체로 존재하면서 누군가에게 옷을 입히고, 꿈꾸게 하며,
호기심을 자극하기 때문이다. 어떤 경우에도 상세하게
시각화하는 것은 피해야 한다. 빅토르 가르시아가 말한 것처럼
'모든 것을 설명한다면 예술의 마력은 사라진다.'"

과학기술 교육을 받은 후, 조형예술과 드라마투르기를 공부한 미셸 로네는 1964년 파리 세계연극축제에서 아르헨티나 연출가 빅토르 가르시아를 만났다. 디종 Dijon의 한 전시회장에서 공연된 「자동차 묘지」Le Cimetière des voitures (페르난도 아라발 작, 빅토르 가르시아 연출)에서 시노그라퍼로 두각을 나타냈다. 가르시아와 공동 작업을 계속하는 한편, 앙드레루이 페리네티, 메흐맷 루이소이, 샤를 토르주만 등의 연출에서 드라마투르기를 유감없이 드러내는 공간을 창조했다. 장인 정신을 연마하면서 새로운 형태를 만들고, 기계 장치를 섞어 항상 변하고 움직이는 무대를 만든다. 피터 브룩의 요구로, 1974년 부프뒤노르 극장 개조 연구 과정에 참여했다.

왜 베네르지는 자살했을까?
Pourquoi Bénerdji s'est-il sui-
cidé?
작가 나짐 히크메트
연출 Mehmet Ulusoy
시노그라피 Michel Launay

아비뇽 축제(Festival d'Avignon), 1980
이스탄불 국립극장(Théâtre national
d'Istanbul), 2002
photo © Michel Launay

1980년 메흐맷 루이소이 연출로 아비뇽 축제에서 선보이고, 2002년 이스탄불 국립극장에서 다시 공연된다. 나짐 히크메트의 정치적 투쟁을 다룬, 시처럼 아름다운 희곡이다(Nazim Hikmet, *Pourquoi Bénerdji s'est-il suicidé?*, éditions Aden). 주인공은 죽을 때까지 자신의 신조에 충실한 인디언 혁명가다. 작가가 인용한 헤라클레스의 "같은 강물에 결코 두 번 몸을 적실 수 없다"는 명구에 실마리를 얻어 혁신과 움직임의 개념으로 접근한다. 배우를 지탱할만한 회전판이 부착된 물레방아 형태, 물을 퍼 올리는 장치를 설치한다. 커다란 원기둥으로 주인공 베네르지가 세상에 어떻게 둘러싸여 있는지 은유적으로 표현한다. 작은 원기둥은 우주이며 달이다. 희곡의 리듬에 따라 배우가 움직이면 두 개의 원기둥이 동시에 회전 가능하다. 손으로 조작 가능한 가벼운 철근 구조로, 다양한 표현을 만든다.

칼데론 Calderon
연출 Victor Garcia
시노그라피 Michel Launay

샤이오 국립극장(Théâtre national
de Chaillot), Paris, 1981
photo © Michel Launay

페드로 칼데론 데라바르카의 「성찬 신비극*Les Autosacramentales*」을 몽타주한
작품으로 빅토르 가르시아가 1981년 「칼데론」이라는 제목으로 올린다. 개조
된 샤이오 국립극장 무대의 기술적 조건에 맞춰 철근 구조와 투명한 플라스
틱 조형물을 설치한다. 보이지 않는 강력한 용수철로 움직이는 구조물이다. 전
체적으로 가벼운 느낌을 준다. 기계 장치가 중요한 역할을 하는 '기계극*pièces
à machines*'을 집필한 칼데론의 세계와 공통점이 있는 장치로, 크리스털 꽃처럼
계속 열리고 닫히면서 영원히 움직일 것 같은 느낌을 준다. 스스로 또는 기계
장치에 의해 등장인물이 움직인다. 기계와 하나가 된 듯 역동적으로 펼쳐지는
배우의 연기, 배우의 몸에서 예기치 못한 초자연성이 뿜어져 나온다.

십이야
Twelfth Night; La Nuit des rois
작가 윌리엄 셰익스피어
번역·각색 Bernard Noël
시노그라피 Michel Launay
연출 Charles Tordjman

로렌 민중극장(Théâtre populaire de Lorraine), Thionville, 1991
photo ⓒ Michel Launay

희곡의 배경이 되는 고대 국가 일리리아, 올시노 공작의 저택이 면적 100 제곱미터에 높이 6미터 80센티의 회전 무대로 표현된다. 알루미늄과 철로 된 둥근 원형 장치가, 뒤집힌 두 개의 회전판 위에서 돌아간다. 중앙 몸통 아래에 놓인 전기 모터 2대로 중심축과 사방으로 연결된 16개의 기둥이 돌아간다. 대략 7톤의 무게로 완전히 해체될 수 있고 수작업으로 이동이 가능하다. 이야기 진행에 따른 다양한 장소 변화를 유연하게 표현한 회전 무대는 무엇보다도 '연기용 기계'다. 연극 기계 장치의 전통을 살려, 섬세하고 성공적으로 셰익스피어 희극 연기에 리듬을 부여한다.

장기 르카 JEAN-GUY LECAT

1943, Paris
기술감독
시노그라퍼

"누구든 공간을 벗어날 수 없다. 어떤 구체적 장소가 아니라도,
자연 속에 있거나 건축물 안에 있기 때문이다.
건축과 시노그라피는 밀접한 관계가 있다. 기존에 있던 장소를
선택하거나, 새로 창조하여 공연 장소를 만들기 때문이다.
의미를 머금고 있는 공연 장소는 관객의 상상력을 자극한다.
건축가나 시노그라퍼가 심사숙고해서 만든 장소는 배우의
연기에 의해 '시니피앙'이 되고, 의미가 드러난다.
공간의 특성을 고려하지 않고 장비를 설치한다면, 공간과
장비는 상호충돌한다. 간결한 시노그라피를 지향하는 것 또한
적절한 장소를 찾는 방법이다."

장기 르카의 작품에서 나타나는 특징은 건축과 시노그라피의 조화다. 클로드 페르세와 장마리 세로 밑에서 조연출을 하면서 연극 건축에 입문했다. 파리 비외콜롱비에 극장과 아비뇽 축제에서 무대감독을 역임했다. 피터 브룩의 「이크족Ik」순회공연 및 장루이 바로와 마마 실험극 장La MaMa Experimental Theatre Club 순회공연 당시 기술감독을 역임했다. 부프 뒤노르 극장 개조에도 참여했다. 그 후 25년간 브룩과 순회공연을 하면서 부프 뒤노르 정신을 담아 세계 도처에 있는 200여 개의 '빈 공간'을 발견하고 재구성했다. 자신을 '공간 선생님'이라고 부른 브룩과 연극 교육에도 참여했다. 극장 건축의 특성을 고려하고 주어진 장소를 어떻게 개축할 수 있을지를 생각하며 간결한 공간을 창조한다. 공간 속 오브제를 본래 기능이 아닌 다른 기능으로 사용하는 방법을 모색한다.

마하바라타 Le Mahabharata
연출 피터 브룩
시노그라피 Jean-Guy Lecat

불봉(Boulbon) 채석장,
아비뇽 축제(Festival d'Avignon), 1987
photo ⓒ Jean-Guy Lecat

인도의 거대 서사시 마하바라타 공연 장소로 채석장을 선택한다. 러닝 타임 12시간 동안 자연 경관 자체가 웅장한 볼거리다. 면적이 135×50미터에 이르는 공간에 1000개의 좌석이 임시로 놓이는데, 아늑함도 느껴진다. 빗물이 쉽게 빠지도록, 바위와 모래로 바닥을 3미터 가량 높인다. 바람막이로 바위벽을 설치해서 음향 효과를 높이고 공간을 감싼다. 바람의 방향에 따라 남쪽을 출입구로 사용한다. 태양의 방향에 따라 연기 방향을 정한다. 무대가 서쪽에 있어 관객 뒤에서 태양이 떠오르고 관객 앞에서 태양이 진다. 육안으로 쉽게 드러나지 않게 재구성되면서 채석장 선택이 옳았다는 평가를 받았다. 조명을 받으면서 공간은 진정한 가치를 드러냈으며, 자연 경관으로 둘러싸인 장소이지만 인위적으로 창조된 것처럼 보였다. 그만큼 연기 구도나 공간 구성이 뛰어난 작품이다.

마하바라타와 체호프의 벚꽃 동산 Le Mahabharata et la Cerisaie
연출 피터 브룩
시노그라피 Jean-Guy Lecat

마제스틱 극장(Harvey Majestic Theatre), New-York, 1987
photo © Jean-Guy Lecat

2000명을 수용할 수 있는 폐쇄된 극장을 뉴욕시가 재건축하기에 앞서, 야심차게 개조해서 임시로 사용하고자 했지만 계속 사용되면서 모범 사례를 남긴다. 단 한 번의 작업으로 다양한 변화를 준다. 공간과 객석의 부피를 줄여야 해서 무대를 1미터 50센티로 높이고, 객석 앞좌석까지 확장한다. 계단식 객석 앞으로 돌출된 무대는 양쪽 발코니 좌석과 가까워진다. 2층 발코니 좌석은, 1층 발코니에 앉은 관객들로 잘 보이지 않아, 반쯤 비워둔다. 이렇게 900명이 관람할 수 있는 공간으로 바뀐다. 프로시니엄이 객석 앞으로 돌출하면서 공간의 무게 중심이 관객 쪽으로 이동하고 소리 전달력이 좋아진다. 지나간 삶의 흔적을 고스란히 간직한 장소이자 폐허로 변해버린 공간에 매혹적 시성이 깃들어 있는 곳으로, 관객에게 가까이 다가가려는 의도가 훌륭히 표현된 장소다.

단순한 물받이 판으로 관객이 양쪽에서 마주보는 사이 무대를 만든다. 검도장의 이미지처럼, 사이 무대에서 대결 · 투쟁이 연상된다. 한쪽 끝은 타이터스의 공간으로 궁전 출입구다. 녹슨 철책과 정사각형 수직 기둥으로 궁전의 입구가 형상화되는데, 기둥에 쏟아진 조명에 따라 숲이나 감옥이 된다. 다른 한쪽 끝은 원시적이고 야만적인 세계다. 물받이 판이 쌓이면서 섬을 이룬다. 세상으로부터 버림받은 아버지와 딸이 섬에 고립되며 작품이 끝난다. 어떻게 이들의 고독과 냉혹한 불행을 보여줄 수 있을까? 지나치게 단순한 것과는 분명 다른 간결한 미학을 추구한다. 있는 그대로 보여주기보다는 무언가를 암시하거나 꼭 필요한 것을 선별하여 보여준다.

타이터스 앤드러니커스
Titus Andronicus
작가 윌리엄 셰익스피어
연출 Selina Cartmell
시노그라피 Jean-Guy Lecat

프로젝트 아트센터(Project Arts Centre), Dublin, 2006
photo ⓒ Jean-Guy Lecat

클로드 르메르 CLAUDE LEMAIRE

1939, Dunkerque
시노그라퍼

"시노그라피는 공연 장소와 형태를 선택해서 모든 것이
허구이고, 가장되고, 덧없이 사라질 삶의 공간을 창조하는
작업이다. 연극에서 가장 아름다운 것은 영원히 끝났지만
기억 속에 살아 있는 공연이다. 예술은 사실과 결코 무관하지
않다. 그러나 사실성에 대한 개념이 유동적이어서 공연의
형태가 변한다. 사실을 걸러낸 추상 형태는 상상하게 하는 힘,
감동을 자아내는 힘이 있고, 실상과 동일시하는 차원을 넘어
다르게 보는 기쁨을 선사한다. 아무것도 볼 것이 없으면,
모든 것이 눈에 들어오기 때문이다."

장식예술을 전공한 클로드 르메르는 자크 뒬리외가 이끄는 '아틀리에 86'의 일원이 되면서 건축에 관심을 갖는다. 1963년 르네 알리오의 조수로 연극 「71년 봄 Le Printemps 71」(아르튀르 아다모프 작, 클로드 마르탱 연출)으로 데뷔했다. 이듬해, 「구름을 지나가야지Il faut passer par les nuages」(프랑수아 비에두 작)에서 알리오와 공동으로 무대를 만들었다. 에메 세제르의 「크리스토프 왕의 비극La Tragédie du roi Christophe」에서 의상을 맡으면서 연출가 장마리 세로와 인연이 시작되었다(1964-1969). 연출가 앙드레 스테제와 20년 이상 작업하고(1969-1990), 앙투안 비테즈(1978-1982), 아를레트 테파니(1976-2000)와 작품을 만들었다. 50명이 넘는 연출가와 300편 이상의 작품을 만든 클로드 르메르는 팀워크를 존중하고 드라마투르기에 적합한 공간 형태를 찾으며, 시성과 윤리성을 모두 고려한다. 1981년부터 1988년까지 스트라스부르 국립극장-고등연극예술학교에서 시노그라피 분과장을 역임했다.

타르튀프 Le Tartuffe,
염세주의자 Le Misanthrope,
동 쥐앙 Dom Juan,
여자들의 학교
L'École des femmes
작가 몰리에르
연출 Antoine Vitez
시노그라피 Claude Lemaire, 1978

클로드 르메르의 모형 제작물
photo ⓒ DR / Actes Sud

몰리에르의 4부작 공연으로, 최소한의 요소로 단 하나의 공간에서 진행된다. 연출가 앙투안 비테즈의 표현처럼 '하나의 장치'로 무대를 통일하여 작품을 연결한다. 몰리에르 수업을 받은 콩세르바투아르 제자들이 배우로 등장하기 때문에, 학생 그룹이 공연 제작팀으로 탈바꿈한다. 역할에 따라 전통 의상이 정해져 있지만, 각자 다른 역할을 창조하는 기회도 갖는다. 리허설 장소가 '꿈의 극장'으로 변하는데, 트리스탕 파브리스가 그린 배경 화폭이 무대 양쪽과 안쪽에 걸린다. 폼페이 가옥을 장식했던 벽화를 재현한 것으로 적색과 금색, 검은색이 두드러진다. 공간을 채우는 요소로는 의자 2개와 테이블 하나, 횃불과 막대기가 전부다. 무대는 「타르튀프」, 「염세주의자」, 「동 쥐앙」에서 거실이고, 「여자들의 학교」에서는 아르놀프의 집이자 거리이다. 내부에서 외부로 자유롭게 변하는 공간으로, 경계 없는 자유로움으로 연기하는 즐거움을 선사한다.

배우이며 순교자인, 진정한 성 주네 Le véritable saint-Genest, comédien et martyr
작가 장 드 로트루
연출 André Steiger
시노그라피 Claude Lemaire
조명 Roberto Venturi

코메디 프랑세즈(Comédie-Française), Paris, 1988
코메디 프랑세즈 컬렉션/
photo © Patrick Lorette

디오클레티앙의 딸 발레리와 막시맹의 결혼을 축하하고자, 궁궐에서 공연을 준비한다. 막시맹의 옛 보좌관 아드리앙의 순교를 다룬 비극으로, 개종하고 막시맹에 의해 죽음을 맞이하는 내용이다. 작품에서 배우로 등장하는 주네가 아드리앙을 연기한다. 극중극의 역할이 중요한 작품으로 허구와 현실이 혼동된다. 극중 실제 인물인 주네가 극중 허구 속 인물 아드리앙의 신앙 고백을 되풀이하면서, 그 자신도 순교자가 되기 때문이다. 매우 주목받은 공연으로, 미셸 오몽이 아드리앙을 연기했다. 작품 속 주네는 환하고 높은 무대, 대리석과 벽옥으로 장식한 화려한 무대를 만들어 줄 것을 무대미술가에게 요구한다. 클로드 르메르는 시간적 배경이 다른 두 공간을 하나의 공간 안에 표현한다. 이태리식 무대 틀과 고대 반원형 객석, 무대 앞쪽의 내부와 푸른 하늘로 트인 배경, 그 사이에 잠재되어 있는 이중성을 연출로 살며시 강조한다. 두 개의 시공간이 완전히 섞일 때까지.

로도귄 Rodogune
작가 피에르 코르네유
연출 Arlette Téphany
시노그라피 Claude Lemaire
조명 Jean Grison

리모주 국립연극센터(Centre
dramatique national de Limoges), 1992
photo © Claude Gafner

시리아 여왕 클레오파트라는, 파르트 왕의 여동생 로도귄을 사랑한 남편 니카노르를 살해해 복수한다. 로도귄을 살해하면 권력을 넘겨주겠다고 두 아들(앙티오퀴스, 세뢰퀴스)에게 말하지만, 이들 모두 로도귄을 사랑한다. 반면 로도귄은 클레오파트라를 죽이는 사람과 결혼하겠다고 선포한다. 어떤 공연이든지 상호의견교환을 토대로 역할이 나뉜다. 연출가는 연기를, 시노그라퍼는 공간을 맡는다. 공간·출입구 설정 문제가 매번 제기되었는데, 유일하게 가능해 보이는 해결책을 찾는다. 클레오파트라 소굴로 이어지는 출구에 곡선 계단이 놓인다. 바닥에 황적색과 파란색 둥근 꽃모양 장식을 그리고, 벽에 거울을 건다. 아름다운 여인 로도귄(마리 루소)은 클레오파트라 여왕(아를레트 테파니)의 변화무쌍한 덫을 피하게 될 것이다. 권력은 누가 쥐고 있고, 아름다움은 과연 무엇일까? 때가 되어 빈 공간에 덩그렇게 놓이는 왕좌로 물음을 던진다.

크리스틴 마레 CHRISTINE MAREST

1942, Marseille
의상 디자이너
시노그라퍼

"프로젝트는 그 자체만으로도 흥미롭지만, 구체화될 때
항상 기쁘고 짜릿하게 흥분된다. 공연의 성공 여부는 제작팀의
일관성과 우수성, 준비 기간에 달려 있다. 간결함과 정확함,
아름다움으로 감동을 주고 싶다. 시노그라퍼가 되기 위해
연수 과정과 조수 활동은 필수다. 국가 보조금을 받는
공공극장에서 책임지고 도와주어야 할 부분이다.
무대와 의상을 창조하는 시노그라퍼를 국가 차원에서
예술가로 인정하는 노력이 필요하다고 생각한다."

리옹에서 대학 연극으로 출발한 크리스틴 마레는 로제 플랑숑의 국립민중극장과 리옹 셀레스탱 극장 Célestins에서 위베르 몽루의 조수로 일했다. 1969년에서 1972년까지 리옹 오페라극장에서 앙드레 아카르를 비롯한 시노그라퍼 다수의 작업을 돕고, 1978년까지 파리 오페라 스튜디오 Opéra Studio de Paris에서 일했다. 조르조 스트렐러, 에지오 프리제리오, 요세프 스보보다가 주관하는 교육 프로그램에도 참여했다. 프랑스와 스위스를 오가며, 루이 에를로, 야니스 코코스, 가브리엘 가랑, 르네 오팡 등이 연출한 연극·오페라·음악극에서 무대미술과 의상을 담당했다. 2009년 메츠 Metz 오페라극장에서 앙드레 봉의 오페라 「이크와 옥스 Iq et Ox」(장클로드 그륌베르 대본, 악트 쉬드 출판사)를 연출하는 등 몇 년 전부터 연출가로도 활동한다. 2014년 마르세유 오페라극장에서 「라 트라비아타 La Traviata」의 무대를 맡았다.

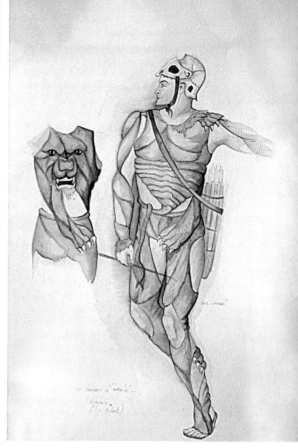

헤라클레스의 노동
Les Travaux d'Hercule
어린이와 청소년을 위한 음악극

작가 앙투안 뒤아멜
제작 Opéra de Lyon
연출 Pierre Barrat
무대미술·의상 Christine Marest,
1981
© Christine Marest

어린이와 청소년을 위한 음악극으로, 천막 공연장에 맞춰 작업 방향을 세운다. 작품의 의미를 표현하기 좋지만 단점이기도 한 천막에서는 오페라극장의 전통 장식(황금색, 자주색, 다양한 천)이 필요 없고, 익숙한 객석/무대 구조에서 벗어날 수 있다. 배우와 젊은층 관객의 친밀함에 중점을 두고 공간을 구상한다. 중앙 무대에 자리한 관객이 배우가 된다. 계단식 객석은 노동 장면에서 주로 사용한다. 배우·합창단·무용수·연주자들이 객석이나 중앙 무대에 자리한다. 기존의 위치와는 반대로 무대에서 보고 듣는 관객은 놀이적 측면에 젖어들고, 음악에 더욱 심취한다. 오페라극장의 전통 틀에서 멀어진 것처럼, 그리스 신화 분위기에서 탈피한 의상으로 만화 속 인물 같은 느낌을 자아낸다.

사냥총 Le Fusil de chasse
이노우에 야스시(Yasushi Inoué)
소설 각색

각색·연출 Luce Mélite
무대미술·의상 Christine Marest
조명 Luce Mélite, Christine Marest

랑슈 극장(Théâtre de Lenche),
Marseille, 1988
무대 그림 초안 Christine Marest
© Christine Marest

용암 분출과 화재 재난으로 밀폐된 공간, 시간성을 초월한 공간에 영원히 갇히게 되는 이야기다. 닫힌 공간이라는 점을 고려해서 무대를 만든다. 각지고 메마른 바위 더미, 그 위에 거울이자 판자가 틈새를 보이며 층층으로 쌓여 있다. 바닥에는 잿더미와 모래가 깔려 있어, 한 남자와 관계를 맺은 세 여자가 소리 내어 우는 것도, 속삭이는 것도, 화내는 것도, 홀로 있기도 어렵다. 남자는 무대에 보이지 않는다. 객석과 무대를 구분하는 커튼이나 틀이 없어서, 관객은 거울 속 공간으로 빠져들어 등장인물과 동일시하고, 자신의 일처럼 받아들인다. 리허설이 진행된 랑슈 극장은 최대 80명 정도 수용할 수 있는 작은 규모다. 작품이 요구하는 근접성을 최대로 살린 이상적 장소였다.

귀부인 Madame de
루이즈 드 빌모랭(Louise de Vilmorin)
소설 각색

음악 Jean-Michel Damase
연출 Vincent Vittoz
무대미술·가구·의상 Christine Marest
조명 Roberto Venturi

제네바 오페라대극장(Grand Théâtre de Genève), 2001
photo ⓒ GTG / Nicolas Lieber et Douglas Parsons

어떻게 보면 섬세하게 감정을 드러내는 마리보다주marivaudage, 어떻게 보면 거실에서 일어나는 드라마, 이렇게 양자 사이를 오가는 오페라다. 공간 구성으로 화려한 오페라 미학과 전통극 방식을 정교하게 깨트린다. 엄격하고 간결하게 가구와 의상을 선택하고 무대를 구상한다. 사실적 재현과 과도하게 덧붙이는 것을 피한다. 연출에 필요한 요소만 선택해서 등장인물을 부각시키고, 이야기와 감정의 흐름을 강조한다. 옅은 색조의 비단으로 벽을 덮는다. 조명에 의해 달라지는 벽 색깔로 장면 변화를 알린다. 제네바 오페라대극장의 작업실에서 훌륭하게 제작한 의상과 무대다. 화려한 오페라대극장의 비워진 무대, 군더더기 없는 세련된 의상은 등장인물들의 신중하지 못한 감정과 대조를 이룬다.

필리프 마리오주 PHILIPPE MARIOGE

1943, Paris
시노그라퍼

"모든 배우는 공간과 대화하고, 모든 공간은 무언가를
'이야기'한다. 따라서 드라마투르기에 따라 다르겠지만
지나치게 말하는 것을 자제해야 한다. 시노그라피는 작품에
봉사하는 것이 목적이다. 시노그라피는 작품에 의해 결정되는
공간 구성이다. 작품 전체를 살아 있는 유기체로 간주할 경우,
시노그라피는 그 유기체의 골격 구조다.
비교적 눈에 드러나는 뼈대에 배우의 살과 숨결이 더해진다.
따라서 시노그라피는 기초 공사다.
기초 공사가 잘 되어야 의도한 대로 작품을 건설할 수 있다."

필리프 마리오주는 이론과 실기를 겸한다. 아마추어 연극을 하면서, 파리 에콜 데보자르에서 건축학을 공부했다. 1973년부터 1976년까지 파리 근교 카르투슈리Cartoucherie에 소재한 수족관극단 Théâtre de l'Aquarium을 시작으로, 당시 연극 풍토였던 정치적 성향이 강한 실험극, 공동체를 만들어 실험하고 창조하는 연극에 참여했다. 그 후, 연출가 58명과 공연 180편을 올렸다. 연출가 디디에 브자스, 자크 니셰, 장마리 파트, 발레르 노바리나, 크리스틴 도르무아 등과 오랫동안 작품을 만들었다. 그의 작업 세계에는 다양한 영향을 받은 흔적이 있다. 접근 방법이나 예술적 색채가 다르고 상반되기도 하지만, 공통적으로 지향하는 것은 공동 창작이다. 「동료와 함께 미래를 구상하다Compagnon du prévoir」라는 글에서 공동 창작에 대한 자신의 생각을 전한다(Compagnon du prévoir, Études théâtrales, n°53, pp.59-63 참조).

여자들의 학교
L'École des femmes
작가 몰리에르
연출 Didier Bezace
시노그라피 Philippe Marioge
조명 Marie Nicolas

아비뇽 교황청 안뜰(cour d'honneur du palais des Papes), 아비뇽 축제(Festival d'Avignon), 2001
photo ⓒ Philippe Marioge

관객 2000여 명 앞에서 배우 한 명이 펼치는 연기로 연출 방향을 세우고, 아르놀프를 강압적인 인물로 설정한다. 아르놀프는 젊은 여인을 자신에게 전적으로 헌신하게 만들고, 인간 위에 군림하고 있음을 헛되이 증명하려 애쓴다. 마치 신처럼 한 사람이 모든 것을 조작하는 것을 보여주려는 의도가 아비뇽 교황청 앞마당 작은 무대에 고스란히 나타난다. 무대 밑에 아니에스가 감금되고, 사다리로 올라가야 하는 무대에서 마을이 내려다보인다. 마을은 거대한 검은 구멍으로 암시되어, 그 자체로 불안감을 조성한다. 구멍 위로 교황청 종탑과 동일한 종탑이 솟아 있다. 솟아오른 종탑으로, 웅장하게 자리 잡은 교황청 건물이 허구적 공간처럼 보인다. 이렇게 상상과 현실이 뒤얽힘에 따라 희비극이 비극으로 바뀐다.

현기증 Vertiges

오페라 Jean-Pierre Drouet, Patrick Kermann, Christine Dormoy
시노그라피 Philippe Marioge
조명 Dominique Mabileau

보르도 오페라극장(Opéra de Bordeaux), 2001
필리프 마리오주의 모형 제작물
photo ⓒ Philippe Marioge

전형적인 이야기도, 특별한 서술적 특성도 없는 현대 오페라다. 주어진 틀 없이 어릿광대가 즉흥극을 펼치듯, 칠중주단과 네 명의 합창단, 오케스트라, 이렇게 세 파트가 즉흥적으로 연주하면서 탄생한 작품이다. 삶과 죽음의 경계, 깊은 심연 끝에 위치한 칠중주단은 세상에 나와 겁에 질려 혼이 빠진 모습을 연주한다. 네 명으로 구성된 합창단이 현대 도시 대다수의 목소리를 전한다면, 작은 오케스트라는 불가항력적 자연의 힘을 자유롭게 표현한다. 시노그라피 측면에서, 이태리식 극장인 보르도 오페라극장을 도저히 이해할 수 없는 미지의 세계와 삶, 그 가장자리에 위치한 메타포로 사용한다. 전통적으로 무대가 삶을 표현했다면, 이 작품에서 무대는 신비로운 블랙홀이다. 검은 망사 뒤, 무대 중앙에 위치한 오케스트라가 모습을 보였다가 어두운 심연 한가운데로 사라진다. 트렌디한 분위기로, 무대에 마련된 발코니에 합창단이 자리를 뜨지 않고 관객과 호흡한다. 관객에게 더욱 다가가고자, 오케스트라 박스를 덮어 칠중주단이 연주하는 '서커스 무대'를 만든다.

사실처럼 꾸며진 이야기도, 사건도 없다. 작품에는 등장인물 한 명이 나온다. 바로 말이다. 추상적 언어(문학, 그림, 오브제 등)가 아낌없이 쏟아진다. 서커스에서처럼, 배우는 '지금 이곳에서' 쏟아지는 말을 '보게' 해야 한다. 발화된 말이 공간으로 보여야 하기 때문에 공연 장소의 특징을 그대로 살린다. 천장을 경사지게 해서 소리 전달력을 높인다. 배우의 모습을 과도하게 드러낸다. 계속 보이는 배우의 모습과 함께 지칠 줄 모르고 쏟아지는 말이 들린다. 쏟아지는 말을 다 포착하게 하면서, 폭발하듯 빠른 속도로 연속되는 장면으로 관객을 도취시킨다.

진짜 피 Le Vrai Sang
작가·연출 발레르 노바리나
시노그라피 Philippe Marioge
조명 Joël Hourbeigt

오데옹 극장(Théâtre de l'Odéon), Paris, 2011
필리프 마리오주의 모형 제작물
photo ⓒ Philippe Marioge

클로에 오볼렌스키 CHLOÉ OBOLENSKY

1942, Athens
시노그라퍼
의상 디자이너

"부프뒤노르 극장에서 피터 브룩과 오랫동안 작품을 했다. 극장 벽에 색을 칠하며 다양한 색상 사용 방법을 모색할 수 있었다. 연출 의도에 따라 무대와 객석이 자연스럽게 연결된 극장이어서 색상이 주는 효과가 크다. 벽에 칠해진 '풍경'을 배경으로 공연을 준비하기 때문에 어떻게 보면 매우 중요하다. 여러 악기로 연주하듯 여러 색깔로 연주하며 어떻게 공간이 채색되는지, 어떻게 다양한 공간을 끝없이 표현할 수 있는지 관찰하면 흥미롭다. 극장 안에서 시도한 공간을 극장 밖, 아비뇽 자연 경관 속으로 옮기면서, 자연의 힘에 거슬리지 않는 조화로움을 다시 새롭게 찾고자 했다."

클로에 오볼렌스키는 그리스에서 연극 활동을 시작했다. 릴라 드 노빌리와 야니스 차루키스의 조수로 있다가, 1967년 아테네 예술극장에서 아리스토파네스의 「개구리들Les Grenouilles」(카렐 쿤 연출)로 첫 무대미술을 선보였다. 런던에 잠시 체류한 후, 리옹 국립고등연극예술·기술학교에서 클로디 가스틴, 로베르토 모스코조, 기클로드 프랑수아와 무대미술을 공부했다. 특히 연출가 피터 브룩과 작업했는데, 주요 작품으로 「벚꽃 동산La Cerisaie」(안톤 체호프 작, 1981), 「카르멘의 비극La Tragédie de Carmen」(1981), 「행복한 나날들Oh les beaux jours」(사뮈엘 베케트 작, 1996), 「너와 손을 잡고Ta main dans la mienne」(캐럴 로카모라 작, 2003)가 있다. 「호반시치나La Khovanchtchina」(모데스트 무소륵스키 작곡, 1996)를 연출한 스타인 빙아, 안드레이 셰르반, 데보라 워너와 오페라를 만들었다. 알프레도 아리아스가 연출한 「하녀들Les Bonnes」(장 주네 작, 2001)에서 무대를, 차이콥스키의 「스페이드의 여왕La Dame de pique」(레프 도딘 연출, 1999)에서 의상을, 모스크바에서 공연된 체호프의 「갈매기La Mouette」(레프 도딘 연출, 2003)에서는 의상과 무대를 맡았다.

태풍 The Tempest
작가 윌리엄 셰익스피어
번역·각색 Jean-Claude Carrière
연출 Peter Brook
시노그라피 Chloé Obolensky
조명 Jean Kalman
음악 Mahmoud Tabrizi-Zadeh,
Toshi Tsuchitori

타이아드 채석장(carrière des Taillades),
1991
photo ⓒ Gilles Abegg

불봉 칼레 채석장에서 「마하바라타*Le Mahabharata*」를 공연한 이후(아비뇽 축제, 1985), 피터 브룩은 또 다른 채석장인 타이아드Les Taillades에서 「태풍*La Tempête*」(1990)으로 셰익스피어 작품을 다시 시도할 계획이었다. 그렇지만 창조의 본고장인 부프뒤노르 극장에서 먼저 올리기로 결정하고, 무대 벽에 흰색과 초록색을 칠했다. 그 다음 해 비로소, 타이아드 채석장에 공연된다. 하얀 암벽과 무화과나무로 둘러싸인 독특한 공간으로, 관객이 무대를 삼면으로 감싼다. 관객과 연기 공간의 친밀성을 높여, 간결함을 추구하는 연출 정신에 다가간다. 자유를 테마로 하는 경쾌하고 암시적인 이야기에 어울리는 빈 공간이다. 붉은 빛이 감도는 흙 위에 흰 모래를 쌓아 깊이감이 느껴지는 직사각형(리허설 당시 사용된 양탄자 크기의 직사각형)을 만든다. 가장자리에는 돌담을 조금 쌓아 연기 공간의 틀을 만든다. 인종이 다른 배우들은 무대 색과 대조적인 어두운 색상이나 베이지색 의상을 입는다(빨간색 돛단배를 머리에 얹은 모습으로, 말리 출신인 바카리 상가레가 아리엘을 연기함). '모래 양탄자' 오른쪽 안쪽에 바위가 놓인다. 소품으로는 칼리반이 임시방편으로 사용하는 상자와 작은 체스판이 있다. 태풍을 일으킬 때 사용하는 기다란 대나무 막대가 칸막이벽에 일렬로 기대어 있다.

디도와 에네아스 Dido and Aeneas
베르길리우스 『아이네이스』 각색

작곡 헨리 퍼셀
대본 Nahum Tate
음악감독 William Christie
연출 Deborah Warner
시노그라피 Chloé Obolensky
조명 Jean Kalman

빈 축제(Wiener Festwochen), Autriche, 2006
photo ⓒ Opéra-Comique / DR

헨리 퍼셀이 기숙학교 소녀들을 위해 작곡했다고 전제하고 공간을 구상한다. 등장인물로 세 개의 시간성을 표현한다. 주연 배우들은 17세기 의상을, 카르타코인 합창단은 현대식 검은색 복장을, 여학생들은 전통 교복을 입는다. 불필요한 것이 배제된 무대로, 모자이크 무늬 바닥 중앙에 그리 높지 않은 정사각형 간이 무대가 있다. 그 중앙에 작은 연못으로 통하는 또 다른 사각 무대가 있다. 무대 안쪽에 고풍스런 하얀 벽이 있다. 쇠시리와 꽃줄로 장식되어 있고 7개의 칸으로 나뉜 높은 벽으로 중앙에 문이 있다. 고대 그리스 스케네^{역주10} 궁궐 문이 연상된다. 외벽과 내벽으로 번갈아 사용되며, 벽 앞에 은빛 사슬 무늬 커튼이 드리워진다. 높은 장대 위에 베이지색 사각 베일 두 개가 펼쳐지고, 곡예를 위한 밧줄이 내려온다. 배우들이 연기를 하지 않을 경우, 양쪽 2열로 놓인 의자에 앉아 무대를 관찰한다.

베레니스 Bérénice
작가 장 라신
연출 Lambert Wilson
시노그라피 Chloé Obolensky
조명 Dominique Bruguière

부프뒤노르 극장(Théâtre des Bouffes
du Nord), Paris, 2008
photomontage ⓒ Marie Maresca

파리 부프뒤노르 극장으로 돌아와서, 벽에 다시금 조심스럽게 색을 입힌다. 공간을 비우고 이야기의 배경을 만들기 위해서다. 바닥에는 모자이크 원을 만든다. 무대 뒤 양쪽으로 객석에서 보이지 않는 문이 있는데, 하얀 사각기둥과 자연스럽게 연결되어 있어 항상 그 자리에 있었다는 느낌을 준다. 유일한 가구로 안락의자를 사용한다. 등장인물은 고대 의상을 입는다. 조명이 쏟아지면 분위기에 즉각 매료된다. 무대 왼쪽과 오른쪽, 무대 앞과 뒤에서 대립하는 두 세계, 그 사이에 있는 대기실 분위기와 연극이 전하는 허구적 이야기에 매료된다. 연기와 의상으로 공간을 창조한다. 극 초반부에 티투스가 시종의 도움을 받아 길게 늘어지는 황제복을 입을 때, 공간은 웅장하고 관능적으로 채색된다. 웅장함과 관능성 사이의 갈등은 폭발할 때까지 점점 커진다. 어느 쪽으로도 기울지 않는 공간으로, 팽팽하게 대립된 세계로, 양쪽의 긴장을 그대로 노출시키고 강조한다.

아고스티노 파스 AGOSTINO PACE

1935, Tunis
무대미술가-시노그라퍼
의상 디자이너

"무대미술은 독립된 작품이 아니라 공연의 한 부분이다.
텍스트와 배우, 연출가의 의견을 고려해서 만들어야 한다.
무대미술은 사라지는 예술이다. 중요한 것은 걸림돌에서부터
무언가를 창조하는 정신이다. 도전은 내게 활력을 주고
상상력을 자극한다. 하나의 흐름이나 고정된 양식, 어떤 경향에
결코 치우치지 않고 다양한 방식으로 작업한다.
주어진 상황에서 새롭게 창조하려고 매번 끊임없이 노력한다."

튀니지 미술학교와 파리 에콜데보자르에서 그림과 석판화를 전공한 아고스티노 파스는 베네치아로 가서 그림을 그린다. 1950년 말에 파리로 돌아와서 젊은 연출가 앙투안 부르세이에를 만났고, 그의 극단에서 올리는 모든 작품의 의상과 무대미술을 4년간 샹젤리제 스튜디오에서 담당했다. 이렇게 연극에 데뷔한 후, 다양한 영역에서 활동하며 200편이 넘는 무대를 만들었다. 연출가 클로드 레지, 장루이 바로, 조르주 베를레르, 특히 조르주 라벨리와 함께 연극·오페라에서 활동하는가 하면, 알랭 르네, 자크 드미, 자크 드레 영화에서 무대 세트를 만들었다. 파리 카지노에서 롤랑 프티의 안무·연출 버라이어티 쇼 무대를 만들기도 하고, TV 스튜디오에서도 작업했다. 다양한 분야에서 갈고닦은 실력으로, 연출과 작품을 뒷받침해주는 조형적 표현력이 폭넓다.

날개 Wings
작가 아서 코핏
연출 Claude Régy
시노그라피 Agostino Pace

오르세 극장(Théâtre d'Orsay), Paris,
1979
폴리에스테르 투사지에 그린 수채화
(38×48cm)
© Agostino Pace

기억을 테마로 하는 작품으로, '두뇌 내부를 탐험하고 진실을 발견하는 여행이다.' 오르세 극장의 특성을 이용해 공간을 만드는데, 무대에 영화관 스크린을 설치하고, 번갈아가며 조명 효과를 달리 한다. 무대 중앙에 검은색 의자가 놓인다. 여러 대 놓인 텔레비전은 켜 있지만 아무것도 보여주지 않는다. 높이가 다른 이동식 금속 받침대 위에 놓인 텔레비전 수상기를 여기저기 흩어져 있는 단역 배우들이 조작한다. 공연이 진행되는 동안 천천히 천장에서 내려오는 물체가 있다. 밑면이 뻥 뚫린 커다란 검은색 입방체로, 마지막 장면에서 마들렌 르노가 앉아 있는 의자를 삼킨다.

하녀들 Les Bonnes
TV용 영화

작가 장 주네
연출 Michel Dumoulin
시노그라피 Agostino Pace

촬영소 Bry-sur-Marne, 1985
photo ⓒ Agostino Pace

1920-30년대 건축 양식, 특히 칸막이벽을 부숴 환하고 넓은 공간을 지향한 말레 스티븐스 양식에서 영감을 받는다. 전통 일본 공간의 단순함과 여백에서 실마리를 찾고 연출가와 방향을 잡는다. 면적이 400제곱미터나 되는 원형 공간이다. '영안실'처럼 바깥세상과 단절되어 있으면서 원형이 상징하듯 '영원'으로 열린 공간이다. 둥근 무대 위에 높은 기둥이 세워져 있다. 깔끔한 흑백의 무대를 살짝 채색한 느낌이다. 옻칠을 해서 윤기가 흐르는 검은색 가구, 하얀 조화, 니켈로 도금된 거울… 모두 차갑다. 고정된 공간이 거울에 의해 확장된다. 넓은 원 중앙에 카메라를 놓아 장소 변화를 다양하게 연출한다. 한 장소에서 다른 장소로 움직이는 배우들을 놓치지 않고 카메라에 담는다.

아이다 Aida
4막 오페라

작곡 주세페 베르디
시노그라피 Agostino Pace

프랑스 라디오 축제(감독 René Koering),
몽펠리에 필하모니 오케스트라,
베를리오즈 오페라극장-르 코럼(Opéra
Berlioz-Le Corum), 1992
데생(2막 1장, 승리)
© Agostino Pace

무대 전체를 검은색 사이클로라마로 완전히 덮는다. 개선 행진 이전, 전쟁을 시각화하는 장면에서 사이클로라마 뒤로 비구상 형체가, 중국의 그림자 인형극에서처럼, 천장에서 계속 떨어지고 무대 위에서 부서진다. 전반적으로 가벼움, 미니멀리즘을 추구하는 무대다. 레일 위에 달린 커다란 문짝 같은 검은색 틀이 오른쪽에서 왼쪽으로 돌아가면서 공간이 작고 아담하게 나뉜다. 조명에 의해 바닥에 나타나는 상징적 이미지와 기하학적 문양으로 장소 변화가 나타난다.

리샤르 페두지 RICHARD PEDUZZI

1943, Argentan
화가
시노그라퍼
건축가

"우리 주변 세상을 어떻게 비출 수 있을까?
세상을 다르게 비추는 방법이 무엇일까?
르네상스 창시자들처럼 현대 예술가들이 절박하게 던지는
질문이다. 조토 디 본도네, 파울 클레, 요제프 보이스,
레오나르도 다 빈치, 찰스 밍거스, 페데리코 펠리니, 장뤼크
고다르가 바닷가 어느 카페 테라스에 앉아 있다고 가정한다면,
눈앞에 펼쳐진 수평선을 한결같이 강렬하게, 같은 질문을
던지며 말없이 바라볼 것이다."

리샤르 페두지는 말브랑슈 아카데미 Académie Malebranche에서 조각가 샤를 오프레와 데생을 공부했다. 1967년에 만난 연출가 파트리스 셰로와 연극과 오페라, 영화를 만드는데, 무대미술을 그림 그리는 수단이자 표현 방식으로 선택한다. 독일 연출가 뤼크 봉디와도 작품을 만들었다(보토 슈트라우스의 「시간과 방」, 1989). 무대뿐만 아니라 국유 비품용 가구도 다양하게 디자인했다. 1991년 파리 국립오페라 도서관-박물관 복원과 내부 설계를 맡았다. 1992년 세비야 국제박람회 때, 전시회 배경 설명 공간으로 《지식의 도시 파리Le Paris du savoir》를 구상했다. 앙리 루아레트와 루브르·오르세 박물관에서 열린 수많은 전시회에 참여했고, 루브르 박물관에 궁정 역사 전시관을 상설했다. 파리 국립고등장식예술학교의 총장이었으며(1990-2002), 로마 주재 프랑스 아카데미 대표직을 역임했다(2002-2008). 포도주 생산지로 유명한 샤토 무통로칠드château Mouton-Rothschild 발효·숙성실을 새롭게 디자인했다(2013. 6). 2013년 몰리에르의 「타르튀프Tartuffe」(뤼크 봉디 연출), 리하르트 슈트라우스의 오페라 「엘렉트라Elektra」(파트리스 셰로 연출, 엑상프로방스 축제), 2014년 오데옹 극장에서 공연된 셰익스피어의 「뜻대로 하세요」에서 시노그라퍼로 활동했다.

파리에서 일어난 학살
The Massacre at Paris
작가 크리스토퍼 말로우
연출 Patrice Chéreau
시노그라피 Richard Peduzzi

국립민중극장(Théâtre national populaire), Villeurbanne, 1972
그림 초안 사진
© Béatrice Hatala

페두지는 자신의 내면세계를 재조명한다. 내면으로 침잠하면서 자신의 생각과 시선을 드러내는 방식이다. 어린 시절 르아브르Le Havre에서 보았던 모순된 광경이 공간에 담긴다. 한쪽에는 파편들이 너저분하게 널려 있는 항구와 공산품 벽돌 창고가 있는가 하면, 다른 한쪽에는 오귀스트 페레의 현대식 빌딩이 하늘 높이 올라가고 있었다. 이러한 기억과 함께 부친이 보여 주었던 이태리 르네상스 양식의 궁궐 그림·건축을 섞어 공간을 구성한다. 이렇게 파리에서 일어난 비극적인 학살의 배경을 만든다. 물속을 건는 등장인물은 죽음 속을, 핏속을 거니는 것 같다. 파트리스 셰로가 표현한 것처럼 "꼼꼼한 사실주의"와 몽환성, 추상과 구상, 연극성과 사실성, 회화와 건축이 융합된 페두지 특유의 세계가 알레고리적으로 표현된다. 역사적 재현을 넘어 페두지 자신의 세계가 드러난다. 흥건한 물, 움직이는 커다란 집, 그림에 그려진 하늘이 연출에 의해 등장인물처럼 살아 움직이며 사건을 묵묵히 바라보는 증인의 역할을 한다.

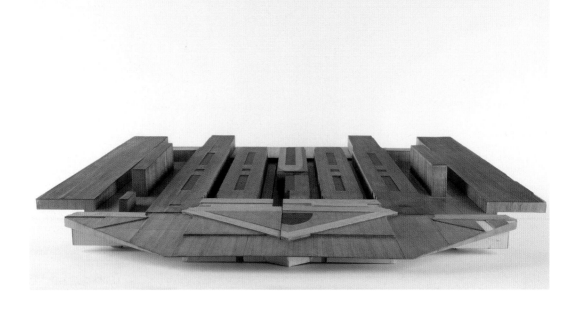

햄릿 Hamlet
작가 윌리엄 셰익스피어
연출 Patrice Chéreau
시노그라피 Richard Peduzzi

아비뇽 축제(Festival d'Avignon), 1988
상감 세공한 나무
모형 제작 사진
© Béatrice Hatala

무대 구상이 빨리 떠오른 작품이다. 모차르트의 오페라 「루치오 실라 *Lucio Silla*」에서처럼, 하나의 세트로 다양한 공간을 암시하고자 했다. 「루치오 실라」에서 여러 요소로 조립된 창 없는 건물 정면을 무대에 세웠다. 조립된 부품들이 옆으로 움직이면서 공간이 만들어지고, 형태가 부각되거나 움푹 파이면서 벽에 생동감을 주었다. 「햄릿」에서는 팔라디오식 건물 정면^{역주11}이 바닥에 뒤집어진 형태다. 마치 뱃속 장기들이 살아 움직이는 것처럼 무대가 출렁인다. 어떻게 보면, 햄릿의 비극은 아버지의 죽음에서 비롯된다. 르네상스로 가는 중세 말, 세대가 교체되면서 나타난 비극이 공간으로 표현된다. 아비뇽 교황청 중세 건물, 바로 그 밑에 놓인 르네상스 양식의 벽면은, 펼쳐진 책처럼 다가오는 미래를 암시하며 놓여 있다.

나사의 회전 Le Tour d'écrou
헨리 제임스의 소설 각색

작곡 벤저민 브리튼
대본 Myfanwy Pipe
연출 Luc Bondy
시노그라피 Richard Peduzzi

엑상프로방스 축제(Festival d'Aix-en-Provence), 2011
photo ⓒ Élisabeth Carecchio

작은 성 주변에 귀신이 맴돈다. 이곳에서 일했던 하인이 귀신이 되어 나타나고, 귀신에 홀린 젊은 가정교사가 고아 두 명을 납치하려 한다. 총 15개 장면이 나온다. 엑상프로방스의 주드폼 극장^{역주12} 무대는 폭이 8미터이고 대기실 같은 출구가 없다. 작은 무대를 고려해, 단순한 형태의 이동식 건축 구조물을 서로 겹치게 설계하고, 수면 중앙에 우뚝 서 있는 외딴 성의 음산한 분위기를 강조한다. 필요할 때만 가구를 사용해 교실, 아이 방, 둑, 호숫가 등 다양한 장소의 특징을 표현한다. 실제 무대의 비좁음을 느끼지 못하는 관객은 무한히 펼쳐진 공간을, 야릇하고 두려운 저승을 상상한다. 거대하리라 상상한 공간은 아이들과 관객을 조이듯 천천히 좁아진다. 덫에 걸린 관객과 아이들이 깜깜한 지하 감옥에 갇힌다.

로베르토 플라테 ROBERTO PLATÉ

1940, Buenos Aires
화가
설치미술가
시노그라퍼

"내가 추구하는 정신이 무엇인지 정의를 내려야 한다면,
그것은 미니멀리즘이다. 어떤 작업을 하든, 나는 최소한의
표현을 추구한다. 최소한의 표현은 제거하기를 통해서만 가능
하다. 필요 없는 것은 과감히 없애야 한다. 보조 수단이라면
사용하지 말아야 한다. 시노그라피에서 가장 중요한 것은
공간 속 등장인물의 위치를 고려하는 것이라고 생각한다.
작품을 뒷받침해주어야 하며 작품이 일어나는 장소를 관객에게
알려주어야 한다. 오로지 작품을 이야기하는 무대미술은
어느 순간 보이지 않는다. 작품과 용해되기 때문이다."

로베르토 플라테는 바우하우스에 매료
되어, 뮌헨 미술원에서 공부했다. 아르
헨티나로 돌아와서 창의적 전위 예술가
그룹에 가담했다. 뉴욕에서 언더그라운
드를 접하고 해프닝을 시도했다. 알프레
도 아리아스를 비롯한 친구들과 연극 모
임 'TSE(Théâtre sans explication)(설명
이 필요 없는 연극)'을 만들었다. 군사 독

재 정권을 피하기 위해 파리로 왔다. 연극
모임에서 만든 「에바 페론Eva Perón」(코
피 작)은 논란을 일으켰지만 성공한 작품
이다. 프랑스 및 해외에서 시노그라퍼로
활동하며 100편이 넘는 무용·오페라·연
극 공연에 참여했다. 영화 무대 세트도 만
들고, 자신의 그림과 설치미술 전시회를
정기적으로 열었다. 페르시아 신비주의

시인 루미에 매료된 그는 거울과 반사, 이
중성을 치밀하게 탐구한다. 조형예술가
의 면모가 시노그라피에 나타난다. 수수
께끼에 관심 갖고 파헤치는 그의 작업 세
계는 '실제처럼 착각하게 하는 이미지에
서 또 다른 착각'을 일으킨다.

태풍 The Tempest
작가 윌리엄 셰익스피어
연출 Alfredo Arias
시노그라피 Roberto Platé
조명 André Diot

아비뇽 교황청(palais des Papes), 1986
photo © Alain Sauvan / DR

교황청 앞마당 웅장한 벽 앞, 물에서 솟아오른 새로운 유적지가 관객을 맞이한다. 저수조를 여러 대 배치해서 못을 만들고, 모래로 섬을 만든다. 모래섬에 석고 건축물 잔해가 서 있다. 교황청 벽처럼 사실적으로 느껴져서, 실제 장소라는 느낌마저 든다. 섬의 크기가 작아, 입체적인 석고 건축물을 연기 공간으로 사용한다. 등퇴장은 무대 밑을 이용한다. 물은 바다이자 거울의 메타포다. 조명이 물 위를 비춘다. 마치 달빛이 물에 반사되는 것 같다. 사실성이 다소 강조되어 웅장하고 멋스럽게 느껴진다. 사실적 공간은 다른 장소로, 꿈과 현실 사이의 공간으로 변한다.

시간과 유행 Il tempo e la moda
전시 이브 생로랑

패션 비엔날레,
플로랑스, Italie, 1996
photo © Paolo Castaldi / DR

세계 패션을 한눈에 볼 수 있는 비엔날레다. 이브 생로랑의 작품은 베키오 궁전 백합홀Lys du Palazzo Vecchio에 전시된다. 벽에 걸린 커다란 액자를 바닥에 내려놓은 듯, 황금색 단상이 놓여 있다. 화려한 전시회장 천장에는 오목한 나무 격자무늬가 있다. 이를 본떠 만든 육각형 거울을 단상에 눕혀 장식한다. 이브 생로랑의 전시품은 신부복을 입고 있는 마네킹이다. 마네킹 신부는 도나텔로의 조각상 〈유디트와 홀로페르네스Judith et Holoferne〉와 대각선상에 있다. 도나텔로의 조각상 받침대와 똑같은 받침대에 마네킹 신부가 서 있다. 모든 것이 서로 반사되는 장소로, 유디트는 자신의 분신인 20세기 신부와 재회한다.

토스카 Tosca
작곡 자코모 푸치니
연출 Pierre Constant
시노그라피 Roberto Platé

낭시 오페라극장(Opéra de Nancy), 1981
photo © Roberto Platé

대성당에서처럼 천장이 높고 웅장한 공간에서 1막이 시작한다. 화가나 시노그라퍼가 아틀리에서 작업하는 것처럼, 마리오는 바닥에 놓인 천에 그림을 그린다. 무대 바닥을 덮고 있던 커다란 천이 무대 안쪽 벽에 걸리는 2막에서, 예수를 그린 마리오의 웅대한 그림이 드러난다. 마지막 장면에서 화폭이 다시 움직이는데, 위로 올라가더니 천장에 펼쳐진다. 화폭을 위에서 잡아당기고 펼쳐 닫힌 공간을 만든다. 다시 만난 마리오와 토스카가 이곳에서 작별 인사를 나눈다. 장면 변화가 많지만 단 하나의 무대 세트, 마리오의 그림으로 상징적 의미를 던지고, 상징적 장소를 만든다.

니키 리에티 NICKY RIETI

1947, New York
화가
시노그라퍼

1972년부터 파리에 살고 있는 니키 리에티는 이탈리아-미국계 화가다. 연극인이자 화가 겸 철학가인 질 아이오를 만나고, 이를 계기로 1970년대 스트라스부르 국립극장 팀원들, 특히 연출가 앙드레 엥겔을 만났다. 리에티를 거론하지 않고 엥겔의 세계를 말할 수 없을 정도로, 두 사람은 긴밀한 관계를 이어갔다. 베르나르 소벨, 장피에르 뱅상 등 여러 연출가와 작업했고, 장프랑수아 페레와 정기적으로 작품을 올렸다. 극장 밖에서와 마찬가지로 (주로 1980년대 이후) 극장 안에서 작업할 때도, 리에티는 무대 세트를 만들기보다는, 주어진 장소를 무대로 이용했다. 관객을 몰입시키는 꼼꼼한 사실주의가 돋보이지만, 치밀한 사실성으로 오히려 가공된 환영이 드러난다. 관객을 허구 속으로 매료시키며 오랫동안 잊지 못할 본질적인 질문을 남긴다. 이처럼 기존과는 전혀 다른 새로운 관극 방식을 시도한다. 관객과 새로운 관계 창조는 당시 연극인들의 관심사였다. 리에티는 자신의 관점으로 접근한다. 무대 환영이 거짓임을 드러내며, 연극을 보는 즐거움을 빼앗지 않고 공연의 마력을 느끼도록 유도한다. 거리두기와 빨아들이기, 이러한 방식은 차가울 정도로 완벽한 하이퍼리얼리즘 이미지에서도 나타난다. 매력적으로 육감적이지만 폭력성이 잠재해 있는 이미지는 겉으로 드러나는 조화로움으로 아름답지만, 끔찍한 위협을 암시하고 있어 불안하게 한다. 극장 밖의 장소이든, 연극 전용 극장이든, 리에티는 결코 이미

서문에 설명했듯이 니키 리에티는 글도 사진도 남기길 원하지 않았다.

지를 만드는 것으로 만족하지 않는다. 무대와 객석을 구분하는 경계선을 섬세하게 변화시키면서 공간을 구상한다. 공연장에 자연스럽게 융합되는 무대 장치와 경계선을 건축적 요소나 눈에 띄는 변화로 강조한다. 매우 정확하게 표현된 장소와 이미지로 관객을 허구 속으로 몰입시킨다. 그런가 하면, 연기 구도의 틀(경계선의 틀이자 장소의 틀)을 다양하게 변화시키며, 관객의 시선을 자극하고, 무엇을 보고 있는지 다시금 생각하게 한다. 이렇게 상반된 관극 행위가 섞이면서 빚어지는 독특한 결과는 관객이 느끼는 혼란스러움이다. 관객을 불편하게 하는 것과는 다른, 질문을 유도하는 혼란스러움이다. 무엇을 보았는지, 가상의 이야기가 밝혀주는 자신의 참모습이 무엇인지, 무엇을 아름답다고 생각하는지 관객에게 질문하며 결과적으로 세상 속에서 살아가는 자신의 모습에 대해, 각자의 존재 방식에 대해 묻는다. 관객과 공연 작품과의 관계 맺음, 바로 리에티 작업에서 공통적으로 나타나는 중요한 점이다. 공연을 보고 각자 문제 제기를 하지만, 관객은 한 자리에 모인 공동체 일원으로서 질문을 던져야 하는 필요성을 느낀다. 매혹적 무대, 그 무대가 안겨준 불안감, 이로 인한 모호성, 아니 당황스러움으로 다른 사람들은 어떻게 생각하는지, 서로의 의견과 느낌을 교환하고 상반된 관점을 토론하지 않을 수 없다.

다니엘 로지에 DANIÈLE ROZIER

1947, Courbevoie
시노그라퍼
의상 디자이너
조형예술가
연출가

"분명한 시각적 이미지를 찾기 위해 꼭 거치는 과정이 있다.
바로 드라마투르기다. 언어에 깃든 문학적 가치를 끌어내며,
미학적 의미를 찾아낸다. 조형예술가로서 미학적 의미를
강조하는 것을 좋아한다. 드라마투르기 과정에서 불필요한 것
을 없애고, 가장 정확하고 필요한 것을 찾으면서, 상상한 것에
최대한 가까이 다가간다. 배우의 몸, 연출가의 희망 사항,
배우의 몸을 감싸는 조명을 모두 고려해서 각 요소가 끈끈하게
연결된 공간을 구상한다. 시노그라피는 매번 변한다.
예전 작업의 영향이 새로운 공간 구성에 나타나고,
새로운 공간의 흔적이 과거의 공간에 있다. 다양한 공간 안에
겉으로 드러나는 '나만의 방'이 있는 것 같다."

스트라스부르 국립극장(1966-1970)과 예일 드라마학교Yale School of Drama에서 공부한 다니엘 로지에는 미국에서 러시아에 이르기까지 다양한 지역에서 활동하는 행운을 누린다. 고전극에서 현대극에 이르기까지, 오페라·오페레타·서커스·무용·음악극·이벤트 등 장르를 막론하고 다양한 작품을 올렸다. 오랫동안 함께할 동반자를 만나는 행운도 누렸다. 예를 들면 리옹에서 활동하는 극단 젊은 세대Théâtre des Jeunes Années, 페리괴Périgueux에 있는 극단 잔인한 암소La Vache cruelle, 오를레앙Orléans에 있는 극단 검은 머리La Tête noire, 벨기에 무용가 니크 스웨네, 세르비아인 연출가 네드 그루이츠와 계속 작품을 만들었다. 연출가의 뜻을 존중하고 연출가의 요구사항에 맞추면서, 가장 적합한 공간을 모색하는 것을 좋아한다. 시노그라피 또한 공간의 드라마투르기라고 확신하며 여러 요소들을 종합해서 분명하게 존재감을 드러내는 무대를 즐겨 만든다.

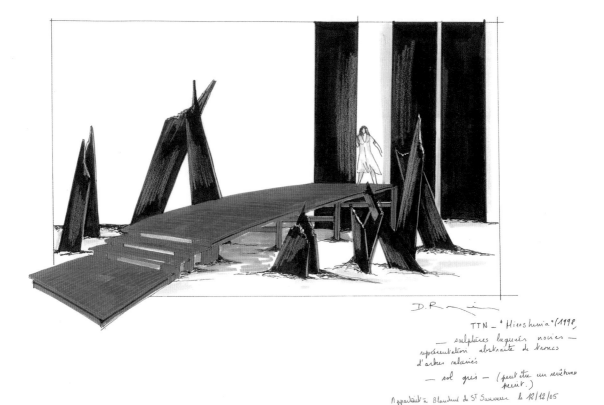

TTN _ " Hiroshima " (1998,
— sculptures laquées noires —
représentation abstraite de troncs
d'arbres calcinés
— sol gris — (peut être un revêtement
peint.)
Appartient à Blandine de St Sauveur le 12/12/05

히로시마 내 사랑
Hiroshima mon amour
작가 마르그리트 뒤라스
연출 Patrice Douchet
시노그라피 Danièle Rozier

극단 검은 머리(Théâtre de la Tête noire),
Orléans, 1998
무대 데생 Danièle Rozier
© Danièle Roziere

평화를 주제로 한 영화를 찍으러 히로시마에 간 여배우가 한 일본인을 만나 사랑을 나누고, 2차 세계대전 당시 독일 군인과 이루어질 수 없는 사랑에 빠진 사실을 고백한다. 이야기 진행 장소를 일본 정원으로 설정한다. 바닥에 깔린 흰 모래에서 숯처럼 까맣게 타버린 추상적 형상(나무줄기, 돌처럼 쭈그리고 있는 인간의 형상)이 솟아 있다. 검은 틀 위에 세워진 높은 다리로 배우가 등장한다. 빨간 옻이 칠해진 다리의 절반은 보이지 않고, 어디론가 향해 있다. 마지막 장면에서, 다리에 걸쳐 있던 계단이 없어지고 흰 모래가 들어 있는 검은색 통이 놓인다. 정원 밖에 놓인 구리판을 침대로 사용한다. 무대 뒤편 하얀 사이클로라마 양쪽으로 검은 장막이 쳐 있다.

행동 장애가 있는 딸 앙젤을 어머니는 방에 가둔다. 갇힌 앙젤은 어찌할 바를 모르며, 비만으로 더욱 혼란스러워 한다. 그러나 춤추는 자신의 몸이 매우 아름답다는 것을 깨닫는 앙젤은 다행스럽게도 인간미를 잃어버리지 않는다. 무대 안쪽에 금속 소재의 비좁은 다리가 놓이고, 여기에 연주자 그룹이 자리한다. 그 뒤에는 아무것도 없는 극장 벽으로, 금빛으로 테두리를 감싼 네덜란드 화가 히에로니무스 보스의 그림이 걸린다. 바닥에 댄스용 카펫을 깔고, 테이프 밴드로 줄을 긋는다. 다리 앞에는 강철을 다듬어 바퀴 달린 작은 다섯 공간을 만든다. 한쪽에는 사다리를 놓는다. 바로크 스타일 의자 아홉 개가 앞에 놓인다. 작은 다섯 공간은 무용에 의해 다양한 장소로 변한다. 바퀴 달린 작은 입방체 두 면이 투명한 플라스틱으로 덮여 있고, 그 안에는 무대를 풍성하게 채울 병원 침대, 쌓아 놓은 옷가지, 물방울 기계, 화려한 플라스틱 소품이 들어 있다.

천사의 방 La Chambre d'ange
작곡 크리스티앙 세비유
대본 Nieke Swennen, Christian Sébille
연출 Nieke Swennen
시노그라피 Danièle Rozier

리모주 오페라극장(Opéra-Théâtre de Limoges), 2009
평면 모형도 Danièle Rozier
© Danièle Rozier

Photo Michel Kou

전쟁이 일어나자, 영국 고위층 부모들이 자녀를 오스트레일리아로 보내지만 비행기가 추락하고 만다. 아이들은 아무런 도움도 받지 못한 채 천국 같은 무인도에 남겨지고, '민주주의자' 랠프 파와 '사냥꾼' 잭 파로 나뉘어 대립한다. 철근 구조물에 따뜻한 색깔의 무광택 니스를 칠한 나무를 덮어 원형 무대를 만든다. 무대 안쪽 중앙에 있는 원이 점점 커지면서 타원형으로 변한다. 놀이 공간이자 연기 공간인 무대에서 거대한 파도, 비행기 잔해, 해변, 산이 연상된다. 큰 곡선 높은 지점까지 올라간 배우들이 밧줄을 타고 내려와서 두 개의 트랩 밑으로 사라진다. 앞 무대는 물과 모래가 있는 연기 공간으로 외딴 장소를 연출한다.

파리대왕
Sa Majesté des mouches
윌리엄 골딩(William Golding) 소설 각색

연출 Ned Grujic
시노그라피 Danièle Rozier
조명 Antonio de Carvalho

파리 13구 극장(Théâtre 13), 2003
photo © Michel Koumpanietz

장마르크 스텔레 JEAN-MARC STEHLÉ

1941, Geneva – 2013, Paris
시노그라퍼
의상 디자이너
배우

"공간을 구상할 때 동심을 잃지 않고자 늘 노력한다.
항상 비사실적으로 접근한다. 연극은 있는 그대로가 아니라
무대로 전환되는 세계를 표현하는 것이라고 생각하기
때문이다. 개인적으로 움직이는 무대 장치를 좋아한다.
성공할 경우, 움직임으로 상징적 의미를 전달할 수 있으니까
좋다. 가장 잘 보이는 장소, 일명 '왕자의 자리'에서만이 아니라
관객 공동체 모두에게 잘 보이는지를 고려해서 구상한다.
긴밀하게 영향을 주고받는 의상과 무대 장치의 재료 선택은
매우 중요하다. 재료로 의미가 제대로 전달되는지 심사숙고해
서 선택한다. 내 생각에, 연극은 대부분 꿈의 세계를 그린다."

제네바 장식예술학교École des arts décoratifs de Genève를 졸업한 후, 장마르크 스텔레는 1963년부터 극단 카루주 Théâtre de Carouge에서 무대미술을 맡았다. 그 후 스위스의 프랑스어권 지역에 있는 여러 극장에서 배우 겸 무대미술가로 활동했다. 베노 베송 연출의 기념비적인 작품 「초록 새L'Oiseau vert」(카를로 고치 작, 1982)를 시작으로 두 사람의 유익한 협업이 계속되었다. 1993년부터 연출가 마티아스 랑고프와 연극·오페라를 올렸다. 이들 연출가와 맺어진 인연을 계기로 예술 성향이 다른 사람들과 작업했다. 연극뿐만 아니라 영화에서도 배우로 인정을 받았다. 공간을 구상할 때, 색을 다양하게 응용하는 회화에서 실마리를 찾으며, 스텔레 특유의 독특한 암시법으로, 작품에 따라 거리두기 방식이나 시적 아이러니로 표현한다.

1000프랑의 보상
Mille Francs de récompense
작가 빅토르 위고
연출 Benno Besson
시노그라피 Jean-Marc Stehlé

샤이오 국립극장(Théâtre national de Chaillot), Paris, 1990
photo © archives Nicolas Treatt

1866년에 산문으로 발표된 멜로드라마로, 빈곤과 정의롭지 못한 사회의 잔인함을 고발한다. 빅토르 위고가 공연을 목적으로 하지 않고 집필한 희곡, 일명 '자유로운 극^{역주 13}'에 속한다. 시공간이 모두 다른 네 개의 장면이 나온다. 설치된 회전 무대가 돌아가면서 내부 장면과 공공장소를 보여준다. 무대 밑에서 힘이 솟아오르듯 '정의의 상'이 부분적으로 모습을 드러낼 때, 상징적 공간으로 변한다. 10미터 높이의 조각상은 자신에게 복종하는 등장인물을 예외 없이 무차별로 짓밟는다. 사실적이라기보다는 독특한 이미지 구상으로, 희곡에 제시된 수많은 지문과 거리를 두고 있다. 브레히트의 충실한 계승자인 연출가 베노 베송이 비판거리, 즉 관객이 이야기에 몰입하지 않고 비판할 수 있는 방식을 중요하게 여기기 때문이다. 의상은 도미에 화풍에 영향을 받은 것으로 보인다.

돈 조반니 Don Giovanni
작곡 모차르트
연출 Matthias Langhoff
시노그라피 Jean-Marc Stehlé

제네바 오페라대극장(Grand Théâtre de
Genève), 1990
ⓒJean-Marc Stehlé

무대 양쪽을 잇는 무대 장치를 만든다. 옛 건축 양식을 참조해서 만든
다리로, 왔다 갔다 하며 노래 부르고 연주하는 곳이다. 다리 아래쪽에
는 폭 깊은 아치를 만들어 오페라 진행에 꼭 필요한 내부로 또는 등
장인물들 사이의 내밀한 장면을 연출할 때 사용한다. 랑고프 연출로
1960년대가 익살스럽게 표현된다. 의상이 시대에 구애받지 않고 자유
롭다. 돈 조반니는 캐딜락을 끌고 다니고, 합창단은 감자튀김을 파는
트레일러 주변에 모여 있는 일본 관광객 모습이다.

오페라 공연에서는 무대 장치와 음악이 조화로운지 반드시 고려해야
한다. 장면 변화에 필요한 시간을 매우 정확하게 측정해야 한다. 무
대 장치가 18번이나 변하는 이번 공연에서 특히 필요한 사항이었다.
스텔레는 우선 무대 장치를 평면에 그렸다. 시적인 느낌과 의미가 제
대로 전달되었고, 1·2막이 진행되는 동안 등퇴장에 따라 효과적으
로 전개가 가능했다. 그러나 무대라는 3차원 공간에서는 이태리식 기
계 장치가 필요했다. 기계를 다루는 기술자들의 감각과 개성으로, 리
듬 있게 변화무쌍한 무대가 연속된다. 「마술피리」의 백미, '지옥의 복
수심이 내 마음속에 끓어오르고'로 시작하는 유명한 아리아 장면에서
밤의 여왕을 태운 곤돌라가 무대 천장 쪽으로 높이 올라간다.

마술피리 La Flûte enchantée
작곡 모차르트
연출 Benno Besson
시노그라피 Jean-Marc Stehlé

제네바 오페라대극장(Grand Théâtre
de Genève),
오페라 가르니에궁(Opéra Garnier),
Paris, 2000
© Jean-Marc Stehlé

장피에르 베르지에 JEAN-PIERRE VERGIER

1944, Riorges
시노그라퍼
의상 디자이너

"어느 세상 안으로 들어가 그 세상을 표현하고자 할 때,
공간을 단순하게 만드는 것을 좋아한다. 공간이 단순하면,
세트 변화 없이 작품 전체를 공연할 수 있어서 장면 연결이
쉽고 등퇴장이 수월하다. 글을 읽을 때 머릿속 시스템이 스스로
작동되면서 '바로 이거야' 하는 구상이, 실용적이고 상징적인
무대가 떠오른다. 특별히 주목하지 않아도 배우의 출현으로
관객이 느낄 수 있는 상징적 공간을 만든다. 모든 이미지를
통제하는 것을 좋아해서 공간에 따라 의상을 결정하고,
조명으로 시선의 방향을 조절한다. 텍스트에 내재한
주요 이미지에, 필요한 이미지를 매력적으로 섞은 공간,
자유롭게 횡보할 수 있는 어두운 공간을 즐겨 만든다."

기계 정비기사에서 그래픽 디자이너가 된 장피에르 베르지에는 1973년 아리엘 가르시아발데스와 조르주 라보당을 만났다. 라보당 연출 작품에서 시노그라퍼로 데뷔한 후, 라보당과 협업했다(그르노블, 빌뢰르반, 오데옹 극장 등). 그 밖에 연출가 다니엘 메스기슈, 브뤼노 보에글랭, 브뤼노 바이앵, 아리엘 가르시아발데스와 작품을 남겼다. 스스로 인정했듯이, 사진의 영향을 깊이 받은 장피에르 베르지에는 강렬하고 웅장한 이미지 구상으로 '이미지 연극'의 거장이 된다. 그가 창조한 이미지에는 잊을 수 없는 섬세하고 불안한 분위기가 있다. 그렇지만 이미지 극으로 그의 작업 세계를 한정할 수 없다. 베르지에는 무대 상자 건축물을 완벽한 기교로 변형시키는 대가이기 때문이다.

상상 속 궁전 Palazzo mentale
작가 피에르 부르자드
연출 Georges Lavaudant
시노그라피 Jean-Pierre Vergier
조명 Jacques Albert

그르노블 문화의 집(Maison de la culture de Grenoble), 1976
photo ⓒ Guy Delahaye

미묘하고 수수께끼 같은 극시다. 작가와 연출가가 의견을 주고받아 탄생한 콜라주 형식의 작품이다. 괴테, 프루스트, 보르헤스, 로트레아몽, 카프카, 사드 등 문인들의 작품에 나오는 등장인물, 여기에 작가가 창조한 인물이 섞인다. 신비한 분위기 속에서 사랑을 찾아 헤매는 팜므파탈, 단테와 베르길리우스가 그린 끔찍한 악마의 형상이 서로 엇갈리며 스쳐 지나간다. 의상이 다양하게 혼합되어 있어 등장인물이 처한 엉뚱한 상황이 강조된다. 선명한 초록색 잔디와 대조적인 분위기가 지옥 같은 상황이 펼쳐지는 고급스런 저택 주변에 맴돈다. 화려하면서 당황스러운 분위기에 매료되지만, 어떤 상황인지 알 수 없어 관객은 막막한 상태에 빠진다.

미완성으로 남은 피란델로의 마지막 작품이다. 포기하지 않고 연극으로 아름다움을 전달하려는 의지와 파시즘 앞에서 무력한 예술의 비극을 동시에 다루고 있어 모순적 색채가 강하다. 실패한 극단 배우들이 작고한 시인의 유작을 공연하기 위해 방황하다 산으로 가게 되고, 거기서 마술사 스크로톤의 세계를 접한다. 희곡 제목인 거인들, 보이지 않는 거인들 때문에 공포를 느끼면서, 배우들은 관객의 적개심에 부딪힌다. 무대에 거대한 다리가 떠 있다. 계속 이어지는 것 같은 다리가 관객 앞에 잠시 멈춰 있다. 행진을 멈춘 거대한 다리로, 텍스트의 미완성, 방황과 공허함을 은유적으로 표현한다. 무대를 꽉 채우고 있는 다리로, 비좁은 공간을 드러내고, 벗어나고 싶어 하는 등장인물의 욕구를 전한다. 다리에서 느껴지는 육중한 존재감으로 거칠고 숨 막히는 현실의 무게를 전한다.

산 속의 거인들
I giganti della montagna
작가 루이지 피란델로
연출·조명 Georges Lavaudant
시노그라피 Jean-Pierre Vergier

그르노블 문화의 집(Maison de la culture de Grenoble), 1981
photo ⓒ Guy Delahaye

케페우스자리 Les Céphéides
작가 장크리스토프 바이
연출·조명 Georges Lavaudant
시노그라피 Jean-Pierre Vergier

아비뇽 축제(Festival d'Avignon), 1983
photo ⓒ Guy Delahaye

시처럼 간략하게 함축된 희곡이다. 현대 유럽인이 느끼는 상실감을 다루고 있기에 연극이라기보다는 "분명한 의식 행위"다. 케페우스자리는 천체 거리를 측정할 때 사용하는 오각형 별자리이며 그리스 신화와 관련이 있다. 작가에게는 "원시성과 현대성이 구분 없이 뒤얽혀 있음"을 의미한다. "새벽이 밝아오는 무렵", 지질이 파괴되어 생긴 커다란 균열을 시각화한 무대로 공연을 우주적 차원으로 끌어올린다. 한편 균열된 무대는 인간이 기원으로 거슬러 올라갈 때 거치는 장소, 바다와 육지의 경계 지역을 표현한다. "바닷가 쪽에는 관객이 위치한다." 예언자의 소리처럼, 또렷이 전해지는 신비한 텍스트의 울림으로 관객은 파도를 타는 것처럼 흔들린다.

피에르 알베르 PIERRE ALBERT

스테판 브론슈베그 STÉPHANE BRAUNSCHWEIG

에마뉘엘 클로뤼스 EMMANUEL CLOLUS

이브 콜레 YVES COLLET

알렉상드르 드 다르델 ALEXANDRE DE DARDEL

프랑수아 들라로지에르 FRANÇOIS DELAROZIÈRE

앙투안 퐁텐 ANTOINE FONTAINE

드니 프뤼쇼 DENIS FRUCHAUD

자크 가벨 JACQUES GABEL

구리 GOURY

다니엘 잔토 DANIEL JEANNETEAU

에릭 뤼프 ÉRIC RUF

뤼디 사분기 RUDY SABOUNGHI

레몽 사르티 RAYMOND SARTI

니콜라 시르 NICOLAS SIRE

에릭 수아예 ÉRIC SOYER

질 타셰 GILLES TASCHET

샹탈 토마 CHANTAL THOMAS

로랑스 빌르로 LAURENCE VILLEROT

피에르앙드레 베츠 PIERRE-ANDRÉ WEITZ

뿌리내리다

1995 - 2005

ENRA
CINE
MENT

피에르 알베르 PIERRE ALBERT

1959, Grenoble
의상 디자이너
교육자
시노그라퍼

"요리법에서부터 브르타뉴 지역 특산품인 손수건을 연구한
최신 논문에 이르기까지 폭넓은 호기심이 없다면, 세상과
사람을 이해하려는 마음이 없다면 시노그라퍼가 될 수 없다.
지식과 감동은 무대에 고스란히 담아낼 수 없다.
그대로 옮기려는 것은 채워지지 않는 끝없는 욕구이기에
표현방식 또한 무수히 많다. 프랑스 문화에서 '계몽 정신'을
배웠다면 독일 문화에서 드라마투르기를, 감각적으로 의미를
표현하는 법을 익혔다. 문화는 시대를 거치면서 변하고,
이에 따라 예술도 변한다. 예술적 표현 또한 공연에 따라
달라진다. 공연이라는 감각 기계를 다루는 시노그라퍼는
복잡한 예술을 하는 배우다."

스트라스부르 고등연극예술학교에서 시노그라피를 전공한 피에르 알베르는 연극·영화·오페라에서 시노그라퍼 겸 의상 디자이너로 활동했다. 프랑스, 벨기에, 아일랜드, 노르웨이, 독일 등 유럽 제작진과 여러 극단에서 프리랜서로 일했다. 파리 고등예술·기술학교에서 의상 디자인·시노그라피를 가르쳤다. 2011년 9월 스트라스부르 고등연극예술학교 시노그라피-의상 분과장으로 임명되었고, 관련 분야를 가르치고 있다. 수작업으로 다양하게 만드는 것을 좋아해서, 염색도 하고 무대 배경도 그리고, 분장도 맡는다. 독일에서 첫 공연을 한 후, 조명도 디자인하며 독일 연극인과 긴밀한 협업을 계속한다.

세비야의 이발사
Le Barbier de Séville
보마르셰(Beaumarchais) 희곡 각색

작곡 자오키노 로시니
대본 Cesare Sterbini
연출 Patrick Guinand
시노그라피·조명·의상 Pierre Albert, 2004

photo © Theater Dessau / DR

사랑을 얻고자 쫓고 쫓기는 행위, 그 과정에서 일어나는 속임수와 부산한 움직임을 빼어난 솜씨로 그린 매력적인 오페라로, 배우가 자유롭게 연기할 수 있는 넓은 공간이 필요했다. 집 벽면을 이슬람 무어 양식으로 설계한다. 그 앞에 등장인물이 삼삼오오 모이는 공간, 정열이 뒤엉키는 미로의 중심지, 마치 투우장을 연상시키는 공간을 만든다. 무대 안쪽에는 아랍의 전통 창살 무늬(무샤라비에)가 새겨진 커다란 문이 있다. 이곳에 꽃무늬 드레스를 입고 사랑을 쫓는 투우사 로지나가 갇힌다. 햇빛이 틈새로 들어오도록 문을 세공하고 다색 자기로 장식한다. 스페인을 상징하는 빨간색과 황금색, 흰색은 남자 배우가 입은 검은색 의상과 대조된다. 조명으로 문에 그래픽 그림자를 만들고 역광 효과를 내어, 문밖으로 나갈 수 없음을 암시한다. 서정적 노래와 색깔이 조화롭게 어우러지듯, 로시니의 정교한 음악성에 어울리는 기하학적 공간 구도다.

토스카 Tosca
작곡 자코모 푸치니
음악감독 Kwamé Ryan
연출·조명 Anthony Pilavachi
무대미술 Markus Meyer
의상 Pierre Albert

보르도 대극장(Grand Théâtre de Bordeaux), 2009
감옥지기 의상
© Pierre Albert

의상으로 드라마투르기를 어떻게 보여줄까? 이번 공연에서는, 2차 세계대전을 일으킨 지중해 연안 독재자들의 제복을 참조하기로 가닥을 잡는다. 그렇지만 일괄적으로 통일하지 않는다. 일제 강점기를 시사하듯, 스카르피아는 19세기 서양인을 사로잡은 일본인 차림으로 등장한다. 카바라도시는 관타나모의 죄수복인 오렌지색 상하의를 입는다. 역사적으로 중요한 사건을 의상으로 드러낸다. 스카르피아가 고용한 사립 탐정은 프랑스 비시 정부 당시 활동한 친독 의용대 차림이다. 사형 집행인은 가톨릭 주교 차림으로 등장한다. 환멸에 빠진 감옥지기 의상에서 옛 프랑스 감옥이 연상된다. 유명 여가수 토스카는 전쟁 전 성행한 영화 속 인물처럼 등장한다. 역사적으로 일관성 있는 의상인지, 충분한 시각효과가 있는지, 이 둘 사이에서 고민하며 의상으로 의미를 전달한다. 의상에서 나타나는 행동 양식과 권력의 힘을 보여주며, 보르도 과거사도 함께 전한다. 공연 장소 보르도는 독일군 침공 당시 정부를 비롯해 프랑스인들의 피난처였다.

예전이나 지금이나 외딴 교외에서 쉽게 볼 수 있는 옷차림, 소외된 이들의 모습, 그리고 다정한 어린 아이들의 모습을 잘 표현하고자 했다. 무대 양쪽 벽이 관객 정면으로 돌출된다. 요세프 쿠델카의 사진에 영감을 받아 공간을 흑백으로 처리한다. 금이 간 아스팔트 바닥은 조각조각 기워진 헝겊처럼 메워져 있다. 벽은 파손되어 곰팡이가 피어 있고, 죽음과 섹스를 상징하는 낙서가 난무하다. 장면이 바뀔 때마다 무대 세트 일부분이 하나씩 사라지고, 쓸모없어진 부품은 관객이 보는 가운데 천장에 쌓인다. 소외되어 죽음으로 치닫는 상황을 제거하는 방식으로 시각화한다. 무대 안쪽에 배수구처럼 오물로 덮여 있는 커다란 못이 있고, 한 줄기 빛이 보인다. 의상의 온화한 색깔과 아이의 노랫소리가 빈 무대에 감돈다.

보체크 Wozzeck
원작 「보이체크」(게오르크 뷔히너)

오페라 알반 베르크
연출 Wolf Widder
조명 Peter Halbsgut
시노그라피·의상 Pierre Albert

photo ⓒ Sabine Haymann / Theater Pforzheim

스테판 브론슈베그 STÉPHANE BRAUNSCHWEIG

1964, Paris
연출가
교육자
시노그라퍼

"희곡을 읽을 때 작품의 구조를 파악하려고 한다.
겉으로 드러나는 건축 구조를 파악하기보다는 내부에 감춰져
있는 구성, 불안정하고 흔들리는 순간을 포착하고자 애쓴다.
(…) 공간을 구성하는 과정에서 연출을 어떻게 해야 할지
개념을 잡는다. 이미지극은 아니지만, 내 작품에서 이미지는
매우 중요하다. 시선을 집중시키고, 시선의 방향을 유도하는
이미지로 배우를 노출시키기 때문이다. (…) 공간은 매개체
역할을 해야 한다. 왜 여길까? 다른 장소가 아니라
왜 이 장소일까? 그 이유를 공간으로 느끼게 해야 한다.
움직임은 예외 없이 의미를 창출해야 한다."

* "Inscrire le jeu dans l'espace", in revue
Théâtre aujourd'hui, n°13, 2012에 실린 인터뷰
(C. Denailles) 내용을 발췌함.

철학가이자 연출가며 시노그라퍼다. 샤이오 국립극장에서 앙투안 비테즈의 제자였던 스테판 브론슈베그는 극단 연극-기계*Théâtre-Machine*를 창단했다. 1988년 첫 작품 「보이체크*Woyzeck*」(게오르크 뷔히너 작)를 발표한 후 연극·오페라 50여 편을 연출했고, 시노그라피도 대부분 직접 구상했다. 독일 3대 작가의 작품을 모은 「눈사람들*Les Hommes de neige*」(1991)로 비평가협회가 최우수 작품에 수여하는 레벨라시옹상*Prix de la Révélation*을 받고, 「브란트*Brand*」(헨리크 입센 작, 2005)와 「타르튀프*Tartuffe*」(2009)로 조르주 레르미니에*Georges-Lerminier* 비평가상을 받았다. 오를레앙 국립 드라마 센터장, 스트라스부르 국립극장장, 스트라스부르 고등연극예술학교 대표직을 차례로 역임했다. 2010년부터 파리 콜린 국립극장*Théâtre national de la Colline* 대표로 있다. 저서로는, 연극에 관한 글·인터뷰 내용을 실은 「작은 문, 웅장한 풍경*Petites portes, grands paysages*」(악트 쉬드 출판사, 2007)이 있다.

라인 강의 황금 L'Or du Rhin
작곡 리하르트 바그너
연출 Stéphane Braunschweig
시노그라피 Stéphane
Braunschweig, Alexandre de
Dardel
비디오 Stéphane Braunschweig,
Thibault Vancraenenbroeck
조명 Marion Hewlett

대주교구 극장(Théâtre de
l'Archevêché), Aix-en-Provence,
2006
photo © Élisabeth Carecchio

"이상과 현실은 괴리가 있다." 1871년 리하르트 바그너가 남긴 글이다. 연출가 브론슈베그는 현실의 원칙과 정신세계, 이 둘의 상관관계를 파헤친다. 작은 창문으로 바깥세계가 암시될 뿐 무대는 세상과 차단된다. 얼룩 하나 없이 깨끗한 거대한 빈 상자는 현실을 벗어난 피난처다. 무대 각면을 스크린으로 이용해 보탄의 정신세계를 보여준다. 마치 보탄의 머릿속으로 들어가는 것 같다. 무대 바닥에 맨홀 뚜껑 같은 것이 여러 개 있고, 복잡한 설비가 갖춰져 있어 공간은 한순간에 변한다(계단, 구멍, 균열된 바닥, 플랫폼 등). 상호보완적인 기계 장치와 비디오로, 꿈속에서처럼 가볍게, 유유히 흐르는 음악처럼 부드럽게 공간이 변한다. 위 사진에서 보탄은 니벨룽 대장간으로 내려갈 준비를 하고 있고, 다른 신들은 보탄의 과오로 힘을 잃어 쇠약해진 모습이다.

타르튀프 Tartuffe
작가 몰리에르
연출 Stéphane Braunschweig
시노그라피 Stéphane Braunschweig, Alexandre de Dardel
조명 Marion Hewlett

스트라스부르 국립극장(Théâtre national de Strasbourg), 2008
photo ⓒ Élisabeth Carecchio

작품 도입부에 오르공의 집이 보인다. 닫힌 공간으로 깨끗하게 비어 있다. 창문으로 바깥세상의 밝은 빛이 새어 들어오는, 수도원과 감옥 그 사이쯤 존재하는 공간이다. 공간의 형태가 조금씩 변하고 사실주의에서 벗어나 꿈의 세계, 나아가서 작품 속 무의식 세계로 스며든다. 점차적으로 위로 올라간 벽은 높이 떠 있다. 벽이 올라가면서 곰팡이가 핀 흔적, 금이 간 자국이 드러난다. 마치 지하실이나 지옥으로 내려간 것 같다. 문이 바닥에 닿지 않고 창문도 만질 수 없을 정도로 멀어지며, (타르튀프가 수없이 언급한) '하늘/하느님'과도 멀어진다. 오르공의 악몽으로 끝나고 마는 '탁자 장면'(공연에서 십자가를 놓은 작은 제단으로 표현한 장면)은 타르튀프·엘미르·오르공, 이들 세 사람의 환상이 어떻게 교차하는지 보여준다. 차디찬 공간에서 영혼이 번뇌하는 모습을 절묘하게 보여준 장면으로, 초록빛이 수를 놓듯 은은하게 감싼다.

나는 사라진다 Je disparais
작가 아르네 리그르
연출 Stéphane Braunschweig
시노그라피 Stéphane Braunschweig,
Alexandre de Dardel
비디오 Stéphane Braunschweig,
Xavier Jacquot
조명 Marion Hewlett

콜린 국립극장(Théâtre national de la
Colline), Paris, 2011
photo ⓒ Élisabeth Carecchio

탈출해야 하는 위태로운 상황이다. 등장인물들은 두려움을 떨치고자 자신보다 열악한 상태에 있는 사람들을 생각하고, 그들에게 스스로를 투영한다. 무대 안쪽으로 갈수록 작게 보이는 상자 세 개를 설치한다. 희곡에서 다루는 '끼워 넣기'를 공간으로 표현한 것으로, 등장인물이 실제로 이동하거나 머릿속으로 이동하는 모습을 보여준다. 연출가는 희곡의 핵심을 "관점의 상대성, 세상에 처한 상황의 상대성"으로 이해하고, 공간으로 형상화한다. 기술적으로 설명하자면, 가장 작은 상자에 누워 있는 여배우를 촬영한 다음, 그 이미지를 무대 앞쪽 제일 큰 상자를 덮고 있는 얇은 망사에 비추어, 망사를 통과하는 이미지를 바닥에 그리는 방식이다. 이러한 방법으로, 희곡에서 표현하는 등장인물의 '사라짐' 그리고 결국 다른 곳으로, 자신의 죽음 속으로 들어가는 장면을 효과적으로 연출한다.

에마뉘엘 클로뤼스 EMMANUEL CLOLUS

1965, Suresnes
시노그라퍼

"팀워크 정신과 대화하려는 자세, 수행 능력 없이 연극을 할 수
없다. 내가 느끼는 연출가의 의도, 텍스트 접근 방식과 배우와
작업하는 방식을 고려해서 공간을 구상한다.
시노그라피는 쳐다보는 그림처럼 그 자체로 독립된 작품이
아니고, 하나의 이야기를 받아들이는 공간, 특히 연기에 적합한
공간이이야야 한다. 건축가라면 건물 안에서 생활할 사람들의
동선 문제를 제기하겠지만, 나는 객석에 앉은 관객들이 보게 될,
공간에 담겨질 이야기에 대해 질문을 던진다. 공간이라는 정해진
틀 안에 어떤 이야기의 흐름이 가능한지 고민한다."

파리 에콜올리비에드세르^{École Olivier-de-}^{Serres}에서 응용미술을 공부한 에마뉘엘
클로뤼스는 국립고등연극 콩세르바투아
르^{CNSAD}에서 무대감독 및 소품 담당으
로 활약했다. 프레데리크 피스바크와 스
타니슬라스 노르데 연출작에서 시노그
라퍼로 일했다. 루이 베르퀴트 조수로 일
하며 무대를 만들고, 샌드니^{Saint-Denis}
에 있는 제라르 필립 극장 대표 스타니슬

라스 노르데가 구상한 프로젝트에 참여
했다. 그 후, 수많은 장소(연극·오페라, 축
제)에서 실험하며 경험을 쌓고, 각양각색
의 텍스트를 접하며 성향이 다른 여러 연
출가와 작업했다. 예를 들면, 연출가 와이
디 무아와드는 리허설에서 모든 작업을
동시에 진행하기 때문에 여러 팀으로 나
눠 작업한다. 반면, 스타니슬라스 노르데
는 연출가 중심으로 팀을 꾸려 작업한다.

연출가마다 작업 방식이 다르다 할지라
도, 클로뤼스는 관객과 직접 소통할 수 있
는'방법을 모색하며, 관객이 반응하고 무
언가를 제안할 수 있으리라 기대한다. 연
출이 진행되는 과정, 텍스트가 무대화되
는 과정에서 서서히 작업을 완성하기 때
문에 클로뤼스의 시노그라피는 의미의
연장선이다. 건축·시노그라피 교육기관
에서 강의하고 있다.

희곡 집필이 완성되지 않은 상황에서 공연에 필요한 장소, 즉 무대뿐
만 아니라 객석까지 구상해야 했다. 무대/객석을 구상하는 것과 글
쓰기가 상호영향을 주고받으며 동시에 진행된다. 최종적으로 선택한
것은 고리 모양의 시노그라피다. 반지나 문고리처럼 중앙에 있는 관
객을 무대가 에워싸는 형태로 사실적이며 추상적 공간이다. 건물 벽
과 천장이 하얗다. 배우와 제작진이 쉽게 이동하도록 내벽을 이중으
로 설계한다. 세계 곳곳을 감시하는 반테러 조직의 이야기 중심이자
공간의 중심에 관객이 위치한다. 조각상 220개가 있는 정원 내부, 등
받이 없는 회전의자에 관객은 구경꾼처럼 앉는다. 높게 설치된 6개의
구역이 관객을 에워싼다. 한 장소에서 다른 장소로 이동하면서 진행
하거나, 여기저기서 동시에 이야기를 전개한다.

하늘 Ciel
작가·연출 와이디 무아와드
시노그라피 Emmanuel Clolus
조명 Philippe Berthomé

아비뇽 축제(Festival d'Avignon),
2010
photo ⓒ Emmanuel Clolus

출신을 밝혀내고 비밀을 드러내는 이야기, 전쟁이 한창인 나라에서 일어날 수 있는 드라마, 여기에 역사적 사실이 곁들어져 다양한 시공간에서 펼쳐진다. 이야기가 매우 복잡해서, 관객은 무대 장면 변화보다는 이야기의 흐름에 주목할 것이다. 따라서 공간을 변형하지 않고 수많은 상황이 연상되는 장소를 표현하는 것이 관건이었다. 렌 Rennes에 있는 리허설 연습실을 떠올리며 창고처럼 보이는 사실적 공간을 만든다. 무대 바닥과 벽 색깔을 동일하게 처리해서 폐쇄된 느낌을 강조한다. 금속 기둥에 설치한 조명 기구는 수용소 감시탑에서 새어 나오는 조명 같기도 하고, 무대 세트 같기도 하다. 예전에도 이렇게 있었을 것 같은 착각이 들 정도로 자연스럽다. 시노그라피 흔적이 보이지 않을 정도로 간결한 구성이다.

화염 Incendies
작가 와이디 무아와드
연출 Stanislas Nordey
시노그라피 Emmanuel Clolus
조명 Stéphanie Daniel

브르타뉴 국립극장(Théâtre national de Bretagne), 2008
photo ⓒ Emmanuel Clolus

피서객 Les Estivants
작가 막심 고르키
연출 Éric Lacascade
시노그라피 Emmanuel Clolus
조명 Philippe Berthomé

브르타뉴 국립극장(Théâtre national de
Bretagne), 2010
photo ⓒ Emmanuel Clolus

감시를 받는 별장 공원이다. 오두막이나 작은 산장, 가건물 같은 별장
은 잠시 쉬었다 가는 장소다. 사람들이 화기애애하게 모여 사는 느낌
도 주는 별장은 공연 도입부에 벽처럼 일렬로 정렬되어 있다. 등장인
물 출현으로 별장 문이 열리며 휴가의 시작을 알리고, 휴가가 끝날 무
렵 문이 닫힌다. 공연이 끝날 때까지 무대에 남아 있는 배우들은 가
지런히 늘어선 별장을 흐트러뜨리고, 신나게 회전하며 움직이는 놀
이기구나 분장실로 사용한다. 접이식 의자로 이용한 별장 덧문이 마
지막에 다시 닫힌다. 쉽게 조작 가능한 장치로, 배우가 정열을 쏟으며
살다 가는 공간, 다양하게 변하는 놀이 상자를 만든다.

이브 콜레 YVES COLLET

1954, Tours
조명 디자이너
시노그라퍼

"작품의 총책임자 관점을 시노그라피로 뒷받침해야 한다.
유연하게 움직이는 공간, 변형 가능한 오브제, 자연 소재,
영상이나 빛 같은 비물질적 재료를 좋아해서
이러한 요소를 넣어 구상한다. 조명은 움직이는 그림이다.
무대에 여러 색상으로 그림을 그리는 조명과 '대화'하고자
애쓴다. 작가의 글을 읽을 때, 전체 이미지가 아니라 어느
세부적 요소가 나를 사로잡는다. 연출가와 의견을 교환하며,
천천히 그 다음 단계를 진행한다. 구상 과정에서 모든 것이
변한다. 공간으로 드라마투르기를 표현하는데 필요한 모형을
제작할 때까지 계속 바꾼다. '더 잘 만들기 위해 부순다'고
자코메티가 말했듯이, 다시 시도하는 것을 좋아한다.
일반적으로 깨끗하게 걸러진 공간, 머무를 수 있는 공간이면서
자유롭게 움직이는 공간을 추구한다."

파리 에콜데보자르에서 조형예술을 전공한 이브 콜레는 엘리자베스 샤이우, 브리지트 자크바주만, 클로드 뷔슈발드 등 수많은 연출가와 협업했다. 아델 아킴과 이브리 지역극장Théâtre des Quartiers d'Ivry에서 객원 예술가로 활동했다. 1997년에 만난 에마뉘엘 드마르시모타와 지금도 함께 작품을 만든다. 랭스 코메디 국립드라마센터La Comédie de Reims, 2008년부터는 예술인 앙상블L'Ensemble Artistique 회원으로 파리 시티극장Théâtre de la Ville에서 시노그라피와 조명을 담당했다. 「작가를 찾는 6명의 등장인물Six personnages en quête d'auteur」(루이지 피란델로 작)로 탁월함을 인정받아, 2002년 비평가협회로부터 시노그라피 부문 최우수상을 받았다. 조명과 시노그라피를 접목하여, 섬세하고 효과적으로 공연에서 전달하려는 바를 끌어낸다.

상상의 오페레타
L'Opérette imaginaire
작가 발레르 노바리나
연출 Claude Buchvald
시노그라피 Yves Collet

브레스트 수정극장(Quartz de Brest), 1998
photo © Frédéric Tsedri

사고와 언어를 자유자재로 파괴하고 해체하는 발레르 노바리나의 독특한 글쓰기에 어울리는 공간이 필요하다. 쏟아지는 말, 그러다 잠시 멈추고 다시 폭발하듯 터져 나오는 말이 이곳저곳 떠돌 수 있어야 한다. 이러한 측면을 고려해서 개방된 공간을 만든다. 트랩이 있는 바닥에 울타리가 놓인다. 울타리에 여닫을 수 있는 창문 같은 출구가 있어, 이곳으로 등퇴장이 가능하다. 등퇴장을 되풀이하는 무대, 이동하기 쉬운 공간에서 다채로운 연기가 펼쳐진다. 삶을 성찰하기 위해 죽음과 즐겁게 대화를 나누는 이상야릇하고 재미있는 공연으로, 시노그라피에 힘입어 박진감이 넘친다.

타문화 수용과 정치 문제를 드러내 뜨거운 반향을 남긴 비극 공연으로, 팔레스타인 국립극장 배우들이 아랍어로 연기한다. 예루살렘의 특성을 살려, 벽을 중심으로 시노그라피를 구상한다. 테베의 궁궐 벽, 그 이상으로 거대한 장벽을 사이에 두고 이스라엘과 대치된 현 상황을 자연스럽게 연상시키는 철벽으로, 수백 개의 구멍이 뚫려 있다. 이야기의 진행에 따라 전동장치로 여닫히는 사격 장소다. 고대 그리스 무대 스케네처럼, 철벽에 문 세 개가 있다. 벽 앞이 중심 연기 공간이다. 바닥 위로 빛이 스며들고 새어 나온다. 마치 저승에서처럼 밑바닥에서 올라오는 빛으로, 모여 있는 등장인물을 에워싼다. 한편 무대 가장자리는 알록달록한 동양 카페 분위기로, 그리스 비극에서 공공의 목소리를 전하는 합창단이 자리한다.

안티고네 Antigone
작가 소포클레스
연출 Adel Hakim
시노그라피 Yves Collet

예루살렘 팔레스타인 국립극장(Théâtre national palestinien de Jérusalem), 2011
photo © Nabil Boutros

두 가지 방향을 설정해서 철학과 종교적 은유로 가득 찬 독특한 작품에 어울리는 공간을 만든다. 우선, 완벽하게 변형 가능한 무채색의 넓은 공간을 만들어 마을을 암시한다. 마치 지진으로 흔들린 듯 사무실이 공간에 떠 있는 상황을 연출한다. 평범함에서 현기증을 일으키는 사태로 점차 바뀌면서, 희극과 비극의 경계선상에, 비사실적인 것과 구체적인 것 사이에 놓이는 상황을 표현한다. 두 번째 방향은 이야기 진행에 따라 등장인물 모두 코뿔소로 변하는 모습을 사실적으로 재현하지 않으면서 보여주는 것이다. 코뿔소로 변한 이들의 머리가 움직이는 모습을 벽에 보여줌으로써, 위협적인 주변 상황을 구체적이면서 시적으로 암시한다.

코뿔소 Rhinocéros
작가 외젠 이오네스코
연출 Emmanuel Demarcy-Mota
시노그라피 Yves Collet

파리 시티극장(Théâtre de la Ville), 2004
르그랑 티(Le Grand T), Nantes, 2011
photo © Jean-Louis Fernandez

알렉상드르 드 다르델 ALEXANDRE DE DARDEL

1963, Geneva
시노그라퍼
건축가

"개인적으로 다른 사람과 일하는 것을 좋아한다.
직관력이 탁월해서 자신이 어떤 공간을 원하는지 잘 알고 있는
연출가의 의견이 필요하다. 시노그라퍼의 역할이 완전히
자유롭지 않기에, 연출 의도를 참조한다.
제작팀의 의견도 고려해서 개념이 실행될 수 있는 방법을
모색한다. 극장 건축을 상상하는 것만으로도 흥분된다.
모든 가능성이 열린 곳, 상상의 나래를 펴기에 더할 나위 없는
장소가 극장이다. 극장의 형태적 특징과 개념을 살려 만든
무대 건축물이 성공적이라고 생각한다."

파리 건축전문학교*École spéciale d'architecture de Paris*에서 학위를 받았다. 로랑 귀트만 연출작에서 시노그라퍼로 데뷔했고, 1995년부터 무대 세트 책임 자로 스테판 브론슈베그와 협업했다. 영화 애호가인 알렉상드르 드 다르델은 샤틀레와 낭테르 아틀리에 연구소에서 계획안과 실제 작업 사이에 나타나는 독특한 상호작용으로 무대가 창조되는 점을 깨닫는다. 첫 번째 충격을 받은 작품「들이닥치는 불청객이 아니라면*Ou bien le débarquement désastreux*」(하이너 괴벨스 연출)에서 연극이 주는 자유를 발견한다. 작가의 생각과 같은 방향으로 공간을 구상하고자 늘 노력하며, 규모가 큰 무대를 만든다. 다른 연출가와 작업할 때, 공연할 극장 건축의 특징을 고려하며 무대를 구상한다. 스트라스부르 고등연극예술학교에서 강의했으며, 리옹 국립고등연극예술·기술학교 시노그라피 분과 공동 책임자다.

S 고원의 소식
Nouvelles du Plateau S
작가 히라타 오리자
연출 Laurent Gutmann
시노그라피 Alexandre de Dardel
조명 Gilles Gentner

스트라스부르 국립극장(Théâtre na-
tional de Strasbourg), 2002
photo © Élisabeth Carecchio

이야기가 진행되는 곳은 병원으로, 환자와 의료진, 방문객이 서로 마주치
고 스쳐 지나가는 단일 장소다. 14명의 등장인물이 180여 차례 드나든다.
공연장 지뉴Gignoux홀 특성에 착안해 시노그라피 개념을 잡는다. 홀 안쪽
2미터 높이에 문이 떠 있어서, 이 문과 연결된 새로운 무대를 구상한다.
홀 중앙에 커다란 정사각형 무대를 만든다. 마치 트랩 뚜껑이 열려 그 아
래를 보는 것 같다. 온통 하얀색으로, 환자가 머무는 공간이 트랩/무대 밑
에 있는 것처럼 사다리를 타고 병원으로 내려온다. 극장 상부의 비어 있
는 공간을 사용함으로써 작품의 의미를 드러낸다. 단일 조명으로 미니멀
시노그라피의 정수를 보여준다.

깨어나는 봄 L'Éveil du printemps
작가 프랑크 베데킨트
연출 Guillaume Vincent
시노그라피 Alexandre de Dardel
조명 Nicolas Joubert

콜린 국립극장(Théâtre national de la
Colline), Paris, 2009
photo © Élisabeth Carecchio

자유롭게 움직일 수 있는 기다란 무대 상자를 만든다. 높은 지지대 (160cm)로 받쳐 있고, 바퀴가 달려 있어 앞으로 나오거나 뒤로 갈 수 있다. 끔찍한 어린 시절을 다룬 프롤로그에서 관객을 과거로 빠져들게 하더니, 다음 장면에서는 연인들의 데이트 장소로 오스틴 미니차가 나타난다. 사실적으로 만들어진 상자에 장식 기호로 도배한다. 연출가의 할머니가 사용하던 벽지, 벽에 박제된 동물, 조명 등은 장식으로 그치지 않고, 자세하고 환상적인 연출가의 요구 사항을 반영해서 만든 것이다. 벽지에 그려진 꽃은 뒤에서 빛을 받아 반투명 유리창으로 변한다. 무대막과 조명 장치가 부착된 무대 상자에는 나름의 고유한 질서가 있다. 극장이라는 고정된 장소가 아닌 거리극에서 볼 수 있는 구상이다.

소프라노 거장 나탈리 드세가 사교계 여인의 삶을 노래한다. 대주교구 안뜰에 마련된 무대에 세트를 설치하기 어렵다.[역주14] 역사적으로 중요한 건물 벽을 훼손할 수 없기 때문에 무대 자체를 새로 만든다. 바닥에 홈을 파고 경사지게 한 다음, 푸른색 벽돌로 벽을 만든다. 무대는 집이다. 펼쳐진 화폭으로, 현란한 파티에서 일어나는 온갖 환상을 암시하다가 사랑은 환상에 불과함을 일깨운다. 2막 무대는 무덤으로 변한 집을 보여준다. 샹들리에가 밑으로 쭉 내려와 있고, 걸려 있던 그림천이 바닥에 나뒹군다. 경사진 무대로 병든 비올레타의 힘겨운 삶을 시각화한다. 3막은 빈 무대다. 대주교구 안뜰에 어둠이 내리고 온화함이 찾아온다. 사육제를 맞이해 환희의 노래가 들려오고, 비올레타가 지난날의 호화롭던 시절을 회상할 무렵, 금빛 나뭇잎이 우수수 떨어진다. 삶에 가을이 찾아왔음을 이야기하듯 흩날린다.

라 트라비아타 La Traviata
오페라 주세페 베르디
연출 Jean-François Sivadier
시노그라피 Alexandre de Dardel
조명 Philippe Berthomé

대주교구 안뜰(cour de l'Archevêché),
엑상프로방스 축제(Festival d'Aix-en-Provence), 2011
photo ⓒ Jean-François Sivadier

프랑수아 들라로지에르 FRANÇOIS DELAROZIÈRE

1963, Marseille
연출가
작가
시노그라퍼
건설자

"어렸을 때 친구들과 재미있는 경험을 했다.
차의 와이퍼 장치를 떼어서 탁자 위에 놓고 막대 걸레에 연결한
다음, 배터리에 접속시켰다. 우리 중 한 명이 스위치를 누르자
탁자에 놓인 물건이 모두 흔들렸다. 흔들리는 모습이 꼭 춤추는
것 같았고, 살아 있는 생명체 같았다. 속도를 올리자 부자연스
럽게, 거의 위협적으로 기계가 회전하면서 탁자에 있던 서류,
커피 잔, 펜을 바닥에 내던졌다. 기계는 움직임으로 감동을
주고 살아 있다는 느낌마저 준다는 사실을 이때 깨달았다.
인간과의 상호작용으로 공간에 변화를 준 와이퍼에서 단순한
기계 장치가 아니라 연극성을 느꼈다."

마르세유에 있는 에콜데보자르를 졸업한 프랑수아 들라로지에르는 1999년부터 극단 기계La Machine 예술감독이다. 대표 작품으로, 「위대한 레퍼토리. 공연 기계 Le Grand Répertoire. Machines de spectacle」 (2003), 「기계들의 심포니La Symphonie mécanique」(2004), 「소형 기계의 저녁 식 사Dîner des petites mécaniques」(2010)가 있다. 프랑스 거리극의 대명사 루와얄 드 뢰스Royal de Luxe의 「거인Géant」(1993)에서 「코끼리Éléphant」(2005)에 이르기까지 웅대한 기계 장치를 만들었다. 데생 능력이 탁월한 들라로지에르는 자연에서 영감을 받아 연극 공연의 리듬과 복잡한 구성을 만들어 긴장감을 조성하며, 특히 움직임으로 감동을 주는 표현을 찾아 낸다. 데생은 공연을 준비하는 출발에 불과하다. 기술력과 서로의 관점을 교환하며, 제작진 모두 활발하게 참여해서 풍요로운 결과물을 만든다. 극단 기계는 "생물학적 의미에서 새로운 질서, 살아 있는 기계의 질서"를 창조했다. 차를 우려내듯 장시간 진행되는 연극théâtre infusé 또는 도시 속 연극théâtre urbain을 선보인다.

현학적 기계 장치
Les Mécaniques savantes
공연 프랑수아 들라로지에르, 극단
기계

Liverpool, 2008
photo © Matthew Andrews

기계 장치 규모가 공연에서 결정적 역할을 한다. 건축물이 솟아오른 것처럼 거대한 거미 모양 앞에 놓인 관객은 돌연 난쟁이처럼 느낀다. 부모 앞에 서 있는 어린 아이처럼 말이다. 다 큰 성인에게 이러한 상황은 눈을 즐겁게 하고, 수많은 편견에서 벗어나게 하기에 더욱 인상적이다. 심장이 뛰듯 움직이는 건축물/기계 장치가 도시 건축물(2008년 리버풀, 2009년 요코하마, 2011년 랭스) 사이로 헤집고 다닌다. 거리, 광장, 벽면이 어떻게 무대 장치로 변형되는지, 어떻게 마을 전체가 무대로 변하는지 보여준다. 기계의 움직임으로 이야기가 진행되는 과정에서 주민들은 자신이 사는 지역 이미지가 변하는 것을 느끼며, 공연이 전하는 아름다운 허구 속으로 빨려든다. 오브제의 움직임은 결국 인간이 사는 세계를 비추기 위한 눈속임 장치다.

식물 탐험대
L'Expédition végétale
공연 프랑수아 들라로지에르, 극단
기계

Metz, 2011
photo ⓒ Emmanuel Bourgeau

식물 탐험대는 생태 보호용 비행체인 아에로플로랄Aéroflorale Ⅱ로 세계 여행을 떠난 연구자 11명의 이야기다. 희귀한 식물로 둘러싸인 항공기에는 이동 식량인 갖가지 유기농 채소가 있다. 식물에서 전기 에너지를 얻고 저장하는 연구에 성공하여, 비행기에 열량을 보급하며 자유자재로 떠돈다. 한밤중 마을 중심부 광장에 비밀스럽게 착륙하고, 생태학적 다양성을 연구하기 위해 나흘간 체험 학습 공연을 펼친다. 아에로플로랄에서 내려온 연구자들은 지나가는 행인과 대화를 주고받으며 공연한다. 장시간 차를 우려내듯 하루 종일 공연된 작품역주15으로, 극적 요소는 하나도 없지만 재치 있는 대화가 끊이지 않고 오고 갔다.

섬 기계 Les Machines de l'île
구상 François Delarozière, Pierre Orefice

코끼리, 2007-2012
ⓒ François Delarozière

칼레Calais에서 「르 샤넬Le Channel」(2007), 새롭게 정비된 세나르Sénart에서 「사각 승마 연습장Manège carré」(2008), 낭트에서 「섬 기계Les Machines de l'île」(피에르 오르피스와 구상), 라로슈쉬르용La Roche-sur-Yon에서 「광장의 동물 Les Animaux de la place」(2012), 모두 도시공간 조성과 관련된 '도시 속 연극역주16'이다. 「섬 기계」 1부가 "아틀리에", "기계 갤러리", "왜가리가 앉아 있는 나뭇가지", 그리고 "덩치 큰 코끼리(52명을 태우는 12미터 높이에 48톤 의 무게)"로 2007년에 공연된다. 2부는, "바다 세계로 안내하는 회전목마 Le Carrousel des mondes marins"로 이어진다. 원재료를 그대로 사용하고 기 계 장치를 겉으로 드러내기 때문에, 나무로 만들건 강철로 만들건, 조각 가의 손놀림이 작품에 고스란히 나타난다. 섬 기계 프로젝트, "코끼리 L'Éléphant"(2001년 데생)는 루와얄 드 뤽스 거리극 공연에 영감을 주었다 (2005).

앙투안 퐁텐 ANTOINE FONTAINE

1961, Paris
화가
무대미술가
시노그라퍼

"극장에 왕이 앉던 자리, 이곳에 이제는 감독 테이블이 놓이고,
그 주위에 연출가와 팀원이 앉는다.
무대 장치가 가장 사실적으로 보이는 이 자리에서 멀어질수록,
착각을 일으키는 마술 효과가 사라지고 공간은 변질된다.
관객은 상상력을 동원해야 변형된 부분을 이해할 수 있다.
그런데 관객의 상상력을 자극하는 것, 바로 여기에
연극의 고유성이 있지 않을까? 어떤 경우에 우리가 즐거움을
느끼는지 질문해보자. 실제처럼 보이는 완벽함에 취하며
즐거움을 맛보는 것일까? 아니면 그림으로 표현된 추상적 무대
세트를 보면서 공간을 이해할 때 기쁨을 느끼는 것일까?"

아버지가 화가인 앙투안 퐁텐은 대리석이나 나무를 그리면서 회화 공부를 시작했다. 파리 에콜데보자르를 졸업한 후 영국에서 작품 활동을 하고, 밀라노 스칼라 극장에서 일했다. 낭테르 작업실에서 5년을 보내고, 에릭 로메르, 콜린 세로 영화에서 미술감독으로 일하며, 연출가 장마르크 스텔레의 오페라 무대를 맡았다. 음악 박물관인 시테드라뮤직*Cité de la musique*, 역사 기념관인 콩시에르주리 *Conciergerie*, 베르사유 궁전에서 열린 각종 전시회에서 시노그라퍼로 활동했다. 베르사유 궁전 오페라극장 배경막을 장폴 구세와 공동으로 그리고, 화폭을 이용한 전통적 방법으로 오페라 무대를 만들었다. 자신이 좋아하는 기계 장치와 그림, 원근법을 한껏 드러내며 기량을 발휘하는 앙투안 퐁텐은 시노그라피를 교육 놀이처럼 접근하고 역동적으로 구상한다.

바텔 Vatel
영화감독 Roland Joffé
시노그라피 Antoine Fontaine
미술감독 Jean Rabasse

생클루 공원(Parc de Saint-Cloud),
2000
photo © Antoine Fontaine

루이 대왕에게 최고의 즐거움을 선사하기 위해 사흘간 축제가 열린다. 첫날은 기계 장치가 전통 방식으로 설비되어 있는 극장에서 열린다. 생클루 연못 수로를 뛰어넘는 부피(높이 15미터×폭 25미터×길이 90미터)로 극장 내부를 만들고, 객석을 물 위에 배치한다. 놀라운 그림 솜씨로 무대 틀, 바위, 눈부신 구름 뭉치를 표현한다. 고래도 그림으로 그렸는데, 중앙에 고래 입처럼 보이는 훌라후프 같은 둥근 틀이 열리면서 가수가 등장하는 모습이다. 무대 밖 공간이 그대로 노출되어, 완연한 고색을 띠며 마천으로 감싸인 그림틀 뒷부분이 보인다. 둘째 날 주제는 마법에 걸린 섬으로, 땅에서 비단으로 감싼 야자수가 솟아오르고, 상상 속 식물이 양쪽에 줄지어 서 있어 시야에서 멀어질수록 작게 보인다. 셋째 날은 거울에 연회장을 조각해 보여준다. 루이 14세 때 건축가이자 역사 편찬관이었던 앙드레 펠리비앙이 묘사한 궁정 축제에서 영감을 받는다.

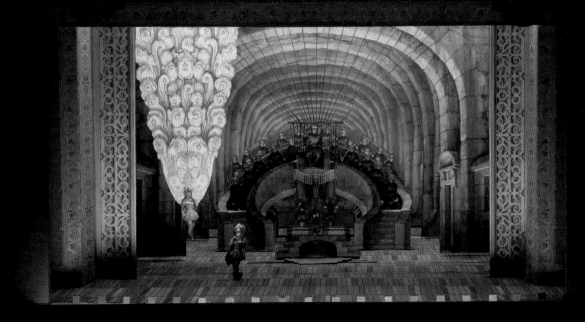

Acte II 4/4

이폴리트와 아리시
Hippolyte et Aricie
오페라 장필립 라모
연출 Ivan Alexandre
시노그라피 Antoine Fontaine
조명 Hervé Gary

툴루즈 카피톨 극장(Théâtre du
Capitole de Toulouse), 2009
photo ⓒ Antoine Fontaine

연출과 시노그라피 모두 바로크 전통을 되살린다. 관객이 보는 앞에서 장면이 전환되고, 마치 꿈속에서처럼 에리망트 숲, 디안의 사원, 지옥 등 여러 장면이 잇달아 펼쳐진다. 음악에 맞춰 전환되도록 정교하게 만든다. 원근법에 따라 배경 화폭을 걸어 환영을 자아낸다. 예를 들면 운명의 실타래를 잡고 있는 세 여신이 등장하는 장면에서, 파르카가 실제로 등장하는지, 무대그림의 한 부분인지 분간하기 어렵다. 기계 장치를 완전히 재정비해서, 무대 위로 날아다니고 무대 밑으로 등퇴장을 할 수 있는, 갑작스런 장면 전환이 가능한 이태리식 무대 전통을 살린다. 무대 틀을 새롭게 그리고, 극중 합창단이 관객과 호흡하며 노래할 수 있는 프로시니엄을 만든다.

카르몽텔 그림과 떠나는 여행
Le Voyage en images de Carmontelle
시노그라피 Antoine Fontaine,
Frédérique Paoletti, Catherine
Rouland

쏘 궁(Château de Sceaux), 2012
photo © Antoine Fontaine

18세기 극작가 겸 풍경 건축가이자 화가였던 카르몽텔 작품을 쏘 궁의 마구간이었던 장소에 전시한다. 길이 42미터의 기름종이에 그려진 일드프랑스Ile-de-France 풍경을 백라이트로 비춘다. 진귀한 물건을 모아 두었던 장소cabinets de curiosités 또는 18세기에 성행한 그림상자 극장역주17에 영감을 받아 전시 공간을 만든다. 세로가 긴 전시장 양쪽을 아홉 칸으로 나누듯 배치 공간을 만든다. 관객을 사이에 두고 카르몽텔 그림이 연속적으로 펼쳐진다. 깊이감이 느껴지는 풍경 속으로, 토끼 가죽으로 만든 아교를 이용해 입체적으로 그린 이미지 속으로 들어간다. 그림을 고정시키는 틀은 전통 나무판으로, 뒷면을 숨기지 않고 드러낸다. 연극에서 시각이미지를 감상하는 것처럼 복잡한 장치 속 정경을 감상한다. 전시장 끝에 이르게 되면, 화폭 뒷면이 함께 보여 관객은 일그러진 풍경 또한 감상한다.

드니 프뤼쇼 DENIS FRUCHAUD

1954, Poitiers
시노그라퍼
교육자

"무대에 어둠이 짙게 깔려 있다. 무대를 밝히려면 빛을
창조해야 한다. 빛이 들어오면 비로소 어떤 변화도 가능한
공간으로 변한다. 예술과 기술을 분리해서 생각한다면,
변형 가능한 공간을 만들 수 없다. 크로키와 모형 제작은
내게 길을 밝혀주는 친근한 동반자다. 필요한 요소만 남기고
공간을 비운다. 불순물을 걸러낸 공간에 놓인 소품, 공간이
크면 더욱 작게 보이는 소품은 믿기지 않을 정도의 깊이감을
드러낸다. 구체적이며 암시적인 소품은 이야기 진행에 따라
변형되어야 한다. 관객의 주위를 산만하게 하거나,
자유로운 상상을 방해하는 스펙터클 효과는 지양해야 한다."

르네 알리오 감독 「나, 피에르 리비에르
Moi, Pierre Rivière」(1976)에서 소품 담당
으로 데뷔한 후, 1981년부터 1988년까
지 당시 낭테르아망디에 극장 대표 파트
리스 셰로와 작업했다. 시노그라퍼 리샤
르 페두지와 루브르 및 오르세 박물관 개
조 작업에 참여했다. 주요 작품으로, 피
에르 로망이 연출한 「이바노프*Ivanov*」(안
톤 체호프, 낭테르아망디에 극장)와 「티

투스 황제의 자비*La Clémence de Titus*」(모
차르트, 스칼라 극장), 「세 자매*Les Trois
Sœurs*」(안톤 체호프, 바르셀로나 폴리오
라마*Poliorama* 극장), 스위스 연출가 클
로드 스트라츠가 올린 폴 클로델의 「인
질*L'Otage*」과 「굳은 빵*Le Pain dur*」(제네바
코메디극장), 피에르 바라 연출의 「오웬
윈그레이브*Owen Wingrave*」(벤저민 브리
튼, 라인 오페라국립극장*Opéra national du*

Rhin)가 있다. 르네 알리오는 무대 연구실
(오페라 가르니에궁, 스트라스부르 국립
극장) 쪽으로 관심을 기울이며, 알랭 가
리쇼, 프레데리크 콩스탕, 베르나르 로티,
다니엘 뒤퐁, 클로드 몽타녜와 공간 개념
을 연구했다. 리옹 국립고등연극예술·기
술학교에서 시노그라피를 가르친다.

희곡에 설정된 공간에서 실마리를 얻는다. 밤에 울려 퍼지는 제빵사의 외침으로 시작하는 공연으로, 화려한 베네치아 뒤편, 어둡고 물에 잠긴 베네치아에서 펼쳐진다. 등장인물은 나무다리 위로 오고간다. 등장인물들의 복잡한 관계 변화에 따라 나무다리 배치가 자주 바뀐다. 무대 안쪽으로 하늘이 보이고, 바닥도 하늘빛이다. 합성수지로 덮인 바닥은 물처럼 반짝거리며 등장인물을 비춘다. 마주보고 있는 양쪽 벽에 빛을 흡수하는 멜턴을 씌우고, 그 뒤 공간을 대기실로 사용한다. 고색을 띠는 천을 빳빳하게 씌운, 이동식 높은 벽 두 개에 문과 창을 내어 주거 건물을 암시한다. 탁월한 재료 선택과 조명 효과로, 장면이 쉽고 다양하게 전환된다.

허드렛일을 하는 하녀들
Les Bonnes à tout faire
카를로 골도니(Carlo Goldoni)의 「여자 셰프*Les Cuisinières*」각색

연출 Bernard Lotti
시노그라피 Denis Fruchaud

Brest, 2001
1막 데생
© Denis Fruchaud

고장 Le Pays
작곡 조제프기 로파르츠
음악감독 Jean-Yves Ossonce
연출 Alain Garichot
시노그라피 Denis Fruchaud
조명 Marc Delamézière
영상 Lionel Monier

투르 오페라극장(Opéra de Tours),
2008
무대 세트 데생
© Denis Fruchaud

1912년 로파르츠는 샤를 르 고픽의 『아일랜드 여인L'Islandaise』에서 영감을 받아 '농축된 내면극'으로 오페라를 만든다. 난파 사고를 당한 농부 투알은 고향인 브르타뉴가 그리운 나머지 자신을 구해준 여인을 떠난다. 사랑을 맹세했지만, 임신한 케테를 두고 떠나는 길에 그만 토탄 늪지에 매몰된다. 나무 한 그루 없는 언덕 위, 반쯤 물에 잠긴 아일랜드 집채에서 영감을 받아, 무대에 오두막과 좌초된 삼각돛 뼈대만 남긴다. 사물 사이의 거리와 비율, 비스듬하게 설치된 바닥으로 멀어지는 느낌을 만들고, 떠나야 하는 시간이 머지않았음을 알린다. 고색창연한 밝은 톤의 무대 바닥이 심하게 경사져 있다. 죽음을 알리는 까마귀가 날아오듯, 배경막에서 이미지가 튀어 나와 무대 전체를 뒤덮을 것 같다.

HÄNSEL ET GRETEL
ACTE III

자신을 도와주기보다 춤추기를 좋아한다는 이유로 어머니에 의해 숲에 버려지는 헨젤과 그레텔 동화에서 사회 문제를 끌어낸다. 굶주린 자를 유혹하는 과소비 세상을 유희적으로 접근하며 고발한다. 1막은 매우 간결한 무대로, 마을 변두리 모습이다. 대충 수리된 듯한 정사각형 바닥, 완전히 비어 있는 냉장고, 부서진 팔걸이의자, 빗자루에 걸려 있는 빨랫줄이 보인다. 2막은 관객을 투명한 천에 그려진 움직이는 숲의 세계, 요정의 세계로 빠지게 한다. 스크린 역할을 하는 투명한 천에 조명을 쏘아 야릇한 거주민의 모습을 드러낸다. 3막에서는 공장과 금속판을 씌우는 압착기가 놓인다. 마녀 그리뇨트의 위험천만한 화덕으로, '이그제큐티브 우먼Executive woman'의 공장으로 노예와 소비를 양산하는 산업사회를 풍자한다.

헨젤과 그레텔
Hänsel und Gretel
오페라 엥겔베르트 훔퍼딩크
음악감독 Jérôme Devaud
연출 Claude Montagné

세디에르 축제(Festival de Sédières),
Clergoux, 2012
3막 크로키
© Denis Fruchaud

자크 가벨 JACQUES GABEL

1953, Fritzlar, 독일
화가
시노그라퍼

"텍스트, 공연장, 공연 시간을 고려해서 공간을 만든다.
시노그라피는 시공간과 텍스트, 그 사이를 미묘하게 보충하는
역할을 하며, 테마·소재·텍스트의 다양한 의미를 보여준다.
구체적으로 설명하지 않고 암시적으로 보여주며, 시적 울림을
자유롭게 들을 수 있는 공간을 창조한다.
공간·색상·형태·재료의 상호작용으로, 시청각적으로
강렬하게 인지되는 시노그라피는 분위기를 만들고, 제스처와
언어로 꽃피우는 공간을 탄생시키며, 꽃이 지듯 사라지는
공간을 동반하는 작업이다."

자크 가벨은 다소 도전적으로 시노그라피를 선택했다. 팀워크 정신이 좋았고, 다양한 예술을 혼합해서 작업하고 싶어서였다. 시노그라피를 하면서 구체적으로 자료 조사를 할 수 있고, 예술적이며 지적인 탐구를 얼마든지 할 수 있다고 생각했다. 파리 국립고등장식예술학교에서 학위를 받고, 10년간 작업실에서 화가·시노그라퍼 조수로 실무를 익혔다. 연극·오페라에서 맹활약하는 연출가와 직접 계약하고 작업했다. 르네 곤잘레즈와 조엘 주아노, 1991년부터 함께 일한 알랭 프랑송과의 만남은 매우 중요했으며, 이들은 서로 감성을 나누며 협업했다. 140편이 넘는 공연에서 시노그라퍼로 활동했다. 독서에 파고들며 몰랐던 부분을 스스로 알아내며, 크로키와 그림으로 자신의 구상을 제안한다. 그가 창조한 공간에 미묘하게 삽입되는 화폭은 사건의 목격자이자 눈에 띄지 않는 소박한 증인이다.

놀이의 끝 Fin de partie
작가 사뮈엘 베케트
연출 Alain Françon
시노그라피 Jacques Gabel
조명 Joël Hourbeigt

마들렌 극장(Théâtre de la Madeleine),
Paris, 2012
ⓒ Jacques Gabel

작가가 지문으로 상세하게 제시한 배우의 움직임과 걸음 수를 크로키로 옮기면서 구상을 시작한다. 첫 질문으로, 도입부 대사에 나오는 '피난처'의 의미를 생각한다. 수많은 장소와 상황을 데생하며 여러 가능성을 실험한다. 캔버스에 숫자를 배열하며 존재 성찰을 유도한 로만 오팔카를 참조해서, 글쓰기를 시노그라피의 주요 요소로 사용한다. 바닥과 글쓰기 벽으로 닫힌 공간을 만들고, 조명과 중앙에 놓인 실물 장치로 흔들리는 느낌을 만든다. 안쪽 벽에 까만 균열이 있어서, 마치 텍스트가 인쇄되어 나오는 것 같다. 권력을 상실해 뻣뻣하게 앉아 있는 왕과 흡사한 느낌을 휠체어로 표현한다.

사계절의 변화와 시간의 의미를 묻는 작품이다. 곧 사라질 아름다운 사유지를 배경으로, 행복한 삶과 감각적 쾌락을 암시하는 여름이 끝나갈 무렵, 어느 시골에서 시작하는 이야기다. 희곡에서 언급된 자연환경을 무대로 옮긴다. 체호프의 친구이자 풍경화가 이사크 레비탄의 그림을 충실하게 모방한 화폭이 무대 안쪽 중앙에 놓인다. 무대 좌우에 놓인 그림과 자연스럽게 연결되어, 공연이 진행되는 동안, 여름의 끝자락에서 가을로, 가을에서 한겨울 밤으로 이어지는 시간의 변화를 보여준다. 중앙 그림을 양쪽 그림보다 앞으로 걸어 틈새를 만들고, 집이나 사유지 숲으로 들어가는 통로로 사용한다. 자연을 그대로 묘사한 그림은 자연주의적 의도를 넘어, 작품 해석 방향을 직접적으로 제시하는 핵심 요소다.

바냐 아저씨 Oncle Vania
작가 안톤 체호프
연출 Alain Françon
시노그라피 Jacques Gabel
조명 Joël Hourbeigt

낭테르아망디에 극장(Théâtre Nanterre-Amandiers), 2010
photo © Marc Vanappelghem

조엘 주아노의 청춘을 그린 첫 번째 공연이다. 어린 시절에 남다른 관심이 있음을 보여준 작품으로, 희귀한 암나비를 찾는 이야기다. 앎과 무지, 거짓과 진실이 대립하는 세계에서, 어떤 증인도 찾을 수 없는 닫힌 공간이 출현한다. 고래의 형상을 하고 있는 섬이다. 야자수가 마치 물줄기처럼 고래 머리에서 솟아오른다. 열린 고래의 입을 주거지로 사용하고, 고래 눈으로 자전하는 지구를 표현하며 세상을 이야기한다. 커다란 책이 펼쳐지며 공연이 시작된다. 무대 안쪽 검은색 배경에, 조각가 조르주 브라크가 연상되는 간결한 새 모양이 보인다. 까만 하늘 위에 또렷하게 모습을 보이는 새가 조금씩 움직이는 가운데 공연이 진행된다. 의도적으로 예쁘게 꾸민 환상의 세계로 안내하는 시노그라피다.

파푸아뉴기니 섬나라 우아트 할매 Mamie Ouate en papôasie
작가·연출 조엘 주아노
시노그라피 Jacques Gabel
조명 Franck Thévenon

사르투르빌·이블린 극장(Théâtre de Sartrouville et des Yvelines), 1990
photo ⓒ Claude Gafner

디디에 구리 DIDIER GOURY

1952, Troyes
의상 디자이너
시노그라퍼

"고정 스타일로 공간을 만들지 않는다.
접근하는 방식에 따라 다양하게 나타나고, 연출가와 팀에 따라
변하는 것이 시노그라피다.
떠오르는 극단을 위해, 그들이 미처 생각하지 못한 유형을
만들 때, 개인적으로 가장 큰 흥미로움을 느낀다.
뜻밖의 경험을 하는 묘미가 있기 때문이다."

파리 건축전문학교에서 학위를 받았다. 건축가 디디에 구리는 무용극으로 데뷔하며 경력을 쌓는다. 처음에는, 공간의 특성으로 접근하기보다, "배우의 신체적 움직임으로 공간을 만들어 드라마투르기를 밀도 있게 표현했다." 조제프 나지와 오랫동안 동고동락하며, 수많은 안무가·연출가 및 시르카시아인(야노 히데유키, 프랑수아 베레, 조르주 아페, 필리프 아드

리앵, 이브 보넨, 상드린 앙글라드, 베르트랑 시나피, 파트리크 시몽, 마튀랭 볼즈, 쥘리 베레스, 요안 부르주아…)과 작업했다. 디디에 구리에게 무대는 경험의 장소다. 이미지를 보여주기보다는 의미를 비춰주고, 몸과 사물을 받쳐주는 공간을 만든다. 고전주의적 아름다움보다는 초현실주의적 아름다움이 느껴지는 공간을 만든다. 제작진과 긴밀한 협업으로 믿

기 어려울 정도로 신기한 기계 장치를 구상하고, 짧은 시간이지만 관객의 기억 속에 오래 남는 강렬한 스펙터클을 만든다. 무대와 연기의 상호 교류를 중요시해서, 실제 연기 도중 나타나는 우연적 요소에 따라 무대 장치를 수정하는 것을 좋아한다.

자동 인간 L'Anthropomate
연출·시노그라피 Didier Goury

Paris
photo © Raphaël Amor

1980년대 초, 디디에 구리가 연출과 연기를 병행한 유일한 작품으로, 그의 작업 세계를 잘 보여준다. 자신의 왼손을 복제한 장치를 오른손에 연결된 줄로 움직이며 연기한다. 기계 장치와 몸의 상호작용이 매우 중요한 작품이다. 특히 배우와 기계가 연결되어 있어 긴밀한 상호작용이 일어나며, 상호작용에서 작품의 의미가 나타난다. 위 이미지에서 인간과 기계의 유희적 관계가 보인다. 유희적 관계는 긴장관계로 돌변할 수 있다. 전혀 예상하지 못한 논리적 법칙, 보이지는 않지만 몸과 마음을 흥분시키는 법칙으로 치밀하게 구성된 이상야릇한 세계가 관객을 사로잡는다.

코메디 사원 Comedia Tempio
연출·안무 Josef Nadj
시노그라피 Didier Goury
조명 Rémi Nicolas

오를레앙 국립무용센터(Centre
chorégraphique national d'Orléans),
1990
photo © Ève Zheim

조제프 나지의 세 번째 공연으로, 처음으로 '속임수 장치'를 극 구성
요소로 발전시킨다. 예술가의 세계를 조명한 첫 시리즈로, 헝가리 전
위 예술가 게저 처트의 세계를 다룬다. 모든 것이 뒤집어지고 무너
진다. 벽이 서로 교차하며 지나가거나, 바닥으로 변한다. 넘치는 상상
력에 사로잡혔던 게저 처트의 세계에서 동시대인 카프카가 떠오른다.
여행용 의족, 품위용 모자가 놓여 있다. 여행 가방으로 탈바꿈한 소파
를 들고… 이민을 떠난다. 곡예하듯 춤추는 몸이 무대 장치 속으로 사
라지며, 때로는 달콤하지만 때로는 잔인한 삶에 투쟁하는 모습을 보
여준다.

접선 Tangentes
작가·연출 마튀랭 볼즈
시노그라피 Didier Goury

서커스센터 라베르리(La Verrerie),
Alès, 2005
photo © Christophe Raynaud de
Lage

서커스에 연극과 무용을 곁들인 공연이다. 위의 모형 사진에서 보이듯, 주요 체조 기구로 햄스터 바퀴, 벨트 컨베이어, 서커스·체조용 장대, 트램펄린이 있다. 철·금속판·지저분한 나무로 무대 장치를 만들어 '노동이 자유롭게 한다'는 표어를 내세운 끔찍했던 지난날을 상기시킨다. 무대에는 곡예사 네 명과 악사 두 명이 있다. 프랑스어로 '몰래 도망가다Prendre la tangente'라는 관용적 표현이 떠오르는 공연 제목 '접선'은 도망가는 방법이나 다른 길을 모색하는 방법을 암시한다. 기계의 움직임으로, 예를 들면 굴러가는 바퀴에 끌려가다가, 기회를 잡아 트램펄린과 장대를 사용해 구속 상황에서 벗어나는 상황을 연출한다. 수용소 생존자들(호르헤 셈프런, 프리모 레비, 로베르 앙텔므)이 남긴 글에서 영감을 받았지만, 직접적으로 인용하지 않는다. 그러나 억압적인 무대 설치에 대항하는 제스처, 등장인물의 용솟음치는 욕구, 일어서려는 열망으로 저항 의식을 표현한다.

다니엘 잔토 DANIEL JEANNETEAU

1963, Creutzwald
연출가
시노그라퍼

"어떤 것도 재현하지 말자. 아니 시선을 제압할 수 있는
그 무엇도 재현하려고 집착하지 말자. 나는 눈에 보이는 것을
'보지' 않는다. 내 앞에 있는 것을 '정말로' 보는 경우는
극히 드물다. 내가 바라보는 세상, 그 안에서 내가 꿈꾸는
가상의 세계를 끌어내어 창조한다. 본다는 것은
자신의 시선으로 상상하는 행위다. 공연이 진행되는 동안,
우리는 혼자다. 다른 사람과 함께 있지만, 자신만의 시선 속에
홀로 있다. 주어진 시공간에서 저마다 타자를 수용하는
공동체 경험을 한다. 타자성은 관객이라는 공동체가
존재하기 위한 조건이고 연결 고리다.
홀로 있으면서 하나의 공동체를 구성하는 관객…
이러한 모순성을 깨지 않으면서 모순성을 해결할 방법을
찾는 것이 시노그라피의 중요 쟁점이다."

스트라스부르 고등연극예술학교, 스트라스부르 고등장식예술학교를 졸업한 다니엘 잔토는 클로드 레지 연출작에서 15년간 시노그라퍼로 일했다. 트리샤 브라운, 카트린 디베레스, 장클로드 갈로타, 니콜라 르리슈, 알랭 올리비에, 파스칼 랑베르, 장바티스트 사스트르, 장프랑수아 시바디에 등 수많은 연출가·안무가와 일했다. 2001년부터 마리크리스틴 소마와 공동 연출로 작품을 올렸다(주요 작가: 장 라신, 아우구스트 스트린드베리, 미하일 불가코프, 사라 케인, 마틴 크림프, 외젠 라비슈, 대니얼 킨, 아냐 힐링, 테네시 윌리엄스). 1998년 교토 빌라 구조야마*villa Kujoyama* 수상자이며, 2002년 빌라 메디치*villa Médicis* 수상자로 피에르 뒤바와 공동 선정되어, 일본에서 연수 기회를 가졌다. 비평가협회 대상도 두 차례(2000, 2004) 받았다. 2008년부터 비트리 연극스튜디오*Studio-Théâtre de Vitry*를 운영하고 있다.

누군가 오겠지 Quelqu'un va venir
작가 욘 포세
연출 Claude Régy
시노그라피 Daniel Jeanneteau
조명 Dominique Bruguière

낭테르아망디에 극장(Théâtre Nan-
terre-Amandiers), 1999
photo © Michel Jacquelin

낭테르 다변형 블랙박스 극장을 완전히 재구성한다. 거대한 6면체(30×
20×10m) 공간에 작은 무대를 만들고, 그 앞에 계단식 좌석을 배열한다.
무대 뒤는 텅 비어 있다. 어둠에 묻힌 텅 빈 공간에서 집이나 가족사진 같
은 오브제가 흐릿하게 나타난다. 평범하면서도 불안하고 파괴적인 모습
으로 나타나는 오브제는 집과 가족 주변에 불안함을 조성한다. 배우도 무
대 뒤에서 등장한다. 짙게 깔린 깊이 모를 어둠 속에서 모습을 드러내고,
앞쪽 작은 무대에서 빛을 받으며 연기한다. 벽과 천장으로 완벽하게 소리
가 전달되는, 내면 연기가 돋보이는 무대다.

글쓰기 방식과 분위기가 매우 다르지만, 같은 시기에 집필된 아우구스트 슈트람의 짧은 희곡 세 편을 「불Feux」이라는 제목으로 올린다. 무대에는 움직이는 유리벽 세 개가 있다. 유리벽은 무대 뒤 전면을 덮는다. 바닥에는 알루미늄이 깔리고, 양쪽에는 빛을 발하는 상자형 구조물이 여러 개 놓인다. 기능성을 강조하는 '연기용 기계' 개념으로 접근해서, 작품 변화를 유연하게 수용하는 공간이다. 첫 번째 작품 「초보적 상태Rudimentaire」에서는 매우 좁은 수족관이지만, 마지막 3부 「세력Forces」에서는 넓고 투명한 공간으로 변한다. 닫힌 공간에서 열린 공간으로 마무리하기 위해, 무대는 점차 커진다. 조명과 연출을 맡은 마리크리스틴 소마는 희곡에 따라 달라지는 작품 세계를 완전히 재해석하고 조명으로 뒷받침한다.

불 Feux
작가 아우구스트 슈트람
연출 Marie-Christine Soma, Daniel Jeanneteau
시노그라피 Daniel Jeanneteau
조명 Marie-Christine Soma

아비뇽 축제(Festival d'Avignon), 2008
photo ⓒ Élisabeth Carecchio

작품 속 등장인물은 유령이다. 내레이터의 기억에 새겨진 과거 속 인물이다. 비사실적 연출을 유도하는 작품으로, 인물 상호 간의 피상적 관계가아니라 정신 현상의 내적 구조를 보여준다. 존재의 무게감과 생활 리듬이저마다 다르다. 각자 안고 있는 불투명성도 다르다. 이러한 다양성을 연기로 표현해야 하는 작품이다. 무대 사면이 반투명 천으로 둘러싸인다. 보이지 않는 자궁 안에서처럼 배우의 몸이 갇혀 있으면서 관객에게 노출된다.바닥은 창백한 느낌이 나는 솜털로 덮여 있다. 이 안에서 움직이다 부딪히고, 서로 모르는 체하다 찾아 헤맨다. 희곡이 보여주는 공간은 여러 층으로겹겹이 쌓여 있는 정신세계다. 이러한 측면을 반영하기 위해 무대에 투명막을 설치하고, 그 안에서 이야기를 전개한다.

유리 동물원
The Glass Menagerie
작가 테네시 윌리엄스
연출·시노그라피 Daniel Jeanneteau
조명 Yuji Sawada

시즈오카 공연예술센터(Shizuoka Performings Arts Center), Japon, 2011
photo © DR

에릭 뤼프 ÉRIC RUF

1969, Belfort
배우
연출가
시노그라퍼

"배우의 예술을 위해 존재하는, 배우에게 생명력을 부여하는 무대를 좋아한다. 무대미술로 공연 가능한 부분과 그 의미를 일부나마 표현해서, 배우의 짐을 덜어줄 수 있어 좋다. 공간이 주는 영향이 클 수 있기에 서둘러 만들지 않는다. 내가 설정한 공간에 연출가를 구속하지 않고, 자유롭게 연출을 완성하도록 하기 위해서다. 레퍼토리극일 경우, 무엇보다도 전통 이미지에서 벗어난 새로운 공간, 새롭게 해석한 공간을 만들어야 한다. 글을 잘 쓰기 위해 고급스러운 독피지를 선택하듯, 무대도 말이 잘 '써지는' 공간을 구상하는 것이라고 생각한다. 때로는 아이들을 생각하며 만든다. 무대미술은 말로 표현할 수 없는 감동이다. 사라지고 마는 일시적 감동이지만, 공연이라는 가상의 세계로 몰입하는 데 꼭 필요한 감동을 안겨준다."

일찍이 예술 표현 양식에 관심이 많았던 에릭 뤼프는 배우로서의 기량을 보충하고자 공부를 계속했다. 특히 파리 국립고등응용미술·공예학교ENSAAMA에서 강의를 들었다. 1989년부터 1992년까지 플로랑 연기전문학교Cours Florent에서 배우 수업을 받고, 국립고등연극 콩세르바투아르에서 1994년까지 연기를 연마했다. 학업을 마치기도 전에, 1993년 9월 1일 코메디 프랑세즈 단원이 되었다. 1998년부터 배우들로 구성된 공동 창조 극단 에드빈Edvin에서 활동을 병행했다. 코메디 프랑세즈 498번째 정규 단원이 되고 (1998년 1월 1일), 재능 있는 배우로, 뛰어난 연출과 시노그라피로 주목받는다. 2014년 8월 4일, 코메디 프랑세즈 총 관리 경영자로 5년간 임명되었다.

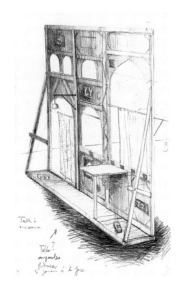  

시라노 드 베르주라크
Cyrano de Bergerac
작가 에드몽 로스탕
연출 Denis Podalydès

코메디 프랑세즈(Comédie-Française),
Paris, 2006
데생 © Éric Ruf

코메디 프랑세즈 리슐리외관의 기술적 제약(보관 장소와 출구 부족으로 번갈아 이용해야 하는 제약)을 고려해서 로스탕이 남긴 유명 레퍼토리극을 올린다. 희곡이 제시한 다양한 시공간을 넘어, 관객에게 낯선 느낌을 주는 방향을 모색한다. 각도에 따라 달라지는 무대 세트와 완벽한 기계 장치로 관객이 일반적으로 볼 수 없던 이미지를 선사한다. 현장에서 작업하는 기술자나 배우가 볼 수 있던 이미지를 관객에게 보여주는 방식으로, 작품 속 극중극을 표현한다. 스테파니 다니엘의 조명에 크리스티앙 라크루아가 디자인한 의상, 그리고 시노그라피에서 나타나는 아름다운 감성으로 크리스티앙의 역할을 표현한다.

원천 La source
발레극

음악 Ludwig Minkus, Léo Delibes
대본 Saint Léon, Charles Netter

오페라 가르니에궁(Palais Garnier),
Paris, 2006
데생 ⓒ Éric Ruf

1866년, 오페라 가르니에궁의 전신인 파리 오페라극장에서 초연된 작품이다. 잊힌 레퍼토리를 알리려는 차원에서 오페라 가르니에궁에서 다시 공연한다. 장기욤 바르가 새롭게 안무하고, 마르크올리비에 뒤팽이 음악을 재해석해서, 엘프·님프 같은 요정이 펼치는 마술에 사실적 동양 세계가 어우러진 낭만적 분위기를 표현한다. 미국 남부에 있는 어느 오페라극장이 밀림으로 뒤덮여 자취를 감춘 사실에 착안해 공간을 만든다. 잊힌 「원천」을 공연하기 위해 역사 속으로 사라진 극장을 떠올리고, 밀림 속에 버려진 오페라극장이 '원천'인 것처럼 무대에 그 자취를 옮긴다. 가르니에궁에 있는 수많은 밧줄이나 장식줄, 고리 같은 기계 설비로, 매혹적이며 예기치 않은 식물의 움직임, 변화무쌍한 식물의 모습을 자연스럽게 암시하며, 시적이고 몽환적인 분위기를 자아낸다.

페르귄트 Peer Gynt
작가 헨리크 입센
연출·시노그라피 Éric Ruf

그랑팔레 살롱 도뇌르(Salon d'honneur du Grand
Palais), Paris, 2012
© Dominique Schmitt

코메디 프랑세즈 제작진이 그랑팔레 살롱 도뇌르(귀빈실)에서 공연한 작품이다. 극장과
는 다른 새로운 접근이 필요했는데, 입센의 작품에 걸맞은 형태로 무대를 사이에 두고 객
석이 마주보는 공간을 구상한다. 대륙과 시간을 가로지르는 서사적 여행이면서 환상으로
가득한 페르귄트의 여행은 정체성을 획득하기 위한 통과 의례적인 일주다. 노인이 되기
까지 페르귄트가 거치는 여정을 은유적으로, 관객 사이에 놓인 무대로 형상화한다. 주인
공이 걸어가는 상징적 길, 그 길의 한쪽 끝에는 도랑과 나무가 있는 작은 언덕이 있어, 이
곳으로 사라지듯 퇴장이 가능하다. 관객에게 가까이 다가가다 멀어지면서 연기가 펼쳐지
고, 바닥 레일 장치 위로 무대 부품이나 배우를 실어 나르는 수레가 지나간다.

뤼디 사분기 RUDY SABOUNGHI

1955, Egypt
의상 디자이너
시노그라퍼

"텍스트가 요구하는 것과 연출가와 나눈 대화, 내가 생각하는 현대적 표현 방식, 그 사이에서 빚어진 내적 갈등의 결과가 시노그라피로 나타난다. 동료의 의견을 물어가며 자신의 생각을 객관적으로 판단하는 과정이 필요하다. 경험에 비추어 볼 때, 유연하면서 에리한 시각으로 작품을 만들 수 있는 방법이다. 실현성 있는 모형 제작인지 너무 고민하지 않는 것도 중요하다. 기술적 문제에 따른 중압감에서 벗어나고 스스로 비판하는 과정이 있어야, 상상력이 자극되고 기존 구상을 뛰어넘는, 뜻밖의 결과를 얻을 수 있다."

뤼디 사분기는 1982년 니스 국립장식미술학교École nationale des arts décoratifs de Nice에서 학위를 받고, 장클로드 베뤼티, 장루이 타맹, 장클로드 오브레, 알랭 밀리앙티, 자크 라살 연출작에서 시노그라퍼로 활동했다. 이탈리아 연출가 조르조 스트렐러와 독일 시노그라퍼 카를 에른스트 헤르만의 조수 두 명을 알게 됨으로써 의상 디자이너의 길이 열렸다. 클라우스 그뤼버, 루카 론코니, 뤼크 봉디, 안 테레사 드 케이르스마커 공연 및 최근 들어 데보라 워너 연출작에서 의상을 맡았다. 의상 디자인을 하면서, 시노그라퍼로 활동한 측면이 간과되기도 했지만, 지속적으로 연극·오페라 무대를 창조해왔다. 최근에 연출가 크리스티앙 스키아레티(빌뢰르반 국립민중극장), 장루이 그랭다(몬테카를로 오페라극장), 독일에서 장클로드 베뤼티와 작품을 만들었다.

암피트리온 Amphitryon
작가 하인리히 폰 클라이스트
연출 Klaus Michael Grüber
시노그라피 Gilles Aillaud
의상 Rudy Sabounghi

샤우뷔네 극장(Schaubühne), Berlin, 1990

리어 왕 King Lear
연출 Luc Bondy
의상 Rudy Sabounghi

부르크 극장(Burgtheater), Vienne, 2004

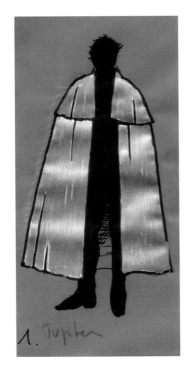

암피트리온 질 아이오가 표현하고자 한 별나라, 행성의 세계를 고려해서, 뤼디 사분기는 주피터의 의상을 날렵한 솜씨로 데생한다. 주피터를 감싸는 망토의 빛을 연출가에게 설명하기 위해, 은빛 수성펜으로 크로키를 그린다. **리어 왕** 모든 것을 빼앗겨 초라해진 리어가 허허벌판에서 살아가는 모습을 연필로 그린 데생이다. 연출가 뤼크 봉디에게 영감을 주지 않으면, 연출의 시적 아름다움이 표출되지 않는 점을 고려해서 그린 데생이다. **라 트라비아타** 그래픽 태블릿으로 그린 것으로, 무용수 5명의 모호한 성별로 혼란을 주고자 한 연출 의도에 다가간다.

라 트라비아타 La Traviata
작곡 주세페 베르디
연출 Deborah Warner
의상 Rudy Sabounghi

빈 축제(Wiener Festwochen), 2012
© Rudy Sabounghi

뤼 블라스 Ruy Blas
작가 빅토르 위고
연출 Christian Schiaretti
시노그라피 Rudy Sabounghi

빌뢰르반 국립민중극장
(Théâtre national populaire de
Villeurbanne), 2011
모형 제작 ⓒ Rudy Sabounghi

다시 문을 연 빌뢰르반 국립민중극장에서 연출가 스키아레티는 '바닥으로' 의미를 전하는 공간을 원했다. 극장의 특성상 연출가의 요구를 받아들이는 것은 대단한 도전이었다. 첫 대사가 "이 문을 닫으시고, 이 창문을 여세요"다. 이야기 배경인 화려한 스페인을 묘사하기 위해 위고가 나중에 첨가한 대사다. 동 살뤼스트가 던지는 첫 대사만 보아도, 무대 바닥을 단순하게 처리해서는 이야기의 흐름을 이끌어가기 어렵다. 따라서 바닥을 새롭게 입히는 작업부터 시작해서 공간 전체로 확대한다. 무어인들이 성벽이나 바닥에 장식한 푸른빛 무늬가 있는, 이른바 '도자기 벽돌'로 무대 바닥과 벽, 천장을 모두 동일하게 '통일'한다.^{역주18}

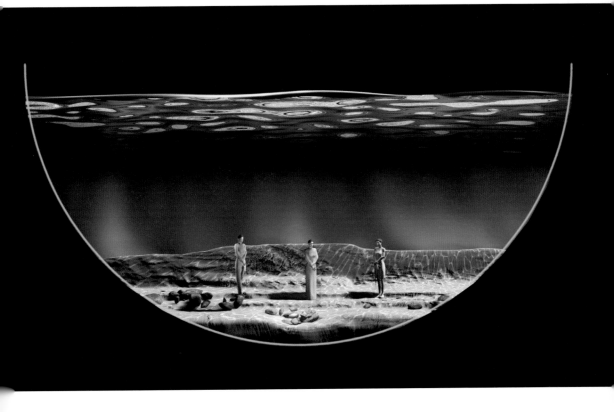

라인 강의 황금 Das Rheingold
오페라 리하르트 바그너
연출 Jean-Louis Grinda
시노그라피 Rudy Sabounghi

몬테카를로 오페라극장(Opéra de Monte-Carlo), 공연 기획안, 2013. 11
3D 전자 모형 © Rudy Sabounghi

「니벨룽의 반지Der Ring des Nibelungen」 1부 첫 장면으로, "황금이 가라앉아 있는 라인 강 바닥" 이미지다. 뤼디 사분기는 (니벨룽의) 반지 모양을 다양하게 표현하고자 했다. 광섬유로 강조된 반원형의 구도는 라인 강 하부를 양식적으로 표현한 것이다. 반지의 분신, 또 다른 반원형은 마지막 장면에 무지개로 나타난다. 아래에서 위로 촬영한 물의 모습을 정면에 있는 망사로 투영한다. 물의 요정 세 명이 노래하며 움직이는 모습을 천장에 놓인 카메라로 찍고, 곧바로 이미지로 삽입시켜, 수면에 하얗게 반사되어 움직이는 모습을 만든다.

레몽 사르티 RAYMOND SARTI

1961, Paris
시노그라퍼

"연극과 영화, 전시회, 그 분야가 어떻든 기획안의 실현성을 믿는다. 여러 사람과 협력해서 실현되리라 믿으며, 창조 과정을 믿으며, 영역에 따른 적합한 표현 방법을 찾고자 정성을 다한다. 시노그라퍼 작업은 독자적인 예술 행위가 될 수 없다. 독립된 예술을 하는 것이 아니라, 공연을 이끌어가는 다른 주역들이 프로젝트에 대한 자신의 관점을 끌어내고 심화시켜, 관객과 공유할 수 있도록 중심축의 역할을 해야 한다. 그렇기 때문에 내게 필요한 표현 수단은 소재prétexte, 하부 텍스트sous-texte, 텍스트texte 그리고 맥락 contexte이다. 이러한 요소가 서로 어울려 공명을 줄 수 있는 장소를 구상한다."

파리 국립고등장식미술학교와 에콜불 *École Boulle*에서 금은 세공사 교육을 받은 레몽 사르티는 1981년부터 시노그라퍼로 활동했다. 135편이 넘는 연극(연출가: 아메드 마다니, 프랑수아 랑시아크, 티에리 루아쟁, 기피에르 쿨로…), 15편 가량의 영화(감독: 도미니크 카브레라, 클레르 시몽, 제인 버킨, 제라르 모르디아…)에서 활동했다. 20여 편의 전시에서 건축가(프랑수아 세뇌르, 폴 체메토프) 또는 풍경화가(카트린 모스바흐, 질 클레망, 아니 타르디봉)와 전시 공간을 만들었다. 관객이 ― 경우에 따라서는 관객에 앞서 배우가 ― 자신이 어디에 위치하는지 느낄 수 있는 형태를 만든다. 레몽 사르티의 시노그라피 이론과 실제의 핵심은 '메아리'다. 상호 간에 반복되는 메아리를 다음 세 작품(2010)에서 느낄 수 있다.

밤의 아이들 Les Enfants de la nuit
전시구상 레몽 사르티, 오딜 마키, 다니엘 아젤리
조명 Jacky Lautem

복합문화공간(La Condition Publique),
Roubaix, 2011
photo ⓒ Laurence Bastin

설치미술? 전시회? 이 작품을 어떻게 말해야 될지, 레몽 사르티 자신도 망설인다. 영역을 정확하게 구분하기 어려운 현대 예술이다. 2000 제곱미터나 되는 공간에 숲 속 분위기를 연출한다. 8개의 동화 같은 이야기가 8일 밤 동안 '어둠'이란 테마로 펼쳐진다. 인터랙션 비디오 · 시노그라피 · 그림자 인형극 · 그래픽을 섞어 제작한 작품으로, 좁은 오솔길, 무성한 숲, 어둠 속에 불 켜진 집 등 다양한 장면을 보여주며 방황 · 꿈 · 악몽을 표현한다. 장면이 확대 또는 축소되어, 관람자를 때로는 난쟁이로, 때로는 거인으로 만든다.

당나귀 가죽 Peau d'âne
각색·연출 올리비에 창 총
시노그라피 Raymond Sarti

민중극장(Théâtre du Peuple), Bussang,
2010
photo ⓒ Raymond Sarti

'예술로, 인간을 위해'라는 좌우명을 자랑스럽게 내걸은, 신화적 장소 뷔
상 민중극장^{역주19}의 정취를 느낄 수 있는 공연이다. 나무로 지어진 극장
무대 안쪽 벽이 열릴 수 있어, 보주 산맥 풍경을 내다볼 수 있다. 끝없는
사랑과 사랑의 한계를 이야기하는 작품이다. 행복하게 끝나지만 공포스
럽고, 초현실주의 선구자로 불리는 히에로니무스 보스가 떠오른다. 무대
를 채우고 있는, 껍질이 벗겨진 앙상한 나무는 고통을 이야기하며 숲이
가까이 있음을 암시한다. 껍질만 남아 있는 나무 앞에, 작품에 등장하는
거대한 힘 앞에, 등장인물은 왜소해지고 관객도 어쩔 수 없는 무력감을
느낀다.

왕은 즐긴다 Le Roi s'amuse
작가 빅토르 위고
연출 François Rancillac
시노그라피 Raymond Sarti
조명 Luc Jenny

수족관극장(Théâtre de l'Aquarium), Paris,
그리냥 축제(Festival de Grignan), 2010
photo ⓒ Raymond Sarti

왕의 광대 트리불레는 꼭 지키고 싶은 사생활이 있다. 어떻게든 딸을 치욕스러운 상황에 노출시키지 않고 보호하며 키우는 것이다. 그러나 왕과 조신들에 의해 농락당하고 만다. 역사극 · 멜로드라마 · 풍자극으로, 프랑수아 1세 궁정을 다루지만 희곡이 발표된 7월 왕정의 모순을 비춘다. 7월 왕정을 달군 '부자 되세요'라는 외침과 함께 21세기에도 현재 진행형으로 와 닿는 작품이다. 이러한 시사성을 강조하기 위해, 안쪽으로 보이는 르네상스 양식의 그리냥 성 벽면과 전혀 어울리지 않는 무대 세트로 미학적 충돌을 일으키고, 어떤 일이든 극단적으로 일어날 수 있음을 암시한다. 과도하게 넘치는, 저속하기 그지없는 화려한 세계를 폭로하고, 관객을 유독한 장소로 유인하여 함정에 빠트린다.

니콜라 시르 NICOLAS SIRE

1954, Auxerre
시노그라퍼

"연극에서 좋은 것은 무대 위에 글을 쓰는 것, 장면의 연속을
생각하고 그림을 그려보는 일이다. 환영을 일으키는 메커니즘,
거짓을 '믿게 만드는 것'이 좋다. 다른 세상 속으로 관객을
안내하는 것, 2미터 50센티의 무대를 거대하게 느끼게 하는 것이
좋다. 무대 장치나 그림이 그려진 몇 개의 나무틀로, 마분지나
나무 몇 토막으로 감동을 줄 수 있어 좋다.
사실이 아니지만 사실로 지각할 수 있도록 내 손과 머리로
무엇을 할 수 있을까? 관객의 귀와 눈을 위해 무엇을 창조할 수
있는지 파악하는 것이 내겐 중요한 문제다."

니콜라 시르는 1974년부터 1977년까지 장피에르 뱅상이 이끄는 스트라스부르 고등연극예술학교에서 공부했다. 파트리스 코슈티에의 조수로 스트라스부르 국립극장에서 일했다. 시노그라퍼 야니스 코코스의 조수로 일하며, 10여 년간 샤이오 국립극장 대표 앙투안 비테즈와 자크 라살이 연출한 작품에 참여했다. 공공·사설 극장에서 피에르 콩스탕, 알랭 올리비에, 샤를 토르주만, 마르셀 마레샬, 알랭 프랑송, 자크 라살, 장미셸 리브, 파트리스 케르브라, 비비안 테오필리데스, 디디에 롱, 베르나르 뮈라, 르네 루아이용, 마리옹 비에리, 안 부르주아와 작업하며 다양한 시노그라피를 제안했다. 몰리에르상 후보로 여러 번 지명되었으며, 1992년 자크 랑팔의 「셀리멘느와 추기경 *Célimène et le cardinal*」(베르나르 뮈라 연출)으로 최우수 무대미술상을 받았다.

박탈당한 자를 위해 떠오르는 달
A Moon for the Misbegotten; Une
Lune pour les déshérités
작가 유진 오닐
연출 Alain Françon
시노그라피 Nicolas Sire
조명 Joël Hourbeigt

아비뇽 축제(Festival d'Avignon),
샤이오 국립극장(Théâtre national de Chail-
lot) , 1987
© Nicolas Sire

경제 대공황 당시 미국 남부에 있는 어느 시골 풍경을 찍은 사진에서 영감을 받아, 알코올 중독과 빈곤에 맞서는 투쟁, 실향 문제를 다룰 수 있는 공간을 구상한다. 기존의 무대 틀 안에 또 다른 무대 틀을 세워, 연기 공간의 폭을 대폭 좁힌다. 바닥에 원근법을 과도하게 강조하고 천장을 경사지게 해서, 시네마스코프 방식으로 촬영한 이미지 같다. 언덕 위, 고목으로 지은 집 주변을 나무와 안쪽에 놓인 사이클로라마(하늘)로 감싼다. 무대 중앙 양쪽 두 기둥 사이로, 마치 줌으로 확대하는 것처럼, 집이 앞으로 나오면서 딱 한 번 장면이 바뀐다. 이때 비로소 집 내부가 보인다. 무대 안쪽에서 연기를 하면 사실적 효과가 감소하기 때문에, 안쪽을 제외한 공간을 연기 영역으로 사용한다.

Acte I Pygmalion. COVENT GARDEN.

피그말리온 Pygmalion
작가 조지 버나드 쇼
연출 Bernard Murat
시노그라피 Nicolas Sire
조명 Jacques Wenger

에베르토 극장(Théâtre Hébertot), Paris,
1993
© Nicolas Sire

동시에 그리고 연속적(런던 코번트 가든 교회 아치, 집, 마을 풍경…)으로 장면이 바뀌는 무대를 구상한다. 천둥소리로 공연이 시작하면 세차게 비가 내리면서 기둥 후면이 잠기고, 빗물이 무대 앞 계단 쪽으로 흘러내리게 계획했지만, 기대했던 사실주의 효과는 무대 바닥 때문에 성공할 수 없었다. 비 오는 런던 거리에서 다음 장면이 집 안으로 이어지는데, 바닥은 여전히 미끄러웠기 때문이다. 따라서 공연 도입부에 비 내리는 장면과 비가 내린 분위기를 삭제해야 했다. 세트 변화로 장소의 정체성을 순식간에 변화시킬 수 있지만, 무대라는 물질성과 제약 사항을 고려하지 않고는 장면을 변화시킬 수 없음을 잘 보여주는 예다.

파란 방 The Blue Room
작가 데이비드 헤어
연출 Bernard Murat
시노그라피 Nicolas Sire
조명 Laurent Castaingt

앙투안 극장(Théâtre Antoine), Paris, 1999
© Nicolas Sire

아르투어 슈니츨러의 「순환La Ronde」에서처럼 두 명이 등장하는 희곡이다. 한 장면을 끝낸 등장인물이 다음 장면을 시작하기 때문에, 연기를 마친 배우가 새로운 세트에서 다른 역할로 등장하는 것이 가능하다. 이러한 서술 원리에 따라 니콜라 시르는 장면의 연속성을 살리고자 조리개를 조절하듯 커지고 작아지는 무대를 구상한다. 이야기가 진행되는 동안 관객이 보는 앞에서 장면이 전환되는데, 수직 또는 수평으로 움직이는 나무판자로 다양한 10여 개의 장소를 표현한다. 무대 밖 기계 장치로 가구를 무대 안에 들이거나 치운다. 본래 있는 무대 틀 뒤에 푸른 무대 틀을 세운다. 이중 틀로 앙투안 극장이라는 이태리식 무대와 이야기가 진행되는 허구의 공간을 구분하고, 관객에게 보이지 않는 출구를 양쪽으로 확보한다.

에릭 수아예 ÉRIC SOYER

1968, Paris
조명 디자이너
시노그라퍼

"시노그라퍼로서 관객의 호기심을 자아내고자 노력한다.
시선을 여러 방향으로 분산시키며 관객의 욕구를 자극한다.
보이지 않는 것을 보게 한다. 보이지 않는 무대 밖 공간을
재창조하며 상상의 문이 열리게 한다.
관객의 상상력을 자극하는 그림자는 내 작업에서 매우 중요하다.
감각적으로 다양한 체험을 유도하는 신비로운 측면이
그림자에 있다. 무대라는 물질성은 전혀 변하지 않지만,
빛과 그림자가 섞이는 리듬으로… 상황이 놀랍게도 급변한다."

* Éric Soyer, "Dans ma tête", in "Q'est-ce
que la scénographie? Processus et paroles de
scénographes", revue Études théâtrales, n°53,
Louvain-la-Neuve, 2012, p.101에서 발췌함.

1989년 파리 에콜불에서 학위를 받은 에릭 수아예는 시노그라퍼·조명 디자이너로 국적이 다양한 연출가·안무가와 연극과 오페라를 올리면서 수많은 경험을 했다. 1997년부터 작가 겸 연출가 조엘 폼프라와 긴밀하게 협업하며, 공간으로 이야기를 만드는 특이한 작업을 계속한다. 이야기할 공간 개념을 글쓰기에 앞서 설정하고, 이에 따라 희곡을 완성하는 방식이다. 칠흑 같은 어둠과 그림자, 빛 사이의 대조 효과로, 조엘 폼므라가 말하는 '현실'에서 표현할 수 없는 부분을 성공적으로 무대에 옮긴다. 여러 차례 몰리에르상 조명 부문 후보로 지명되었고, 2008년 「상인들 *Les Marchands*」(조엘 폼므라 작·연출)로 비평가상을 받았다. 「내 머릿속에 *Dans ma tête*」라는 글에서 시노그라피 창조 방법과 과정을 엿볼 수 있다 (Éric Soyer, "Dans ma tête" 참조).

상인들 Les Marchands
작가·연출 조엘 폼므라
조명·시노그라피 Éric Soyer

스트라스부르 국립극장(Théâtre national de
Strasbourg), 2006
photo © Élisabeth Carecchio

제품이 생산되는 공장의 다양한 장소, 빽빽이 들어선 서민층 아파트
서재, 아파트 밑에 있는 술집에서 일어나는 이야기다. 전반적으로 콘
크리트 느낌을 주고자 '콘크리트 입방체'를 만든다. 조명을 많이 사용
해 대낮의 느낌을 강하게 낸다. 안쪽 벽에 환하게 조명을 쏘아 닫힌
상자의 느낌을 없애기도 하고, 고층 아파트에 있는 것 같은 착각을 주
기도 한다. 닫혔지만 열린 공간으로, 벽에 조명을 쏘아 실제 외부 장
소를 암시하기도 하고, 상상 속 외부 공간을 환기하기도 한다. 공간과
벽에 쏘아지는 조명의 끊임없는 조합으로 방향 감각을 잃을 정도로
장소가 변한다. 콘크리트 상자와 조명의 변화로 달라지는 느낌, 이에
착안하여 조엘 폼므라가 글쓰기를 시작하고 완성한 작품이다.

피터 브룩의 초대로 조엘 폼므라가 창단한 루이-브루야르Louis-Brouillard 극단이 부프뒤노
르 극장에서 몇 년간 작품 활동을 하게 되어, 「이 아이」로 새출발을 알리고자 했다. 역사·
미학적 관점에서 무대 틀을 구체적으로 재고한다. 육중한 무대 틀은 그 존재감으로 무대와
객석의 경계를 분명하게 나누지만, 연기 영역을 무대나 객석으로 치우치게 하지는 않는다.
조명이 쏘아지는 방향이 관객에게 노출되어 있어, 연기 영역을 설정하는 문제, 나아가서 무
대 틀로 단절되는 객석과 무대의 소통 문제가 제기되었다. 무대 틀을 숨기면 장소의 성격과
역방향으로 가게 되어, 장소의 특성을 무작정 거부하는 일이 된다. 무대 틀을 '받아들이면
서' 육중한 무대 틀의 존재감이 너무 드러나지 않게 접근한다.

나는 떨고 있다 Je tremble (1,2)
작가·연출 조엘 폼므라
시노그라피·조명 Éric Soyer

부프뒤노르 극장(Théâtre des Bouffes du Nord), Paris, 2007
photo © Élisabeth Carecchio

블랙박스 무대로 설정한다. 조명으로 만드는 검은 상자로, 공연될 극장이 어디든 그대로 적용 가능한 용적을 측정한다. 블랙박스 내부의 경계선과 그 안에 있는 요소 사이의 관계를 고정한다. 즉 조명기가 놓인 자리와 바닥 사이의 거리, 조명과 조명의 거리, 조명을 받는 오브제 주위에 퍼지는 빛의 각도, 양쪽 벽 사이의 거리, 배우가 공간에서 움직이는 거리 등을 고정한다. 이렇게 거리를 미리 설정함으로써 매우 정확하게 조명을 디자인한다.

질 타셰 GILLES TASCHET

1960, Ambert
시노그라퍼

"공연이라는 필연적 사실을 향해 팀원과 배우가
혼연일체되는 독특한 과정이 매력적이다. 내가 제안하는 것은
조형적 표현 · 기호 · 오브제 · 장소로, 배우가 더욱 풍성한
이야기를 구축하는 데 필요한 구체적 도구다. 각 요소가 이야기
속으로 완전히 융합되어야 한다. 요소들의 융합 그리고
융합에서 비롯되는 감동으로 둘도 없는 단 하나의 독특한
프로젝트가 나온다. 작품을 탄생시키는 감동은 매번 다르기에,
새로운 감동을 찾고자 애쓴다."

파리 국립고등장식예술학교에서 학위를 받은 질 타셰는 화가이자 조각가다. 1980년대 장피에르 뱅상이 이끄는 낭테르아망디에 극장에서 수많은 공연을 올렸고, 샤이오 극장에서 야니스 코코스와 작업했다. 전시회에서도 시노그라퍼로서 실력을 발휘하며 파리 자연사박물관 그랜드 갤러리 보수 작업처럼 대형 프로젝트에 참여했다. 1997년 장루이 마르티넬리가 대표로 있던 스트라스부르 국립극장에서 시노그라피를 가르쳤다. 2000년부터 마르티넬리가 이끈 낭테르아망디에 극장에서 일했다. 스웨덴 작가 겸 연출가 라스 노렌과 여러 작품을 만들었다. 질 타셰는 장소의 개념이 무엇인지 끊임없이 찾는다. 조명으로 움직임을 만들고, 조명에 의해 변화하는 공간을 연구한다. 패션과 명품업계 종사자들을 대상으로 열린 포럼에서 이야기를 서술하는 데 필요한 의상, 제스처, 액세서리 같은 용어가 연극에서 비롯되었음을 설명하며, 일상화된 연극 용어에 새로운 의미를 부여했다.

카테고리 3.1 Catégorie 3.1
작가 라스 노렌
연출 Jean-Louis Martinelli
공간 Gilles Taschet
조명 Jean Vallet

스트라스부르 국립극장(Théâtre national de Strasbourg), 2000
photo © Pascal Victor / Art Com Art

스톡홀름의 빈민층, 마약 상습범, 부랑자처럼 소외된 사람들의 이야기다. 7시간 동안 공연되면서 무대 세트가 45번 바뀐다. 무대 양쪽과 정면에 계단이 있고, 그 앞에 넓고 평평한 지면이 있다. 도시에서 흔히 볼 수 있는 광장이다. 천장에는 라데팡스 고속 전철역에서 볼 수 있는 오목한 상자형 조명 회로가 있다. 중앙에는 배수구 격자망이 덮여 있다. 2부에서 격자망을 벗겨 더러운 물탱크를 드러낸다. 시꺼멓게 오염된 물이 거울 역할을 한다. 이렇게 창자 속으로 들어가듯 도시의 중심부로 들어간다. 도시를 벗어나면서 정신적 공간, 꿈의 세계로 옮겨 간다. 연기와 공간이 상호 밀접한 관계가 있기 때문에 다변형 극장이나 창고에서 공연된다.

순수 Pur
작가·연출 라스 노렌
시노그라피·조명 Gilles Taschet

비외콜롱비에 극장(Théâtre du
Vieux Colombier), Paris, 2009
photo ⓒ Brigitte Enguérand / Di-
vergence

「카테고리 3.1」과는 다르지만, 역시 고통스러운 이야기다. 세대가 다른 두 커플이 같은 아
파트에 등장한다. 한쪽은 이사 가는 상황이고, 다른 한쪽은 이삿짐을 풀고 있다. 시점은 다
르지만 같은 경험을 한 두 커플의 이야기로 존재의 내면성을 파헤친다. 무대는 커다란 창문
두 개가 있는 빈 아파트다. 배우가 비치는 커튼을 달고 뗀다. 같은 장소에서 두 개의 다른
시간이 나란히 흐른다. 섬세하게 공들인 조명으로 시간성을 초월한다. 이따금씩 비디오로
촬영한 배우의 불분명한 실루엣이 벽에 비친다. 몸은 공간을 초월하지 못한다. 정교한 구상
과 하얀 색조로 사실적으로 보이는 아파트는 유령이 나타나고 사라지는 것 같은 비사실적
공간으로 변한다.

인형의 집
Une Maison de poupée
작가 헨리크 입센
연출 Jean-Louis Martinelli
시노그라피 Gilles Taschet
조명 Jean-Marc Skatchko

낭테르아망디에 극장(Théâtre de
Nanterre-Amandiers), 2010
photo ⓒ Agathe Poupeney

닫혀 있는 가족의 공간을 어떻게 표현할지가 문제다. 건축보다는 설치예술을 참조한다. 무대에 큰 창틀 같은 것이 놓이고, 뒤로는 테라스가 있다. 테라스가 숲으로 둘러싸여 마치 섬 같다. 다변형 극장에 섬처럼 자리한 테라스, 그 주변의 숲을 나무로 환기하지 않는다. 가느다란 선처럼 각목 여러 개를 설치하고, 그 위에 조명을 쏘아 숲을 표현한다. 마지막 장면에 집 안으로 눈이 내린다. 결말로 다가가지만, 말로 다 토해내고 다 보여주지 않는 희곡의 특성을 그림자로 살린다. 조명으로 그래픽 디자인을 하듯, 해시계가 움직이며 공간의 명암을 만들듯 그림자가 어우러진다.

샹탈 토마 CHANTAL THOMAS

1959, Nuits-Saint-Georges
시노그라퍼

"희곡(또는 대본이나 음악), 연출가, 배우, 관객은 나의 동반자로,
각각의 가치와 중요성이 드러나도록 성심성의껏 최선을 다한다.
텍스트는 내 마음의 양식으로, 음식을 먹듯 흡수하고 나면
거의 잊어버린다. 핵심과 긴장선만 기억한다.
나는 (텍스트를 3차원으로 펼치는) 조각가라고 느낀다.
어떻게 보면 (연출가를 돕는) 산파 같기도 하고,
장난감 제작자 같기도 하다. 조명의 도움으로, 배우가 잠시
살아갈 세상을 꿈꾸는 건축가 · 건설가이기도 하다.
무대에 담겨진 정신세계를 관객이 포착하고 암시된 지표를
이해하며 시각이미지에 감동 받기를 궁극적으로 바란다."

디종에서 에콜데보자르를 졸업하고, 1982년 파리 국립고등장식예술학교에서 학위를 받은 샹탈 토마는, 1984년 파리에서 무대미술 작업실을 열었다. 1987년 장루이 마르탱바르바즈가 연출한 「소송광Les Plaideurs」(장 라신 작)과 「베르사유 즉흥곡L'Impromptu de Versailles」(몰리에르 작)에서 첫 무대미술을 맡았다. 1989년 연출가이자 의상 디자이너 로랑 펠리와 「타르튀프Tartuffe」를 올린 후, 50편이 넘는 연극·오페라를 함께 만들었다. 예브게니 슈바르츠의 「벌거벗은 왕Le Roi nu」(2004)에서, 바닥에서 천장까지 서랍과 문, 벽장으로 짜인 공간을 만들었다. 시적으로 여러 요소를 끼워 맞추는 작업 성향을 잘 보여준 작품이다. 미셸 에르몽, 에티엔 폼므레, 프레데리크 벨리에가르시아, 드니즈 찰렘, 리샤르 브뤼넬, 라우라 스코치와 함께 일했고, 미셸 로스탕 연출작에서 의상을 맡았다.

1000프랑의 보상
Mille francs de récompense
빅토르 위고(Victor Hugo) 희곡 각색

연출·의상 Laurent Pelly
시노그라피 Chantal Thomas
조명 Joël Adam, 2010

photo ⓒ Polo Garat - Odessa

경찰에 쫓기던 글라피외는 시프리엔느 집에 숨는다. 과부로 보이는 어머니와 재산을 탕진한 병든 할아버지와 함께 살고 있는 집이다. 재산을 압류하려는 사업가 루셀린에게 시달리는 모습을 보고, 탐욕스럽고 냉혹하기 그지없는 루셀린으로부터 시프리엔느 가족을 구하고자 한다. 네 차례에 걸쳐 장면이 변한다. 앙상하게 기둥만 남아 있는 집, 사육제 의상을 빌려주는 상점과 무도회 "아홉 뮤즈"로 등장하는 입구 사이에 있는 길모퉁이, 부유한 은행가 푸엔카랄 남작(1000프랑을 빌려주는 인물)의 사무실, 그리고 재판소로 장면이 이어진다. 입체적 선의 조합이 돋보이는 시노그라피로, 이야기를 하나씩 벗겨낸다. 투명하게 또는 역광으로 비추는 무대, 조명으로 날카롭고 우아하게 그려낸 무대는 사실성과 몽환성, 검은색과 유채색, 감동과 고발, 그 사이를 오간다.

육군 연대의 딸
La Fille du régiment
오페라 가에타노 도니체티
대본 Jules-Henri Vernoy de
Saint-Georges, Jean-François Ba-
yard
음악감독 Bruno Campanella
연출·의상 Laurent Pelly
안무 Laura Scozzi
시노그라피 Chantal Thomas
조명 Joël Adam, 2007

photo © Christophe Pelé / Opéra na-
tional de Paris

코번트 가든 로열 오페라 하우스에서 창조한 작품으로, 빈 · 바르셀로
나 · 뉴욕 · 샌프란시스코 · 파리에서 공연되었다. 나탈리 드세가 연기한
고아 출신 마리는 구내식당 여주인으로, 군대가 가족이나 다름없다. 나폴
레옹 전쟁 이야기를 1차 세계대전 당시 청회색 군복을 입은 프랑스군 이
야기로 바꾸면서, 시간적 배경에 맞지 않는 재미있는 오브제(최신형 다리
미, 탱크)도 등장한다. 1막은 티롤산 앞, 마리의 구내식당에서 시작한다. 펼
치고 접은 군사용 지도로 산을 형상화한다. 간이침대, 빨래용 양철통, 팬
티가 널려 있는 빨랫줄이 놓인다. 2막에서 무대는 비르켄펠트 성의 내부
로 변한다. 삐걱거리는 마루에 긁힌 자국 같은 시간의 흔적이 묻어 있다.
벽은 없고, 양쪽으로 열리는 육중한 문만 있다. 난방기와 긴 의자, 피아노
가 놓여 있고, 그림 없이 액자만 있다. 벽난로에서 공증인이 등장한다.

피가로의 결혼
Les Noces de Figaro

오페라 모차르트
대본 Da Ponte
음악감독 Jérémie Rhorer
연출 Richard Brunel
의상 Axel Aust
시노그라피 Chantal Thomas
조명 Dominique Borrini

엑상프로방스 축제(Festival d'Aix-en-Provence), 2012
모형 제작 Chantal Thomas, Camille Du-gas(조수)
photo ⓒ Chantal Thomas

시대 배경을 현대로 옮긴다. 백작은 법률세무서를 운영하는 변호사로 나오고, 그에게 외면당한 임신부 아내는 대저택 한쪽에 마련된 재봉실에서 웨딩드레스를 만든다. 집이 세로로 분할되어, 안과 밖이 훤히 보인다. 내부의 바깥, 외부의 안쪽이 노출되어, 어린 하인 세뤼뱅이 방으로 숨는 장면처럼, 이야기 진행을 빨리 이해할 수 있고 감춰진 부분을 볼 수 있어 흥미롭다. 흰색·베이지색·회색이 어우러진 공간으로, 한눈에 들어온다. 공연 중에 성악가에 의해 벽의 위치가 바뀌고, 다음 장면으로 빠르게 이어진다. 흩어진 공간이자 통일된 공간에서 미친 듯이 하루가 흘러간다. 여러 장소에서 동시에 진행되면서 한 곳에서 펼쳐지는 이야기, 그 중심에 신부의 면사포가 있다.

로랑스 빌르로 LAURENCE VILLEROT

1968, Paris
시노그라퍼

"시노그라피는 배우가 움직이고 연기하기 좋은 장소,
배우가 머무를 장소를 만드는 작업이다.
시노그라피는 그 자체로 완결되지 않고 배우에 의해 완성되기
때문이다. 연기 공간의 틀을 만드는 작업은 사진과 비슷하고,
3차원 공간에서 다양한 요소의 상호작용은 건축과 비슷하며,
닫힌 장소를 수용하고 변형하는 작업은 설치예술과 비슷하다.
사진과 건축, 설치 예술에 영향을 받은 흔적이 내 작업에
나타난다. 그렇다고 내가 사진사 · 건축가 · 조형예술가라고
생각하지 않는다. 연극은 팀워크로 창조되므로, 팀원으로서
보탬이 되고자 노력한다. 바로 이 점이 내 작업의 핵심이다."

조형예술을 공부하고, 브뤼셀 국립고등 공연예술학교INSAS를 졸업한 로랑스 빌르로는 1999년부터 모교에서 만난 장 부 왈로와 작품을 만들었다. 대표작으로 벨기에 작가 훌리오 코르타사르의 「페우와로 가는 물건은 없다Rien pour Pehuajo」(2000)와 장 주네의 「발코니Le Balcon」(2001)가 있다. 1992년부터 브뤼셀에서 극단 봉선화Théâtre de la Balsamine를 창단한 마르틴 비즈카에르(연출가·작가)와 일했다(「목차Table des matières」, 2005). 1993년부터 이자벨 푸쇠르와 작품을 만들었다(소포클레스의 「엘렉트라Électre」, 벨기에 국립극장, 2006). "이야기를 시작하기 위한 첫 단계는 세트 구상과 공간 창조"라고 로랑스 빌르로는 말한다. 아이들이 놀면서 동화 같은 이야기를 창작할 수 있는 작은 모형 극장에 관심을 갖고, '코코 덩 오Coco den haut'(하늘에서 온 코코)라는 장난감 회사를 설립했다.

발코니 Le Balcon
작가 장 주네
연출 Jean Boillot
시노그라피 Laurence Villerot
조명 Ivan Mathis

아비뇽 축제(Festival d'Avignon), 2001
photo © Laurence Villerot

고위층과 화류계, 현실과 연극, 두 세계의 차이를 교묘하게 보여줄 수 있는 장소로, 잘 알려진 신화적 작품『발코니』에 접근한다. 고위층 인사(주교·판사·장군)의 위풍당당한 광기와 음산한 의식을, 매춘부를 찾아온 손님의 연기로 표현한다. 반면 사창굴 '환영의 집'은 잡동사니로 넘쳐난다. 거꾸로 경사진 무대에 문짝 같이 보이는 나무판자, 거울 없는 테, 접이식 침대, 로코코 양식의 철제 침대 상부 장식, 다양한 식기류, 걸려 있거나 바닥에 널려 있는 옷가지 같은 물건을 마구잡이로 사용하며 공연을 진행한다. 장면 마지막마다 오른쪽에서 왼쪽으로 무대가 비워진다. 마치 무대 자체가 대기실로 사라지듯 한 장면이 다음 장면에 의해 없어지고, 시야 밖으로 가차 없이 내몰린다. 자유로운 공간 구성에 힘입어 강렬한 연기, 넘쳐나는 의상, 분장이 돋보인 작품이다.

숲의 주인 L'Homme des bois
작가 안톤 체호프
연출 Isabelle Pousseur
시노그라피 Laurence Villerot

벨기에 국립극장(Théâtre national de
Belgique), 2007
1막 모형 제작 Laurence Villerot
photo © Laurence Villerot

『바냐 아저씨*Oncle Vania*』에 영감을 준 희곡으로, 거의 공연되지 않은 작품이다. 생일 축하 장면으로 시작하고, 다양한 장소(응접실·거실·현관 입구·숲의 풍경)에서 진행된다. 숲을 옹호하는 작품 특성을 살려, 나무를 재료로 선택하고 숲을 재해석한다. 목재를 다듬어 얇은 막대를 만들고, 빛이 스며들 수 있도록 막대를 엮어 판자를 만든다. 13개의 나무판자가 무대 안쪽에 포물선을 그리며 사이클로라마처럼 자리한다. 뒤로 갈수록 원근법을 과도하게 강조한다. 위로는 온통 검은색이다. 울타리처럼 둘러싸인 공간으로, 필요에 따라 나무판자/벽의 위치를 바꿔 기하학적 공간을 만든다. 무대 왼쪽에 놓인 조율이 안 된 피아노 반주에 맞춰 여배우 한 명이 노래를 부를 때, 다른 배우들이 무대 세트를 바꾼다.

억척 어멈과 자식들 Mutter Courage und ihre Kinder

작가 베르톨트 브레히트
연출 Jean Boillot
시노그라피 Laurence Villerot
조명 Ivan Mathis

북동극장(Théâtre du Nord-Est),
티옹빌 국립연극센터(CDN de Thionville), 2012
모형 제작 Laurence Villerot
photo © Laurence Villerot

무대 밖에서 일어난 사건을 관객에게 효과적으로 서술하기 위해, 연출가 장 부왈로는 전자 음악, 타악기, 음색 변화, 음폭 등을 활용한 '소리극'으로 접근한다. 장마리 피엠의 「친구들의 피 Le Sang des amis」(윌리엄 셰익스피어의 『줄리어스 시저』와 『안토니와 클레오파트라』 각색, 아트 쉬드 파피에 출판사, 2010)에서 이미 시도한 방식이다. 오늘날 억척 어멈의 이야기로 바꾸는데, 억척 어멈이 이야기 중심에 있지 않다. 도시 외곽의 폐쇄된 창고에 무단 입주해 있는 모습을 공간으로 표현한다. 그 어디에도 실재하지 않는 창고. 12번 장면이 바뀌는 측면을 고려해서, 30년 전쟁(억척 어멈의 수레, 전투장…)을 어떻게 표현해낼지 고심한다. 안쪽에 작은 커튼을 달아 카바레 이미지를 만들고, 사전에 제작한 모형물을 공연 중에 찍고, 이를 무대 안쪽 화면에 비춰서 전투장을 암시한다. 연주자 그룹은 창문 뒤, 따로 마련된 공간에 자리한다. 소리로 '거리두기'를 효과적으로 창출하며 시노그라피의 의미를 살린다.

피에르앙드레 베츠 PIERRE-ANDRÉ WEITZ

1961, Bussang
오페라 가수
배우
시노그라퍼

"나의 미학은 장식과는 거리가 멀다. 공간이 춤추는 미학이다.
시간이 기본 재료인 움직임을 골똘히 연구해서 공간으로
표현한다. 현실의 원칙에서 벗어나고 싶다. 인간 내면의 풍경과
꿈에서나 가능한 건축물을 보여주고 싶다. 그래서 이미지가
항상 움직인다. 시간이 공간으로 변하고 충동과 지성이 섞이며,
연극은 상상 체험실로 변한다."

어린 시절부터 피에르앙드레 베츠는 뷔상 민중극장에서 연기를 하며, 당시 무대를 담당한 뤼시앵 콜랭 곁에서 기계 장치를 접했다. 자연스럽게 환영을 일으키는 메커니즘을 배우며 대표 고전 작품도 섭렵했다.

스트라스부르 콩세르바투아르에서 음악·성악을 공부한 후 건축을 전공했다. 스트라스부르 오페라극장 성악 단원이 되었다. 1993년에 만난 올리비에 피와 연극·오페라를 올리며, 배우·성악가·음악가로 활동했다.

다양한 연출가와 150편이 넘는 작품을 만들었다. 시인 같은 시노그라퍼로, 악보를 보듯 시간을 잣대로 움직이는 공간을 구상한다. 스트라스부르 고등장식예술학교에서 강의한다.

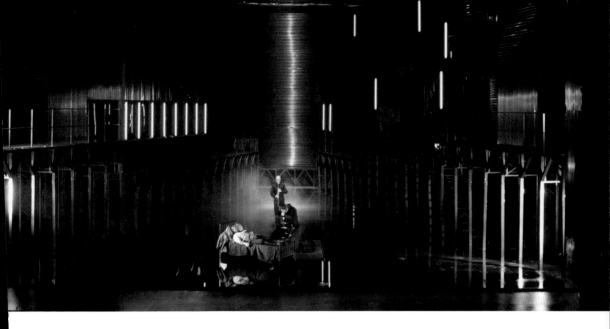

트리스탄과 이졸데
Tristan und Isode
작가 리하르트 바그너
연출·조명 Olivier Py
시노그라피 Pierre-André Weitz

제네바 오페라극장(Opéra de
Genève), 2005
제네바 대극장에서 촬영
photo © Archives GTG / Mario del
Curto

바그너 특유의 부동성을 반영하며 무대가 계속 변한다. 1막에서 길이 1미터 50센티의 검은색 골함석 화물선이 90분간 초당 1미터씩 무대를 천천히 가로지른다. 2막에서 화물선에 있던 컨테이너 여러 개가 뒤집힌다. 트리스탄과 이졸데, 이들 삶의 일부분을 담고 있는 컨테이너가 뒤집히면서 두 연인의 속마음이 드러난다. 하룻밤 사랑을 나누는 이들은 일생을 함께 할 것처럼 사랑에 빠져, 상징적으로 암시된 침실 이곳저곳을 오가며 밤을 보낸다. 3막은 베네치아다. 가로세로 각각 40미터나 되는 넓은 무대에 물이 흥건하다. 헤엄칠 수 있는 공간도 있다. 컨테이너는 기둥 위에 있다. 계속 움직이던 트리스탄은 바다 한가운데 놓인 침대에서 미동 없이 죽음을 맞이한다. 물에서 나온 이졸데는 등대로 올라가고, 천장 위로 등대와 함께 사라진다. 단지 빛줄기만 남는다. 이졸데는 영원한 별이 되었다. 조명이 이번에는 객석과 무대 사이 좁은 통로를 비추더니, 끝없는 움직임에 도취된 관객을 비춘다.

비단구두 Le Soulier de satin
작가 폴 클로델
연출·조명 Olivier Py
시노그라피 Pierre-André Weitz

오를레앙 국립연극센터(CDN
d'Orléans), 2003
photo © Alain Fonteray

클로델의 자전적인 장편 희곡으로, 12시간 동안 무삭제로 펼쳐진다. 희극
성과 비극성, 엘리자베스 시대극과 브레히트극, 인형극과 어릿광대극 같
은 모든 연극 양식이 어우러진다. 황금색 '트럼펫'이 중요한 역할을 한다.
트럼펫 라이브 연주에 맞춰 관객이 보는 앞에서 금빛 벽이 바위 · 궁전 ·
요새 등 다양한 장소로 바뀐다. 구리로 잉카의 금, 바로크 양식의 교회,
선박, 태양을 표현한다. 시노그래퍼 피에르앙드레 베츠가 일본인 역할로
등장한다. 중국 그림자극에서처럼 그림자로 등장해, 배우가 던지는 대사
리듬에 맞춰 그림을 그리고, 상대 배역과 대화를 주고받는다. 작가의 삶
과 예술이 녹아 있는 총체적 작품이지만, 달이 떠오르는 장면에서 무대
세트 뒷면을 보여주면서 그저 연극임을 암시한다.

사투르누스의 아이들
Les Enfants de Saturne
작가·연출 올리비에 피
시노그라피 Pierre-André Weitz
조명 Olivier Py

베르티에 아틀리에(Théâtre de l'Europe-Ateliers Berthier), 2009
photo © Alain Fonteray

그리스 비극 전통을 되살린 정치극이자 알레고리극이다. 사실적으로 꾸민 공간(사무실)을 거쳐 객석으로 입장한 관객은, 세상의 중심에 있는 것처럼 무대 세트 중심에 놓인다. 계단식 객석이 천천히 돌아간다. 360도로 회전하는 객석과 때로는 가깝게 때로는 멀게, 대저택의 단면, 성채, 장례용품을 취급하는 가게, 묘지가 나타난다. 숲 속의 밤을 그린 배경 화폭(길이 153미터)이 주변을 둘러싸고 있다. 관객 뒤에서 변하는 무대는 점점 상징적 장치로 변한다. 돌아가는 움직임으로 공간이 확장되고, 현기증을 일으킨다. 끊임없이 나타났다 부서지고 다시 건축되는 공간, 시간의 법칙을 초월하는 공간 앞에서 관객은 방향 감각을 상실한다.

LES

클레르 바르덴 CLAIRE BARDAINNE / 아드리앵 몽도 ADRIEN MONDOT

오렐리앙 보리 AURÉLIEN BORY

다미앵 카유페레 DAMIEN CAILLE-PERRET

마르크 레네 MARC LAINÉ

크리스토프 우브라르 CHRISTOPHE OUVRARD

로르 피샤 LAURE PICHAT

필리프 케느 PHILIPPE QUESNE

에마뉘엘 루아 EMMANUELLE ROY

로리안 시메미 LAURIANNE SCIMEMI

오렐리 토마 AURÉLIE THOMAS

앙투안 바쇠르 ANTOINE VASSEUR

새롭게 다시
출발하다

2005 - 2015

NOU
VE
LLES
DO
NE
S

클레르 바르덴 CLAIRE BARDAINNE /

1978, Grenoble
조형예술가
시노그라퍼
그래픽 디자이너

아드리앵 몽도 ADRIEN MONDOT

1979, Grenoble
다원예술가
정보처리기사
곡예사

"페르바지프^{역주20}: 흩어지다, 도처에 존재하다, 스며든다,
번진다. 이미지를 구상할 때 떠올리는 핵심 용어다.
컴퓨터로 디자인하지만, 느낌이 있는 이미지를 만든다.
녹화된 비디오를 돌리는 것과는 달리, 무용수와 호흡하며
이미지가 움직이기 때문에, 관객은 이미지라는 사실을 잊는다.
연기의 동반자이자 연기 영역으로 거듭난 이미지,
몽환성 · 감각성 · 감수성을 내뿜는 이미지로,
현실은 구체적이고 강렬한 상상과 환상의 세계가 된다."

파리 국립고등장식예술학교와 에콜에스티엔*École Estienne*을 졸업한 클레르 바르덴은 이미지와 공간의 교차점을 집중적으로 파헤친다. 아드리앙 몽도는 곡예와 컴퓨터를 융합하는 방법을 찾는다. 2010년, 두 사람은 극단 Adrien M /Claire B를 재창단하고 작품을 함께 올렸다. 컴퓨터를 활용해서, 끊임없이 움직이는 디지털 이미지, 장인정신이 느껴지며 덧없이 사라지는 감각적 이미지를 작품에 따라 실제 공연에 접목한다. 이들이 추구하는 작업 방향을 요약하자면, "문자와 춤추기" 또는 "구두점과 곡예하기"다. 가상·상상·현실 사이에서 움직이며 사물로 글을 쓰거나, 무대 환영의 힘이 어디까지 가능한지 실험하며 실현하기 어려운 것을 디지털로 가능하게 만든다. 테크놀로지로 마술에 걸린 듯한 환상적 세계를 그린다. 2015년 극작가협회로부터 인터랙션 작품상을 받았다.

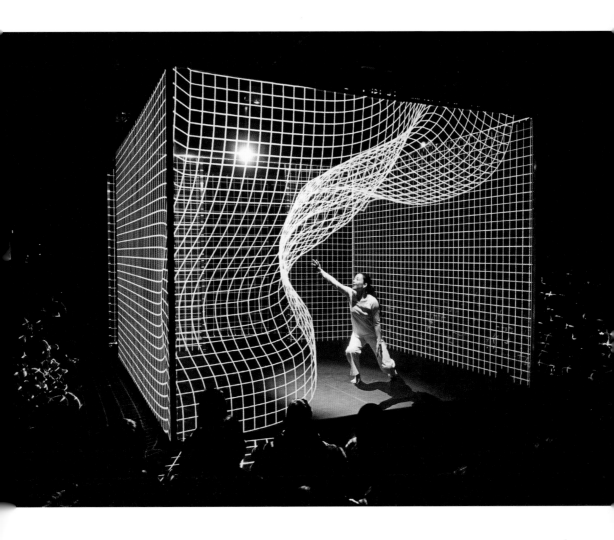

하카나이Hakanaï
구상·예술감독·시노그라피·연출 Claire
Bardainne, Adrien Mondot
컴퓨터 디자인 Adrien Mondot
무용 Akiko Kajihara
사운드 디자인 Christophe Sartori,
Loïs Drouglazet

셀레스탱 극장(Théâtre des Célestins),
Lyon, 2013
photo ⓒ Romain Étienne

가상 이미지 공간에서 여자 무용수가 춤추는 퍼포먼스다. 무대 양쪽에
가로세로로 4미터인 하얀 망사로 입방체를 만든다. 각 면에 4개의 비디오
로 그래픽이 계속 변하는 모습을 보여준다. 프로그램된 그래픽 형체지
만, 무용에 맞춰 변한다. 춤추는 몸과 움직이는 이미지, 그 사이의 대화
를 이어가듯 무용수는 '디지털 악보'를 연주하는 것 같다. 라이브로 사
운드를 넣어 공감각을 일으킨다. '하카나이'는 일본어로 꿈과 현실 사
이에 있는, 깨지기 쉽고 점점 희미해지는 무언가를 의미한다. 인간과
꿈의 세계, 인간의 조건과 자연을 상징적으로 연결한 고어로, 포착하기
어려운 주제를 암시한다.

XYZT, 추상적 풍경
XYZT, Les Paysages abstraits

구상·설치·예술감독·시노그라피 Claire Bardainne, Adrien Mondot
컴퓨터 디자인 Adrien Mondot
음향·컴퓨터 디바이스 Loïs Drouglazet
디자인·제작 Martin Gautron
사운드 디자인 Christophe Sartori

그르노블 과학문화센터(CCSTI Grenoble La Casemate), 2011
photo ⓒ Laurence Fragnol

X는 수평, Y는 수직, Z는 깊이, T는 시간을 말한다. 문자 네 개로 공간에서 움직이는 양상을 묘사하며, 기하학적 형태와 생명체가 함께 움직이는 장소, 가상과 현실의 세계가 동시에 가능한 장소를 암시한다. 10편의 디지털 작품으로, 실제 시공간에서 벗어나 시적이고 감각적인 경험을 유도한다. 관객은 가상의 풍경을 가로지르며, 인간과 상호작용하는 이미지를 체험한다. 풀밭을 걷는다든지, 모래 안에 손을 넣어보고, 강을 건너는 것 같은 구체적인 느낌을 새롭게 맛본다. 그런데 사실은 조명과 알고리즘에 의해 나타난 선, 점, 문자가 화려하게 그려진 디지털 풍경을 거닌다.

공기의 움직임
Le Mouvement de l'air
구상·예술감독·연출·시노그라피 Claire Bar-dainne, Adrien Mondot
컴퓨터 디자인 Adrien Mondot
무용 Rémi Boissy, Farid-Ayelem Rah-mouni, Maëlle Reymond
안무 Yan Raballand
조명 David Debrinay
음악 Jérémy Chartier

열도극장(Théâtre de l'Archipel), Perpignan, 2015
photo © Romain Étienne

관객을 정면으로 바라보는 무대에서 무용수 세 명이 공연한다. 불가능한 동작, 이를테면 몸이 허공을 날고 가상의 이미지 속으로 들어가는, 도저히 있을 수 없는 동작이 펼쳐진다. 삼면이 하얀색인 가상현실로 몰입하게 하는 공간이다. 망사 두 개가 수직으로 내려져 있고, 무용 매트가 바닥에 깔려 있다. 가상현실 시스템[역주21]의 전통을 계승해서, 수직과 수평을 비대칭으로 조합해 다양한 세계가 펼쳐진다. 사실적이거나 기하학적 세계, 체계적으로 짜인 장면이거나 점점 희미하게 사라지는 장면을 보여준다. 망사가 급기야 투명하게 변해서 그래픽 오브제가 공중에 떠다니는 느낌을 주고, 비어 있는 무대 부피를 느끼게 한다. 현란한 기교를 넘어, 공기의 움직임을 시각화하기 위해 기발한 상상력을 발휘한 작품이다.

오렐리앙 보리 AURÉLIEN BORY

1972, Colmar
작가
연출가
배우
시노그라퍼

"우리 시대와 연극을 위해 무엇을 할 수 있는지 생각하며
공연 준비를 한다. 모든 것을 담아내야 하는 무대 공간을
상상하는 것으로 작업을 시작한다. 시노그라피는
공연의 중심이기보다는 출발점으로, 장식적 · 조형적 역할이
아니라 무언가를 드러내고 밝히는 연극적 역할을 한다.
배우와 시노그라피는 상호영향을 주고받는다.
연극은 공간의 예술이 아닌가? 공간으로 움직임을,
움직임으로 장소 이동을 표현하며 무언가를 이야기한다.
배우가 몸으로 연기하지 않는다면, 공간으로 이야기하는 것은
어렵다. 시노그라피로 드라마투르기를 제시해야 한다.
드라마투르기 없는 시노그라피는 충분한 존재 이유가 없다."

오렐리앙 보리는 음향 전문 교육을 받았고, 새로운 신체 표현으로 세계적 명성을 얻은 믈라덴 마테릭 공연(1998)에서 곡예사 겸 배우로 활동했다. 2000년에 극단 111을 만들고, 서커스·춤·시각예술·음악을 결합한 "신체극" 「플랜 비Plan B」(2003)와 「대략 무한 지점 Plus ou moins linfini」(2005)을 다원예술가 필 솔타노프와 함께 만들었다. 피에르 리갈이 안무하고 춤을 춘 「성적 흥분 Érection」(2003)과 「시합 중단Arrêts de jeu」(2006)을 연출했다. 안무가의 자화상을 그린 작품으로, 2008년에 스테파니 퓌스테르의 여정을 다룬 「잘지내고있어?Questcequetudeviens?」, 이토 가오리를 조명한 「신경총Plexus」(2012)을 올렸다. 오렐리앙 보리의 작품은 드라마투르기나 연출이 아니라 시노그라피에서 탄생한다. 기본적으로 몸의 움직임에서 출발하며 공간과 오브제의 연극적 관계, 3차원 공간 안에서 움직이는 몸을 고려한다. 무대 장치가 함축하는 은유를 몸의 언어로 분명하게 표현하고, 리허설 과정에서 음악으로 이야기의 흐름을 만든다. "음악으로 표현된 내용에 어떤 말을 넣으면 좋을지 제안하는 책임"은 관객에게 남긴다.

교묘한 일곱 조각 Les Sept
Planches de la ruse
구성·시노그라피·연출 Aurélien Bory
협업 Pierre Rigal
작곡 Raphaël Wisson
추가음악 Arvo Pärt
조명 Arno Veyrat

Dalian, Chine, 2007
photo © Aglaé Bory

공연 제목은 중국에서 창안된 칠교놀이(tangram: 일곱 조각으로 다양한 형상을 만드는 놀이)를 번역한 것이다. 크기가 다른 삼각형 5개와 사각형, 평행 사변형이 나란히 배열되어 전체가 사각형 형상이다. 수많은 조합이 가능해서, 경우에 따라 함수를 표현하며 시각적으로 수학적 정리를 이끌어낸다. 중국 전통 오페라 경극이나 곡예 경험이 있는 연령대가 다양한 배우 14명이 "나무판자" 7개로 다양한 모양을 만들며, 거침없이 오르내린다. 가상의 대륙에 사는 상상 속 민족을 그린 신화를 일곱 조각의 은유로 아름답게 그린다. 붕괴되다 통일되고, 안정을 찾다 위험에 처하는 다양한 상황을 계속적인 움직임으로 표현한다.

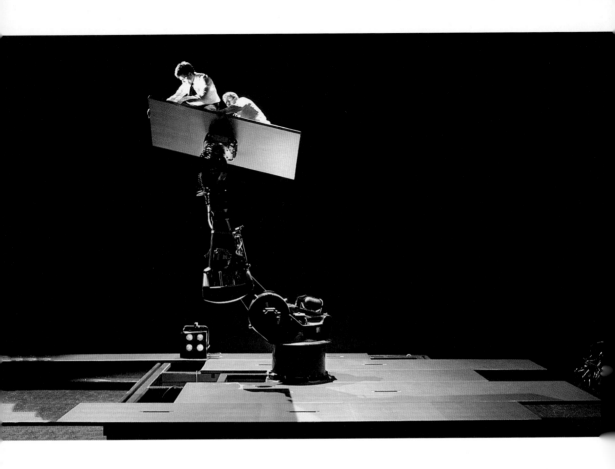

근거 없음 Sans objet
구상·시노그라피·연출 Aurélien Bory
작곡 Joan Cambon
조명 Arno Veyrat

툴루즈 국립극장(Théâtre national de
Toulouse), 2009
photo ⓒ Aglaé Bory

두 남자와 로봇의 가능할 것 같지 않은 만남을 익살스럽게 다룬 작품
이다. 1970년대 자동차 업계에서 출시한 첫 번째 산업용 로봇으로, 본래
기능을 하지 못하지만 자동 장치는 작동된다. 퍼포먼스를 보여주려는 시
도를 넘어, 로봇과 인간의 관계가 성립할 수 있을까? 로봇과 인간 사이에
서로 나눌 수 있는 이야기를, 우리에게 말하고자 하는 것을 침묵으로 표
현한다. 연약한 인간과 움직이는 강력한 금속 부품, 그 사이에 있을 수 있
는 민감한 부분을 다룬 기계극이다. 빈 무대 중앙에 놓인 로봇이 무대를
해체한다. 기능성을 상실해 쓸모없지만 계속 움직이는 로봇으로, 유용성
과는 무관한 예술의 본성을 상기시키는 것일까? 인간과 로봇의 싸움이
종료되는 마지막 장면에서, 에필로그는 뜻밖의 장면을 보여주고, 결말을
관객의 상상에 맡긴다.

고무의 기하학 Géométrie de
caoutchouc
구성·시노그라피·연출 Aurélien Bory
음악 Alain Kremski
조명 Arno Veyrat

르그랑 티(Le Grand T), Nantes, 2011
photo © Aglaé Bory

공간 형태가 어떻게 변할 수 있는지 실험한 작품이다. 4개의 막대 위에 천막이 쳐 있다. 여기에 같은 모양의 작은 천막이 삽입되면서, 천막은 공간의 틀이자 내용물이 된다. 무대의 출발점, 스케네(skènè: 천막)를 떠올리게 하는 구성으로 채움과 비움을 다룬다. 나아가 시도와 실패의 의미가 무엇인지 질문한다. 배우 8명(커플 네 쌍)이 사면에서 천막을 두 팔로 감싸 안으면서 조작한다. 팽팽한 줄로 지탱하는 유연한 조형 건축물을 중심으로, 다른 공연에서처럼 음악을 곁들여 다채로운 이야기를 만든다. 천막은 라이트모티프다. 천막 밑에서 나온 배우는 무너지면 다시 세워지는 천막을 쉬지 않고 기어오른다. 오브제와 배우, 천막과 등장인물이 번갈아가며 넘어지고 다시 살아 일어난다. 소리와 이미지도 들리기/들리지 않기, 보이기/보이지 않기를 반복한다.

다미앵 카유페레 DAMIEN CAILLE-PERRET

1972, Chambéry
연출가
시노그라퍼

"등장인물처럼 깊이가 느껴지는 시노그라피는 생명력 없는
물체가 아니다. 강렬한 신체 연기를 도와주는, 배우에게
영감을 주는 공간을 창조하고 싶다. 무대 세트는 배우의
동반자로, 배우가 휴식을 취하는 곳이다. 육체처럼 구체적이고
시적인 형태로, 오목한 부분, 부족한 요소, 선택한 방향이 있어
배우의 몸으로 채워지길 유도하고 새로운 신체 표현을 만든다.
배우의 육체성은 공간에, 그리고 관객에 의해 여운을 남긴다.
마리오네트 앞에 있는 관객을 떠올리며, 관객에게 창의적 역할을
부여하는 시노그라피를 구상한다. 21그램이라는 매우 가벼운
몸을 관객에게 맡긴 마리오네트는 오직 관객의 시선 속에서
살아 있기 때문이다."

다미앵 카유페레는 에콜올리비에드세르에서 응용미술을 전공했다. 마티아스 랑고프 연출의 「줄리 아가씨*Mademoiselle Julie*」를 관람한 후, 글쓰기와 연기, 마리오네트에 흥미를 느끼고, 스트라스부르 고등연극예술학교에서 시노그라피를 공부했다. 야니스 코코스의 데생과 윌리엄 켄트리지 연출에 등장하는 인형을 참조하며 작업했다. 1999년부터 연출가 이브 보넨과 실뱅 모리스 공연에서 시노그라퍼로 활동했다. 실뱅 모리스로부터 연출 기회를 얻어, 연극·오페라·인형극에서 이야기를 전하는 다양한 표현 방식을 모색했다. 그가 추구하는 미학은 양식화와 사실주의, 그 사이의 미학이다. 추상적 시노그라피에 구체적 요소를 섞어 대립을 시도하며, 즐겨 사용하는 실제 재료로 시적 사실주의를 표현한다. 2003년 극단 나무 머리*Têtes en bois*를 창단했다.

정오의 나눔 Partage de midi
작가 폴 클로델
연출 Yves Beaunesne
시노그라피 Damien Caille-Perret
조명 Éric Soyer

코메디 프랑세즈(Comédie-
Française), Paris, 2007
photo ⓒ Damien Caille-Perret

등장인물이 내뱉는 말 한마디 한마디에서 공간이 연상되기 때문에, 단순
하게 옮기는 방식으로 접근할 수는 없었다. 서로 다른 공간(배, 묘지, 은둔
지)으로 여행의 의미를 암시한다. 1막에서 커다란 돛은 배를 가리키며 햇
빛을 막는 차양을 의미한다. 팽팽한 밧줄, 도르래, 파이프 같은 사실적 재
료를 사용함으로써 비어 있는 공간을 재구성하고 바깥세상을 암시한다.
바닥에 깔린 천을 밧줄로 당겨 2막에서 필요한 길을 만든다. 조명으로 중
국 어딘가에 있을 법한 묘지와 무덤을 암시한다. 환상적 공간과 삶에 스
며드는 죽음의 세계를 뺄셈의 방식으로, 불필요한 것을 걸러서 표현한 시
노그라피다.

카르멘 Carmen
오페라 조르주 비제
연출 Yves Beaunesne
시노그라피 Damien
Caille-Perret
조명 Joël Hourbeig

바스티유 오페라극장(Opéra
Bastille), Paris, 2012
photo © Damien Caille-Perret

시대적 배경을 프랑코 독재 정권 이후 급변하는 사회로 바꿔서, 카르멘과 보헤미안이 상징하는 자유의 세계와 돈 호세가 이끄는 군대 사회가 대립하는 모습을 그린다. 사람들이 지나가는 곳이지만 사용하지 않아 붕괴되는 공간을 구상하고 폐쇄된 기차역을 만든다. 프랑스와 스페인 국경 지대에 있는 칸프라크 역 분위기가 느껴진다. 등장인물로 변하는 기차역은 사실적으로 보였지만, 부서지고 야릇하게 재건되면서 연극성을 드러낸다. 기차 차량 여러 대가 나타났다 사라진다. 마지막 장면에서, 돈 호세와 카르멘이 쓰러지는 무대 중앙이 추상적으로 비워지고 기차역도 사라진다.

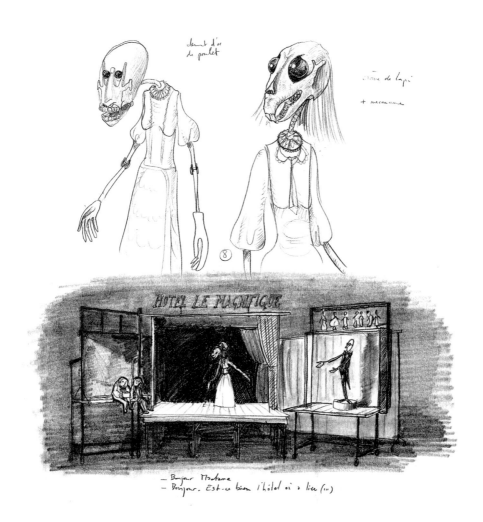

마녀들 The Witches
작가 로알드 달
연출 Sylvain Maurice
시노그라피 Damien Caille-Perret

브장송 국립연극센터(CDN de Besançon), 2006
photo ⓒ Damien Caille-Perret

몇 년 전부터 순회공연 중인 어린이 인형극이다. 다양한 크기의 인형을 100개 이상 제작한 다미앵 카유페레는 거인의 다리, 동물, 최강마녀, 자동인형을 무대에 등장시키고, 변신하는 모습도 보여준다. 바퀴 달린 인형극 무대(가로 230cm × 높이 250cm)가 세 개 있고, 한쪽에 오케스트라가 자리한다. 다소 복잡한 원리로 오르내리고, 접혀 있는 부분이 펼쳐지게 구상된 무대다. 거리극 미학처럼 무대 기계는 살아 있는 듯 움직이고, 바퀴와 톱니 장치로 고풍스런 느낌을 자아낸다.

마르크 레네 MARC LAINÉ

1976, Paris
작가
연출가
시노그라퍼

"작품에 나타나는 다양한 시공간을 응축시켜 무대를 만든다.
대부분 여러 장소를 아우르는 공간으로, 필요에 따라 소품이나
조명, 장치 같은 요소로 누구나 알아 볼 수 있는 특정 장소를
표현한다. 관객을 자극해서 지적 욕구를 일으키고, 상상의
나래를 펼 수 있는 공간을 만든다. 내 작업은 관객의 시선 속에서
'완성'된다. 공연 구상을 글로 적을 경우, 공간을… 찾는 것부터
시작한다. 반짝 떠오르는 공간을 완전히 포착하기는 어렵다.
모형 제작은 스쳐지나간 형상을 떠올리는 작업이고, 충분히
끌어냈다고 생각하면 모형 만들기를 중단한다. 공간에서부터
나의 글쓰기는 시작된다."

2000년 파리 국립고등장식예술학교를 졸업한 마르크 레네는 다양한 연출가(리샤르 브뤼넬, 브뤼노 제슬랭, 자크 라살, 프레데리크 손탁, 크리스토프 페르통, 마들렌 루안, 피에르 마예)와 작업했다. 2008년 '어두운 상점La Boutique obscure'을 창설하여, 연극·문학·조형예술의 융합을 모색하고, 허구와 현실의 경계 및 상호작용을 집중적으로 연구했다. 미국 대중문화 대표 인물을 다룬 3부작 희곡을 집필했다. 1부 「그가 노먼 베이츠인가?Norman Bates est-il?」를 장프랑수아 오귀스트와 연출했다. 2부는 「다리를 부러트려!Break Your Leg!」, 3부는 「그리운 방에 대한 기억Memories from the Missing Room」이다. 오귀스트와 공동 집필·연출한 「침묵을 즐기세요Enjoy the Silence」로 금빛상Reflet d'or을 받았다(2009년에는 제네바 영화 스크린 축제 주관, 최우수 웹시리즈상을 수상함). 2009년부터 로리앙 브르타뉴 지방연극센터CDDB에서 객원 예술가로 활동하고 있다.

말 타고 보덴 호를 건너다
Der Ritt über den Bodensee;
La Chevauchée sur le lac de
Constance
작가 페터 한트케
연출 Pierre Maillet
시노그라피 Marc Lainé
조명 Bruno Marsol

르마이옹 극장(Le Maillon),
Strasbourg, 2007
모형 제작
photo © Marc Lainé

"필름에 새겨진 배우를 작은 칼로 작가가 오려내는 것처럼, 주변 환경에서 배우를 분리시키고 야릇한 빈 공간을 만든다. 빈 공간에서 조심스럽게 움직이는 배우는 살짝 얼은 호수 위를 건너는 것이 얼마나 위험한지 모르는 것 같다(Claude Régy, *À propos de "La Chevauchée sur le lac de Constance" de Peter Handke*, Paris, 1974)." 클로드 레지가 작품에 대해 설명한 글로, 마르크 레네에게 영감을 준다. 환상과 현실의 공간 여러 곳이 중첩된 형태를 만든다. 연극과 영화의 경계선상에 있듯 무대 세트의 뒷면(무대 장치용 큰 판지가 뒤집어져 있음)을 보는 듯하고, 영사실 같은 작은 문, 스크린 규모의 무대 틀은 영화관 같다는 느낌도 든다. 천으로 감싼 나무틀 여러 개가 놓여 있다. 큰 틀 안에 작은 틀이 겹겹이 들어서는 방식으로, 작품에 나타난 끼워 넣기 양상을 표현한다. 예산에 맞춰 비좁은 공간의 제약(8×16m)을 잘 활용한 방식이기도 하다. 거칠면서 우아하고 허술하게 보이면서도 시선을 제압하는 무대 장치는 고정되어 있지만, 관객의 자유로운 상상력을 유도한다.

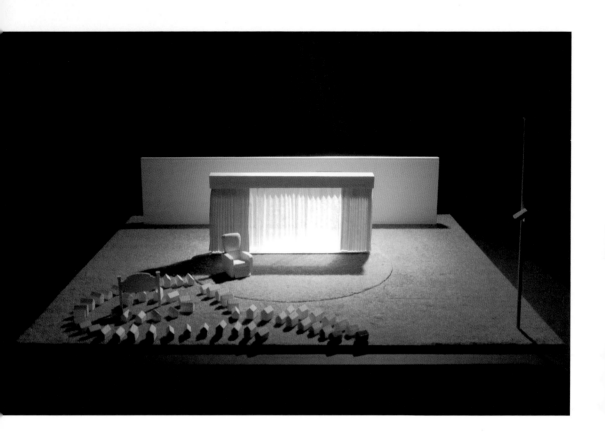

앨버트 헤링 Albert Herring
원작 『위송 부인의 장미 나무Le Rosier de Mme Husson』(기 드 모파상)

작곡 벤저민 브리튼
대본 Éric Crozier
연출 Richard Brunel
시노그라피 Marc Lainé
조명 Mathias Roche

루앙 오페라극장(Opéra de Rouen Haute-Normandie),
오페라 코믹 국립극장(Opéra-Comique), Paris, 2009
모형 제작
photo ⓒ Marc Lainé

영국의 경치 좋은 작은 마을에서 일어나는 이야기지만, 청결한 미국 대도시 주변이 연상되는 추상적 공간으로, 부드러운 초록 잔디밭에서 사회 순응주의에 맞서 투쟁하는 모습을 그린다. 장난감 모형에서나 볼 수 있는 평온한 두 가지 색상으로 마을의 행복한 분위기를 연출하지만, 감시 카메라로 촬영한 모형 하우스 내부를 스크린에 고스란히 비춘다. 사생활이 노출되고 감시당하는 모습이 합성수지로 만든 유리에 비친다. 바닥 회전장치 및 천장에서 떨어지고, 천장으로 사라지는 물체로 무대는 계속 변한다. 내부와 외부, 사적인 장소와 공공장소가 섞여 있는 환유적 공간이다.

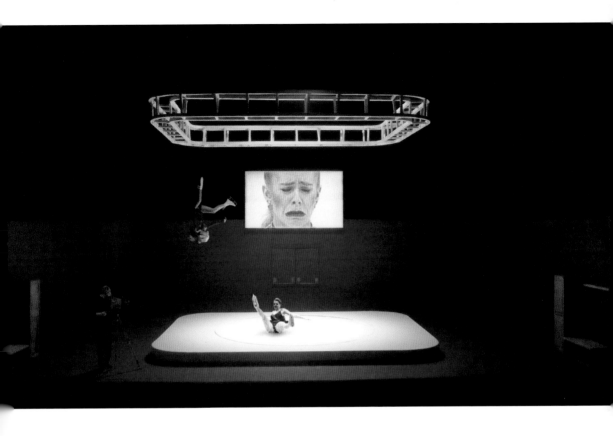

다리를 부러트려!
Break Your Leg!
글·연출·시노그라피 Marc Lainé
조명 Christian Pinaud, Paul Be-
aureilles

샤이오 국립극장(Théâtre national de
Chaillot),
로리앙 브르타뉴 지방연극센터
(CDDB), 2010
무대 세트 모형 Marc Lainé
photo ⓒ Marc Lainé

1990년대 장안의 화제였던, 미국 피겨스케이팅 선수 토냐 하딩과 라이벌 낸시 캐리건 사이에 일어난 실화다. 잘못된 경쟁의식으로 선수권을 박탈당하는 사건을 토대로, 미디어 산업이 야기한 전형적 현상과 악영향을 다룬다. 무대는 링이다. 푸른 배경의 TV 방송 스튜디오와 스케이트 경기장처럼 보이는 여러 요소를 조화롭게 배치한다. 파란색 간이 벽으로 둘러싸인 체육관에 반짝거리는 하얀 직사각형 나무 무대가 있다. 고정된 무대 밑에 커다란 회전판이 부착되어 있고, 중심부 작은 원형 무대도 회전 가능하다. 무대 밑에서 조금씩 올라오는 연기로 얼음판 느낌을 자아낸다. 회전 무대에서 자유자재로 몸을 돌리며 비트는 모습은 오르골 소리에 맞춰 춤추는 인형이 아니라 스케이트를 실제로 타는 듯하다. 공연 중에 촬영한 이미지를 다큐멘터리 일부 자료와 함께 스크린에 비춘다. 시합장이며 환상의 장소, 쇼와 착각의 무대가 어우러져 있다.

크리스토프 우브라르 CHRISTOPHE OUVRARD

1976, La Rochelle
의상 디자이너
시노그라퍼

"시노그라피는 이야기가 펼쳐질 틀을 만드는 작업이다.
틀을 다르게 표현하면, 출발점 또는 경계선이다. 설정한 틀로
이야기 전체를 풀어내는 것이 아니라 작품의 모호한 부분을
그대로 담을 수 있어야 한다. 텍스트가 안고 있는 수수께끼를
풀기보다는, 작품의 수수께끼를 관객에게 전달하는 중개자
역할을 하고 싶다. 건축물에서 배우와 대화하는 등장인물로,
등장인물에서 건축물로 변할 수 있는 시노그라피를 좋아한다.
혼령이 느껴지는 시노그라피가 좋다."

스트라스부르 고등연극예술학교에서 공부한 크리스토프 우브라르는 스트라스부르 국립극장에서 일하면서 특히 스테판 브론슈베그, 야니스 코코스와 작업했다. 그 후 로랑 귀트만, 안로르 리에주아, 장 클로드 갈로타, 장르네 르무안, 베레니스 콜레, 자크 오쟁스키 연출작에서 의상과 무대를 담당했다. 오페라를 무척 좋아해 서 오페라 무대에서도 일했다(파리 오페라·샤틀레·오페라 코믹 극장, 엑상프로방스 축제 등). 우브라르는 글로 표현된 것을 시각화하는 작업이 시노그라피라고 생각한다. 그리고자 하는 세계를 분명하게 표현해서, 관객이 연출 방향을 읽을 수 있는 공간을 구상한다. 시노그라피는 다른 요소와 함께 연기를 동반하는 예술적 오브제라고, 즉 공연의 담론을 전하는 역할에 머물지 않고 고유의 자율성이 있다고 생각한다. 따라서 텍스트에 봉사하는 정신으로 무대를 만든다 해도, 그의 무대에는 신비로움, 포기하지 않은 우아함에서 우러나오는 신비로움이 있다.

인어공주 La Petite Sirène
작가 한스 크리스티안 안데르센
각색·연출 Marie Potonet
안무 Jean-Claude Gallota
시노그라피 Christophe Ouvrard
조명 Catherine Verheyde

문화의 집(MC2), Grenoble, 2009
photo ⓒ Pierre Grobois

모든 사람이 알고 있는, 저마다 분명한 이미지를 떠올리는 동화다. 질서와 무의식, 원시성을 다루고 있어서, 구체적으로 보여주는 공간보다 재료와 색깔을 엮어 이야기 속으로 끌고 가는 감각적 공간 구성을 요구한다. 얇은 베일로 거품을, 무수한 작은 불빛으로 등장인물이 지나가야 하는 메두사가 사는 마을을 암시한다. 수놓은 듯한 작은 불빛은 왕자가 사는 궁궐 안 샹들리에 같기도 하고, 인어공주를 보호하는 혼령 처럼… 느껴지기도 한다. 각별한 정성을 쏟아 만든 바닥은 번갈아 가며 짙은 색의 물 이 되었다, 반짝이는 마루가 된다. 걷기를 소망한 후 걸을 때마다 고통을 느낀 한 소 녀의 이야기를 전하는 바닥은, 물질적 표면이자 은유다.

바네사 Vanessa
작곡 새뮤얼 바버
연출 Bérénice Collet
시노그라피 Christophe Ouvrard

에르블레 로제바라 극장(Théâtre Roger-Barat d'Herblay),
메츠 오페라극장(Opéra-Théâtre de Metz), 2012
photo ⓒ Christophe Ouvrard

브램 스토커 스타일의 환상적 분위기가 느껴지는 어둡고 우울한 이 야기다. 눈으로 덮인 숲에 외딴 대저택이 있고, 독을 품고 사는 신비한 여인들, 무섭고 불길한 거울이 등장하는 오페라다. 바네사는 청춘의 상처로, 파괴적 사랑으로 괴로워하며 삶을 견뎌 나간다. 마치 현실을 은폐하려는 것처럼, 반짝이는 거울과 쌓인 눈으로 미로 같은 공간을 만들어 신비한 동화적 분위기를 자아낸다. 같은 유형의 소품을 반복적으로 사용하고, 거울에 비친 이미지와 중첩시켜 혼란스러움을 일으킨다. 고통을 보다 잘 견디려는 여인의 삶을 동반하듯 계속 무언가를 첨가하는 공간이다.

이바노프 Ivanov
작가 안톤 체호프
연출 Jacques Osinski
시노그라피 Christophe Ouvrard
조명 Catherine Verheyde

문화의 집(MC2), Grenoble, 2010
photo © Pierre Grobois

높은 천장에서 석고 가루가 떨어진다. 나무 색깔이 모두 어둡다. 행동으로 옮기지 못하는 우수에 찬 이상주의자가 머무는 공간이다. 체호프가 젊었을 때 쓴 작품으로, 이상주의자 이바노프가 신랄한 희극적 인물로 등장한다. 탁 트인 열린 공간과 질식할 것 같은 닫힌 공간 사이에 있는 이중적 공간이다. 벽은 없고 대저택의 뼈대만 남아 있다. 앞뒤로 연결된 방, 집 구석구석을 한눈에 보는 듯하다. 그런데 세밀하게 관찰하면, 각도만 다를 뿐 똑같은 방이 반복되고 있음을 알 수 있다. 작품 시작부터, 방과 방 사이로 모든 것이 흔들리는 듯 새로운 상황이 전개된다.

로르 피샤 LAURE PICHAT

1973, Lyon
시노그라퍼
의상 디자이너
건축가

"공간 창조의 출발점은 항상 몸이다. 언어가 관통한 몸,
감동을 지각한 몸에서 공간이 나온다. 신체 표현과 언어에
따라 공간의 규모와 특징이 결정된다. 따라서 텍스트와 공간을
실험하는 배우를 관찰한 후 작업을 진행한다.
시노그라피는 이론이 아니라 경험과 만남의 산물이다.
제작진이 처음에 공연 준비로 책정한 시간을 포함해, 러닝 타임
보다 훨씬 긴 준비 과정을 거쳐 시노그라피 형태가 갖춰지고,
살이 덧붙여지면서 비로소 무대에 자리한다."

건축을 공부한 로르 피샤는 리옹 국립 고등연극예술·기술학교 시노그라피과에 들어갔다. 배우의 의견을 반영한 공간, 배우의 연기력이 발산되는 공간, 덧없이 사라질 공간 그러나 배우가 흔적을 남길 공간을 구상하길 원했다. 2000년에 졸업한 후, 2003년부터 주로 연출가 장이브 뤼프와 연극·오페라를 올렸다. 파리 라빌레트 국립고등건축학교Paris-La Villette(UP6)에서 공부를 계속하고 학위를 받았다. 시노그라퍼로서 관심이 있던 주변 환경과 몸의 관계, 몸이 머무르는 공간을 다루는 건축 분야로 활동 영역을 넓힌다.